現代都市政策と地方財政

都市公営事業から
コミュニティ共同事業への発展

西堀喜久夫 著

桜井書店

まえがき

戦後の地方自治研究に大きな影響を与えた藤田武夫は『日本地方財政制度の成立』(1941年) のなかで，日本の地方財政制度を「官製的性格，輸入的性格を賦与され，強度の官治性と画一性を備えた。のみならず，財政の近代的自治制は,寧ろこの官製的性格と官治性によって育成され指導されさえしたのである」と厳しく評価している。

たしかに「小泉構造改革」の一環として行われた市町村合併政策と三位一体の財政改革の手法は，官治性と画一性が今日にいたるもまだ色濃くわが国の地方自治と地方財政を呪縛していることを示している。

しかし，歴史をひもとけば，日本の地方自治と地方財政において，大きな改革の動きがあったことも事実なのである。とりわけ，戦前，戦後をとおして2度の大きな都市財政改革の取り組みがあったことが確認できる。

戦前においては，第一次大戦後の大阪市の池上・関市政のもとで展開された都市改良政策とその財政確立の取り組みがある。戦後のそれはやや複雑であるが，これには1970年代の革新自治体の都市政策とその後の財政危機に対する制度改革の取り組み，それに批判的な立場から都市財政の確立政策を展開した神戸市の都市経営型財政政策が含まれる。

本書では，戦前の大阪市において独創的に展開された都市政策を支えた財政の理論とその実際，1980年代に都市をリードした神戸市の都市経営型財政の理論と実際とを検討対象としている。このふたつは，時代状況は異なるものの，いずれも公営事業による収益によって都市の自律的財政を確保しようとしたもので，そこに着目したからであり，また，神戸市の都市経営型財政論は，1970年代の東京都や大阪府の地方財政制度改革への対抗理論として登場してきただけに，その検討によって挫折した革新自治体の財政問題を逆に照射することが可能ではないかと考えたからである。

1960年代から70年代に都市を中心に日本の政治と政策を大きく転換させ，日本における「福祉国家」の具体的モデルとその実現可能性を示した革新自治体が「敗北」した背景には，財政危機があった。おもな原因は，オイル・ショックとインフレ，不況にあるが，それでも革新自治体はその統治力量を問われることになったのである。

地方自治体の財政赤字，財政危機は，その後もつねに地域の大きな政治問題となってきた。1980年代の神戸市都市経営型財政論に対する高い評価は，主としてその財政黒字にあったといえる。

こうした点を踏まえると，都市財政の歴史と現状を財政危機という視角から検討することが必要と思われる。

歴史分析や実証分析を踏まえた都市財政の研究は，1960年代以降になって，ようやくいくつかの優れた成果を生み，理論的な提起がなされてきた。しかし，持田信樹が1985年に，日本の地方財政研究は，農村財政に偏っていたと指摘してからすでに20年が経っているが，体系的な都市財政論はいまだ生みだされてはいない。都市経営型財政論も都市財政論の体系に位置づけられてこそ，その意義と課題が鮮明になるのではなかろうか。都市経営型財政論にかぎらず，さまざまな都市財政改革の取り組みとそこから生みだされた独創的な理論や実践を踏まえた都市財政論が，いま求められているといえよう。

本書は，そうした問題意識にたって，地方財政研究における制度的視点と政治経済学的視点とを総合し，1980年代における革新自治体あるいは都市経営論をめぐる論点の整理・総括を試みたものである。さらに，バブル経済崩壊後の都市財政の危機，阪神淡路大震災をとおして見えた戦後都市政策の問題点の検証を手がかりにして，大都市財政の日本的メカニズムの特質を理論史と実証分析の両面から解明し，その改革の中心課題を明らかにしようとしたものである。

そのために，以下のような方法をとった。

第一は，戦前，戦後の代表的な都市財政に関する理論を整理し，その位置づけを試みたことである。そのさい，理論的にも実証的にも大きな成果をあげた戦後の地方財政理論から今日の都市財政論が汲み取るべき点はなにかを重視して，まず戦後の都市財政理論を取り上げ，そのうえで，その源流たる戦前の都市財政理論を取り上げた。

第二は，影響力をもった財政理論を当時の現実の財政状況とつきあわせることで，その検証を試みている。検証にあたっては，とくに財政赤字をメルクマールとした。検証の対象には，こうした分析に最も適していると思われる，戦前においては関市政下の大阪市財政と関の財政論を，戦後においては神戸市の宮崎市政下の神戸市財政とその都市経営型財政論を取り上げた。

第三に，1980年代以降，都市政策の主体として立ち上がった住民運動と，阪神淡路大震災という都市の未曾有の危機とその復旧・復興過程から見えてきたものを分析することで，これからの都市財政論に求められる課題を探った。

各章の概略を示しておこう。

序論では，都市財政論にとって重要な理論を取り上げている。藤田武夫の制度論的都市財政論，島恭彦の地域不均等論による都市財政論，宮本憲一の社会資本論による都市財政論，持田信樹の政府間財政関係論による都市財政論，高寄昇三の都市経営論による都市財政論，池上惇の主体形成論による都市財政論である。

第1章では，都市財政論の源流としての，戦前の都市公営事業論を主軸に展開された関一の財政論，池田宏の都市計画財政論の積極的意義，大内兵衛の都市財政論の理論的先駆性を示した。

第2章では，関の積極的な都市社会政策とそれを支える財政メカニズムを具体的に解き明かし，それが危機に陥っていくプロセスを時間軸にそって分析することでその原因を見極めつつ，関の財政理論の意義と限界を明らかにした。

第3章では，1980年代の都市財政運営に大きな影響を与えた神戸市の都市経営型財政を，財政赤字という視角から検討した。神戸市の公債発行による資金調達，開発利益の獲得とその再投資のメカニズムの分析をとおして，開発投資が企業税収と市民税収の増収には必ずしも帰結していないこと，都市経営の核心とされる外郭団体の活用が，「福祉国家」の弱点である官僚化と自治の軽視につながっていくこと，またバブル経済の崩壊によって，阪神淡路大震災前にすでに財政破綻が起こっていたことを論証した。

第4章では，阪神淡路大震災とその復旧・復興過程の分析をとおして，大都市の危機への備えとして最重要な課題のひとつがコミュニティの再生にあることを，神戸市長田区真野地区でのケース・スタディーをとおして明らかにした。

第5章では，阪神淡路大震災の教訓として，都市におけるコミュニティ再生のためには，神戸市のような政令指定都市においては区への行政権限の移譲とその自治体化，狭域自治の必要性とそのための条件を明らかにした。また，コミュニティの再生が都市政策の目的にならなければならないことを提起した。

第6章では，1980年代以降の大阪における住民と自治体労働者による地域おこし・まちづくりへの取り組みを自治の主体形成という視点から検証して，都市財政改革の課題を整理した。

終章では，以上を踏まえ，かつグローバリゼーションと都市の成熟化の進行という状況のもとでの都市財政論の今日的課題を整理してみた。

「失われた10年」といわれる1990年代のバブル崩壊後の日本経済の停滞は，大都市財政の危機を顕在化させた。政府は，都市再生を政策戦略のひとつに位置づけ，地方行財政制度を再編成してきた。それは都市―農村の財政力格差を是正する地方財政調整制度の見直し，平成の市町村合併政策，地方行政の民間資本への開放，都市への資本投資を呼び込む規制緩和など，地方行財政を市場原理によって再編成しようとするものであった。

本書は，現代都市の危機を見すえながら日本の都市政策と財政の理論と実際の軌跡をたどりつつこれを検証し，その成果を継承・発展させようと試みたものであるが，持続可能な社会に向けて財政がその本来の役割を果たし，住民自身が共同で地域を統治する手段として財政を運用していくための道筋を，いささかでも指し示しえているとすれば幸いである。

目　次

現代都市政策と地方財政

― 都市公営事業からコミュニティ共同事業への発展 ―

序論　戦後における都市財政論の再検討
――都市財政問題と都市財政論の発展――

はじめに

都市財政論の方法を明らかにするためには，これまでの日本の都市財政論が何を課題としてきたのか，それをどのように扱ってきたのかを整理することが必要である。そこで本章では戦後の代表的な都市財政論の方法論を概観する。

日本の都市財政論は都市化の進行とともに始まった。1888年（明治21年）公布の市制町村制により基本的骨格を形成する明治地方自治制度のもとで，東京，大阪，京都の三都市は独立性をもたず，府県行政に包摂されていたが，1898年（明治31年）6月にようやく市制が敷かれることとなった。しかし，都市の財政問題が浮上してくるのは第一次都市化といわれる日露戦争後の，大都市を中心とした工業化の急速な進展の時期である[1)]。最初は，港湾，道路，治水，市電などの個々の基盤整備とその財源調達が問題となり，次第に都市計画全体や市営事業，都市社会政策の財源調達へと，その対象の広がりと複雑さが増していった[2)]。

こうした実際的な問題への対応として都市政策と都市財政のありようが課題とされ，欧米都市財政の研究と日本の分析とが実践的問題意識を濃厚にもちながら進むのである。しかも，日本の都市財政研究が明治の「模倣の地方制度」といわれる段階から脱して，日本の現実を踏まえつつ欧米と比較検討しながら，その独自の取捨選択，理論的評価を始めたことは，日本の社会科学の自立的発展としても注目されるのである[3)]。

明治末期の都市問題の発生を前にして片山潜や安部磯雄などの明治期社会主

1）　宮本憲一〔1980〕172頁。

2）　たとえば関は委任事務でよかった時代から，都市の独自の対応が必要となってきたといっている（関一〔1936〕5頁）。

義者が社会改革の実践意識をもちながら，都市問題，都市財政問題に先駆的に取り組むのであるが，容易に改革されない現実から，体制変革運動へと転換してしまう[4)]。

本格的な都市問題，都市財政の研究と実践は大正期に入って急増する。都市計画法の制定と市営事業の発展が，都市政策の現実的担い手としての都市官僚の自律的意識を高め，行財政制度の新しい理論と転換を求めたのである[5)]。都市財政論からいえば，国家の委任事務を附加税でまかなっていればよい段階から，膨大な社会政策費用，都市計画財源，私営事業の管理と財政運用，開発利益の帰属をめぐる受益者負担論や課税理論，公債発行とその管理問題，それらを含む国と都市自治体の行政配分と財源配分問題，住民代表たる議会と行政関係等々，明治地方自治の想定した財政理論ではとうてい解決不能な段階へと問題状況が発展した。しかも，日本の都市の特殊性や欧米の都市政策が多様な発展をしつつあるなかで，欧米の既存の政策をそのまま適用することは，困難であった。こうしたなかで，大きな変革理論の華やかさはないが，地道な現状分析とそれにもとづく制度・政策論争を通じながら，日本資本主義の体制をめぐる認識もあわせて追究されたのである。しかし，その後の軍事体制のもとでこの時期に提起された改革課題は封じ込められていった。

戦前については，第1章，第2章でより詳しくみるが，この時期の都市財政をめぐる論争は，実は戦後の日本の都市財政論でより発展したかたちで提起されることになる。その意味では，実に日本資本主義の基本的特質にかかわる問題を含んでいたともいえるのである。したがって，この大正期の都市財政問題の理論と実際の研究は，いわば基本的に今日にまでつづいているといえるのである。戦後の都市問題の爆発と都市財政改革が重要課題となってきたときに再

3） 水口は，関一が自己流のマルクス主義者以上に，マルクス主義を「国産化」した点に注目している（水口憲人「主題としての都市――関一と近代大阪」，植田政孝〔2003〕144頁）。この点は日本の社会科学が欧米の模倣からどのように独自の発展を遂げてきたかという，日本の学問的独自性のへの問いにもつながるものである（八木紀一郎〔1999〕）。

4） 柴田は片山潜の都市政策への取り組みからの撤退原因として，日本にはまだ都市改良運動の主体が形成されていなかったこと，日本の資本主義自体の改良政策への余裕のなさを原因としてあげている（柴田徳衛〔1976〕108頁）。

5） 柴田徳衛〔1976〕133-144頁。

評価されてきたのも，けだし当然であろう[6)]。

戦後の地方財政は，日本国憲法によって地方自治が国家の基本として認められたものの，必ずしも実態として地方自治の本旨を実現するかたちで進んだわけではなかった。戦後の地方自治と地方財政の現実は，建前としての民主主義にもかかわらず，実質的には戦前の中央集権的体制を維持しつつ，中央政府に財政，金融を集中し，独占資本主義による重化学工業化を進めるというものであった。

ドッジプランやシャウプ勧告は，戦後のより具体的な地方行財政制度の骨格を形づくるものであった。シャウプ勧告，地方財政危機，市町村合併，地域開発政策などの具体的問題をとおして戦後地方自治，地方財政の評価をめぐる研究が進められたのである。

戦後の都市財政研究が本格的に始まるのは，1960年代中頃から1970年代初頭にかけてである。たとえば，有斐閣の『都市問題講座』全７巻のうち，第３巻『財政と行政』が1965年に刊行されており，本格的な都市と都市財政の研究が始まってきたことを示している。また，1967年には柴田徳衛が『現代都市論（第一版）』を著したが，同書は戦後はじめての体系的都市論であり，柴田はそのなかで都市財政を位置づけている[7)]。

大都市への産業と人口の集中は公害，住宅難，交通問題，都市施設の不足など市民の都市生活基盤を悪化させ，住民運動を引き起こし，開発優先の政治を転換させ，各地に「革新知事」を生みだして，その後の大都市自治体での行財政転換へとつづくのである。実際，生活にもとづく住民の意識や活動とともに，都市問題解決への社会科学的分析が都市自治体改革の理論的・政策的オピニオンを形成したことは明かである[8)]。

東京都政と東京の衛星都市，大阪府政と大阪の衛星都市，名古屋市や神戸市，京都府，京都市というように大都市府県，政令市，衛星都市の多くの自治体が

---

6)　宮本は戦前革新的都市政策が挫折したのは，企業主義と「草の根保守主義」によって都市政策の主体となるべき「市民」が誕生しておらず，市民運動が成熟していなかったことにあるとしている（宮本憲一〔1980〕196頁）。

7)　柴田は，この著書のなかの「第五章 都市の財政と行政」「第一節 都市の財政」で都市特有の財政現象を分析している。しかし，同書第二版では，都市財政についての章を削除したが，その説明はなされていない。

革新的首長となり，地方自治の理念を掲げて公害対策，福祉政策，住民参加など，自治体レベルの積極的政策を展開していった。

ところが財政制度の改革が進まないもとでの福祉政策，生活基盤整備は，地方税収が順調なときにはよいが，1973年の第一次オイルショックと75年の不況による都市自治体の税収減時には，深刻な財政危機をもたらした。都市自治体は税源配分の変更と独自課税権を軸にした財政改革を主張したが，政府・与党は制度改革より歳出削減を主張し，自治体と国の「財政戦争」とも言われるような厳しい政治的緊張関係がつづいた[9)]。これは大きな政治争点となったにもかかわらず，国は大都市の課税権の拡大が農村県や市町村への交付税の削減をもたらすというキャンペーンをおこないつつ，農村への福祉施設建設を含む公共事業の配分をとおして都市自治体と農村自治体との利害対立を拡大させ，国会での政治的力関係の変化を阻止したのである。

こうした税源委譲，補助金改革などの国と地方の財政関係の変更を迫る改革構想に対して，自治体内部の改革を主張する「都市経営」論が登場することになる。これには公共選択論にもとづく歳出削減と受益者負担論，応益課税論を強く主張する流れと，積極的な公共セクターへの投資，事業活動と効率的経営による収入増加によって財源調達を行うことを主張する流れとがでてくることになる[10)]。このような動きは国際的な福祉国家批判の潮流に呼応するものであった。

1980年代のプラザ合意以後のバブル経済とその崩壊，その後の国の経済財政政策は，1990年代の行財政構造の改革の柱として地方分権化を打ちだすこととなった。機関委任事務制度の廃止は，一定の成果をあげた。しかし，財政改革

8） 戦後の自治体労働組合による地方自治研究活動と雑誌『月刊自治研』や1963年に設立された自治体問題研究所の雑誌『住民と自治』が全国の地域問題，都市問題の具体的研究と運動の紹介に努め，研究のネットワークを形成したことの意味は大きい。

9） この時期の自治体の財政改革構想として東京都新財源構想研究会報告『大都市財源の構想』（都政新報社編〔1973〕所収），大阪府地方税財政研究会〔1974〕「大都市圏域における税源拡充構想」などがあるが，理論的に総括し，独自の改革提案をしているのとしては宮本憲一〔1977〕（とくにⅣ章）がある。

10） 前者の代表的なものは政府の意向を反映したものとして（財団法人）日本都市センター〔1978〕があり，後者のものでは高寄昇三〔1985〕がある。

は税源再配分，国庫負担金改革，地方交付税改革の「三位一体」改革が掲げられたものの，税源移譲，補助金削減は不徹底に終わり，むしろ国の地方への法定された義務的補助金，交付税削減による地方財政縮減に結果した。また，機関委任事務廃止後に行われた平成市町村合併政策の強行は，自治と都市・農村関係を歪めるものとなった。

国の義務的国庫負担金や交付税削減は，あらためて都市と農村財政のあり方を浮き彫りにしたといえる。国は，農村への財政補助を削減するために町村合併を進め，長期的な農村財政の合理化を目標としている。都市においては指定管理者制度やPFI，市場化テストなどNPM（ニュー・パブリック・マネジメント）の手法を使いながら，規制緩和と公共部門の事業民営化による歳出削減と民間資本への新たな市場の提供が進められつつある。

しかし，1995年の阪神淡路大震災は，コミュニティや住民のボランティアの価値をあらためて認識させた。それは市場化による官僚制の克服とは異なるもう一つの途である。そうした流れが都市計画や都市行財政にどのような変化を与えていくのかが，検討されなければならない。

このように見てくると戦後の都市財政をめぐる理論的・実践的蓄積は，すでに30年を経てきていることになる。にもかかわらず，都市財政を正面から論じたものは意外に少なく，まして体系的に論じたものは少ないのが実情である。

戦後の地方財政論は，農村財政に偏って発展してきたという有力な説がある[11)]。たしかに，都市財政そのものを対象にした研究が本格的に行われるようになるのは，都市問題が爆発した1960年代末以降であるが，都市財政を地方財政の構成部分として位置づけるならば，戦後地方財政の成果を確認したうえで，都市財政論を構成することが必要であろう。

そこでまず，戦後の地方財政論の成果を確認しておこう。ここでは，藤田の制度論的都市財政論，島による地域不均等論の都市財政論，宮本の社会資本論による都市財政論，持田の政府間関係論による都市財政論，高寄の都市経営論による都市財政論，池上の主体形成論による都市財政論の順序でみていく。

11）持田信樹〔1993〕7頁。

第1節　制度論的都市財政論

地方財政を，制度の歴史的変遷の視点から論じてきたのが藤田武夫である。『地方財政制度の成立』（1941年）以来，日本の地方自治の確立という視点から地方財政制度の構造と特質とを解明し，地方行財政の特質を官治的集権的地方自治と位置づけたことは，日本の地方行財政を解明する大きな武器となった。

しかし，その制度がなにゆえに成立し，どのように評価するかというときに，あらかじめ地方自治＝善というような規範を前提にせざるをえないことになり，藤田の場合それはイギリスの古典的地方自治を鏡にするということになったのである[12)]。イギリスの古典的地方自治をモデル化するということになると，当のイギリス地方自治を生みだした歴史段階の規定が必要にならざるをえないが，その歴史的段階を無視して，無媒介に日本の地方財政を分析することによる問題が生じることになる。また，地方財政という国家の経済活動が，どのような政治経済的な根拠をもって成立ないし選択され，その結果はどうであったかという分析と，その官治的中央集権的な制度がどのようにして変化していくのかという，政治経済学的分析が弱くなるのである[13)]。それは地方財政窮乏化，ないし危機のとらえ方にあらわれる。地方財政の危機は，国政委任事務の経費負担が押しつけられるなどの制度的欠陥として，把握されることになってしまう。たとえば，1954年（昭和29年）の地方財政危機の原因として，「財政危機をもたらした7つの要因は，主として国家財政から地方財政へのしわよせであり，税財政制度上における財政危機の構造的要因である」と，制度問題に収れんしてしまうのである[14)]。そのため，窮乏化のもとにある農村経済の疲弊や崩壊，都市と農村の対立，国家の資本蓄積への財政資金投入など，土台の問題が見えてこないのである。さらに，地方財政制度論に視点をおいているため，財政制度上は都市と農村という区分けができないという問題が生じることになり，財政調整制度についてもうまく分析できないことになる。

12）持田信樹〔1993〕6頁。
13）重森曉〔1988〕12-13頁。
14）藤田武夫〔1978〕104頁。

藤田には，都市財政の具体的分析は少ないのであるが，戦後のシャウプ勧告が都市財政にどのような意義をもっていたのかという視点から，工業都市・川崎市と地方都市・宮崎県都城市の財政比較を行った論文がある15)。そこでは，シャウプ勧告が川崎市のような都市に有利な税制改革で，都城市のような農村地域の都市にとっては不利な税制であり，平衡交付金への依存度を高めたことを示しつつ，「後者にとっては，むしろ地方財政平衡交付金の増額と合理化が，強く望まれる」とする結論となっている16)。

これは，むしろ都市の比較というより都市と農村問題，地域経済の不均等の問題である。藤田の立脚する古典的地方自治論からいえば全国的財政調整制度は射程外にあるわけで，その点についての内在的な分析や制度の政治経済学的評価はなされていないのである。

第2節　地域不均等論の都市財政論

戦前地方財政論を社会科学的理論として構成しようとしたのが大内兵衛だとすれば，戦後のそれは，島恭彦であった。

大内の地方財政論の構想は，都市と農村とがそれぞれの特殊性をもち，そのうえに地方財政制度があるというものである。しかし，都市財政論については，あとで述べるように十分な展開はなされていない。

農村については，農村の資本主義化と農民の窮乏化，地方財政の窮乏化として描くが，国家の位置づけが弱く，資本主義の未発達のゆえに農村は窮乏化しているのだとみている。農村における地主―小作関係，都市―農村，都市における資本―労働といった関係と資本主義，帝国主義確立に向けて独自の役割を果たしていく国家，官僚の独自の位置と役割についての分析が弱いため，両税委譲の評価や，財政調整制度の説明が平板なものとなってしまっている。

地方財政を資本主義経済における国家と経済との関係のなかにどのように位置づけ，さらに資本主義国家の中央政府と地方団体，自治をどのように理論化

15)　藤田武夫〔1955〕参照。
16)　藤田武夫〔1955〕164頁。

するかが問われることになる。地方財政は，国家活動の経済的側面である。それがどのような論理で動いているのかを，資本主義経済のなかで理論的にどう説明するか，ということである。

島の功績は，それを説明する論理を『現代地方財政論』（1951年）のなかで，「地域不均等論」として明らかにしたことである。

島は，地方自治，地方分権の政策のもとで，なぜ地方財政は危機に陥り，住民の負担が増え，住民の生活を守ることができないのか，そのからくりを明らかにしようとした。島は，経済学における不均等発展の概念を，地方財政の政治経済学的解明の鍵概念として「地域不均等論」に発展させている。「地域不均等」概念によって，都市と農村の経済関係，国と地方の財政関係，地方財政調整制度の意義と限界，財政改革と民主主義運動の意義が分析されるのである。

そこで，都市財政論を意識しながら，「地域不均等論」の内容を素描しておこう。

1　地域的支配――従属としての不均等問題

島は，地域不均等問題は「ただ，財政のみの問題としてとらえてはならない」，独占資本主義下の経済の不均等発展の地域的なあらわれであり，地方財政相互の関係を規定するという。その不均等は単に不均衡状態を指すのではなく，独占資本の支配を基礎とする地域的支配と従属ということが最も重要な側面なのである[17)]。つまり，地域不均等発展は，「独占資本主義の経済の問題であると同時に，国家財政と地方財政に支えられた政治の問題」でもある[18)]。

2　金融・財政資金の中央集中としての不均等問題

では，具体的に，地域不均等はどのようにして起こるのであろうか。

第一に，会社資本と生産との地域的背離が起こること，第二に，生産の地域的分布度から所得のそれが背離し，生産の集中以上に所得の集中が進み，東京への法人所得，さらに配当利子所得の異常な集中という極端な地域不均等が進

17）島恭彦〔1951〕21頁。
18）島恭彦〔1951〕9頁。

行すること，第三に，金融資本によって預金と貸出を通じて資金を地方から大都市に集中すること，第四に，貧困な地方団体においても，受け取る国庫支出金よりも多くの国税が中央に吸収されていくことによってである，と島は指摘する[19]。

金融機関と密接に結びついた財政機構を通じる資金の流れは，地方から中央へと資金を集中させ，「戦後経済の地域的不均等とその背景にある資本の集中および支配機構が財政危機をも媒介として農村経済の末端までおよんでいる」のである[20]。

では，国家はそのような不均等を解決することができるのか。

3　不均等問題における中央集権的官僚機構

現在の国家，すなわち中央集権的官僚機構は，官僚権力としての独自の論理をもちながらも資本の法則のもとにおかれ，不均等を是正するようには行動しないのである。なぜなら，現在の中央集権は，資本の独占と集中の法則に従属するものであり，それを克服するものとしての計画経済の主体としての中央集権制ではない。資本の集中と独占は，都市と農村との対立，国民経済の不均等発展，諸階級の利害の対立抗争を助長するが，「中央集権的官僚制はそれらの対立を解消しない」のである[21]。

そのような官僚機構のもとで国と地方はどのような関係におかれるのか。

一般に事務配分と経費の負担区分に典型的にあらわれるのであるが，まず，事務配分は国家行政と地方行政との力関係，すなわち支配従属関係，中央官僚と地方官僚との結びつき，中央官庁すなわち各省，各部局と地方官庁の各部局との縦の結びつき等によって決まるのである[22]。

このような中央―地方の支配従属関係は，戦後も強固に継続しているのであ

19）　島恭彦〔1951〕24-32頁。

20）　島恭彦〔1951〕33頁。

21）　島恭彦〔1951〕67頁。

22）　山口二郎は現代日本の国家システムを省庁連邦制といっている。山口二郎「地方政府にとってのグローバリゼーション――危機か好機か」（山口二郎・山崎幹根・遠藤乾編〔2003〕所収）28頁。

り，その現実を等閑視しては地方財政論を構成することはできない。つまり，地方の財源，地方税や地方債調達においても資本蓄積とそれを促進する中央政府の枠組みのなかにおかれており，それによって統制されているのである。

それゆえに，「現在では地方財源の独立性，自主性，固有性は……全体としての中央政府の財政的，政治的統制の枠の中で相対的にいいうるにすぎないのである」[23]。

では，このような支配従属関係を本質とする不均等が拡大するとすれば，それらは調整可能なのか，調整の意義はどこにあるのか。

4　不均等問題と財政調整論の限界

不均等の問題は，体制の危機につながるかぎりにおいて調整されうるというのが，島の見方である。

地方財政に即してみれば，不均等は地方税収入の都市と農村との著しい格差，富裕階級と貧困階級との負担の重圧の差というかたちであらわれ，それによって地域統治組織である地方自治体の財政的崩壊と政治的崩壊をまねく，ということである。したがって，不均等を放置することは資本主義の体制そのものを危機に導くことになる。

そのような段階，地方財政の窮乏と不均等の激化した時代，すなわち一般的危機の時代に地方財政調整制度があらわれるのである。そこであらわれる地方財政調整制度は，都市に集中している有力財源を独占している国家が，その幾分かを貧しい農村，あるいは農村地帯の地方団体に分け与えるというのが地方財政調整の理想であり，問題なのである。しかし独占資本のための政治的・経済的中央集権化が進行している時代には，この理想はそのまま貫かれることはない。それは，貧しい地方団体の財政と行政とを，その当時の支配者が一般的に「標準的」と認められる地方行政のレベルにまで引き上げる手段にすぎない。したがって，それは地方財政の均等化，あるいは標準化であって，地方財政の不均等の基底にある都市と農村との均等化では決してない。したがって，地方財政の均等化そのものも達成できず，国策を地方団体に遂行させ，国家財政が

23）島恭彦〔1951〕103頁。

地方財政を統制する手段に転化していくことになる。ついには「この制度が，最初貧しい地方団体特に農村の財政窮乏を救済する手段として現れ，ついにファッシズムの手に握られていく過程」となったのである[24)]。これが，戦前地方財政調整制度の誕生の現実であり，論理であった。

では，戦後の地方財政平衡交付金制度は，戦前の財政調整制度とどう違うのか，それをどう評価すべきなのか。

5　シャウプ勧告の矛盾

島は，シャウプ勧告における平衡交付金制度を，中央集権と地方自治との現代的あり方，およびその意義にかかわる問題として俎上にのせ，シャウプ勧告の立脚点が古典的地方自治理念にあり，中央集権と地方自治を対立させるもので，現代的地方自治を理解したものではない，と批判する[25)]。

シャウプ勧告の論理が地方財政調整という国家の関与にかかわる現代的課題を一方で認めながら，理想としては地方独立税による地方自治という古典的考えに立脚していることの矛盾を突いているのである。したがって，現代地方自治においては，過度の統制とか，平衡交付金による地方自治の侵害をおそれる必要があろうか，「むしろ強力な平衡交付金制度の発動による地方人民の生活水準の向上，貧富地方団体間のアンバランスの徹底的な打破の上にこそ，真の

---

24)　島恭彦〔1951〕128-129頁。

25)「私達は現代的な意識においては，中央集権と地方自治とを何か対立物のように取り扱ってはならないと考えている。戦後における日本経済の荒廃も，頻発する災害も，住宅問題も，地方資源の開発も，失業救済や貧窮家族の救助も，衛生問題や教育，文化の問題も，およそ全国的な問題も，地方的な問題も，全国したがってまた全地方の人民の意志を結集した徹底した中央集権と徹底した民主主義とによらなければ，解決出来ない性質のものばかりである。経済の領域でも，産業の民主的国有化が究極の問題解決の途を指し示すように，政治行政の領域でも民主的な中央集権こそ問題解決の道である。そして民主主義の徹底，或いは民主主義革命の徹底という方向においては，中央集権と地方自治とは両立しうるのである。何故ならば，このような中央集権は地方人民の意志を統一する地方的民主主義と自治との徹底の上に作り上げられるものだからである。これが現代的な地方自治の理念であろう。」「さてこのような，中央集権と地方自治との統一的な把握の上で，初めて後れた地方の人民の生活や文化を向上させる，また地方的負担の不均衡を是正するという，強力な徹底した地方財政平衡交付金の思想を展開することが出来るのである」（島恭彦〔1951〕138-139頁）。

地方団体の自由と独立と，そして人民自治の確立があるのではなかろうか」と島はいう。独占資本のための中央集権が人民自治を圧迫し，人民自治の組織を破壊しているのであって，問題は，中央集権一般と地方自治一般の対立にあるのでない。「シャウプ勧告の立場は，このように抽象的に対立する原理の間を調停しようとしているにすぎない」のである[26)]。

さらに，シャウプ勧告が，平衡交付金制度が機能する条件としてあげている条件そのものが，現実には国家の都合によって，すなわち政治の都合によって満たされないまま地方団体の中央への隷属を強めるような方向に動きださぬともかぎらないし，また事実そのような兆候が歴然とあらわれかけているのである[27)]。それゆえ，古典的地方自治を理想とし，それへの過渡的なものとしての平衡交付金制度ではなく，現代地方自治の構成部分として「むしろ民主主義革命の徹底と，平和な人民のための政治と，そして人民のためのゆとりある国家財政とによって実現される」平衡交付金でなければならないであろう[28)]。

では，現実的には独占資本による地域不均等を促進するような中央集権的官僚機構のもとでの従属的な地方自治と地方財政を，現代的な，すなわち地方自治と中央集権とを統一的に実現する方法は，いかなるものであるのか。

6　財政改革論しての民主主義運動

島は，新しい民主主義運動のエネルギーを組み込んだ現代地方自治運動によって，実現の展望を与えようと意図している。

島は，一般人民が困窮しているとき，地方団体はこのような人民の切実な要求に応えることができているか，それを満たす財政手段が独立税であろうと，

26）島恭彦〔1951〕141頁。

27）その条件とは，①地方独立財源が一応確立していること，②行政事務の再配分が合理的に行われ，国家，道府県，市町村との事務負担区分の明確化とひも付き事務の廃止，③交付金総額の客観性と国家財政の都合によって左右されないこと等である。とくに，③は最も重要であるが，交付金の算定において，必要な交付金額が必ず保障されるという保障はなく，国家財政の状況によって左右されざるを得ず，「あの精緻な平衡交付金の『科学と技術』はいとも簡単に政治上の必要に従属してしまうわけである」（島恭彦〔1951〕150–152頁）。

28）島恭彦〔1951〕152頁。

平衡交付金であろうと，あるいは地方団体が担当しようと，中央政府が担当しようと問題ではない，「現代の地方自治の問題は，自治の形式ではなく，真に人民の要求が地方行政によって，更にこれにつらなる国家行政によって満たされるかどうかにかかっている」と結んでいる[29]。

こうして島は，地域不均等概念を鍵概念として，都市と農村の不均等と対立，その基本的動力としての独占資本主義の蓄積行動，そこでの国家財政を含む金融資本の役割，そのもとでの中央集権的官僚機構の行動と地方団体の行政的・財政的従属関係をふまえ，その解決のための現代民主主義運動に裏づけられた現代地方財政への展望を明らかにすることによって，政治経済学としての地方財政論の理論的枠組みを与えたのである。

7　都市財政論への含意

島の不均等論は，都市財政論という課題から見れば，都市対農村という単純な図式ではなく，都市の富が国家財政と金融政策によって吸い上げられ，独占資本の蓄積行動のために使われるということ明らかにしたのである。それゆえ，独占資本の蓄積行動を規制し，地域不均等問題を解決する経済・財政政策が行われることが必要であり，それを実現する民主主義政府と現代民主主義運動が必要なのである。その意味では，都市と農村の対立の論理ではなく，都市と農

---

29)　島恭彦〔1951〕152頁。重森は，古典的地方自治，近代的地方自治，現代的地方自治の概念を明らかにしつつ，島の現代地方自治概念をより具体的に規定している。「現代的地方自治とは，現代の国家独占資本主義的中央集権国家のもとで，それに対抗する一つの改革理念，運動として発展してくるものであって，租税と地方財政調整制度および公有産業に財政的基盤をおき，選挙された首長や議員および新しいタイプの公務員労働者によって担われ，全国的民主主義制度に支えられつつ国民の生存権と発達権を保障するための諸業務を遂行しようとするものである」と規定している（重森曉〔1988〕7頁）。

シャウプ勧告についての評価で，重森は「基本精神は未だに有効性をもっている」と，島の評価とはニュアンスを異にしている。現代地方自治の立場からのシャウプ勧告についての評価は依然として今日の地方自治，財政改革論にとって探求すべき課題である。島は，戦後民主主義にとってドッジラインの「反動」に対する危機感と冷徹な思想と現実分析にもとづく論理を展開しており，そのため戦後憲法に対する評価が弱い。この点で，池上惇の「ここに官治主義が復活したとはいえ，戦前の明治憲法下のそれとは決定的に違う点がある」として，憲法を手がかりに民主主義運動を発展させ，改革する展望を開くという見通しは，島の論理を具体的に発展させるものといえる（池上惇〔1979〕16頁）。

村の連携の論理を含んでいるのである。

その後，島は，不均等発展論で明らかにされた資本の蓄積運動という視点から，都市と農村財政をつなぐ論理を明らかにしていく。

島は「『過密・過疎』というのは，高蓄積によって生み出された，過剰人口の堆積と流動とのさまざまの状態，労働力不足と過剰とのさまざまの組み合わせ，貧困のさまざまの形態（住宅の貧困，多就業家族，出稼ぎなど）をその中に含んでいる」とし，「過疎・過密」問題を都市対農村の枠組みから，「資本の高蓄積」による都市・農村の貧困問題として把握し，都市財政分析への視角を明らかにしたのである[30)]。

しかし，島の追究は地方財政論の政治経済学的構成が中心であり，一定の都市財政論の視角を示したのであるが，それを都市財政論として具体的に構成されることはなかった[31)]。

第3節　社会資本論による都市財政論

1　都市問題の爆発と都市財政論

戦後の地域開発政策は，社会資本投資を軸に進められ，「過疎・過密」問題というかたちで地域不均等を拡大してきた。それは農村地域においては労働力の流出，地域産業の停滞，人口構成の歪み，地域コミュニティの崩壊等であり，それを解決できない地方財政危機としてあらわれた。開発地域は集中的に社会資本投資が行われ，独占的企業の産業基盤整備がすすめられ，それまでの地域共同の資源であった空気，土地，水，景観などの空間は，公的権力による社会資本投資と資本の力によって私的な財として囲いこまれた。そこに農村からの若年労働力が合体され，そこから生じる社会的費用は地域と個人に転嫁され，まれに見る高度成長経済を実現していった。この社会的費用は公害問題を引き

30）島恭彦「『過密』と『過疎』の意味するもの」（『住民と自治』1969年1月号，島恭彦〔1970〕所収，90頁）。

31）島は，1951年の著書の段階では都市財政についての具体的分析はしていないが，戦前の軍事工業を誘致した都市について，経済は繁栄しても，有力財源は国家が吸収し，都市の社会的施設費は都市団体が負担しなければならず，都市財政は窮迫することを指摘している（島恭彦〔1951〕134-135頁）。

起こしただけでなく，住宅，子育て，教育，文化などの生活基盤の深刻な不足，伝統的なコミュニティとの摩擦やコミュニティ自体の未成熟による孤立を生みだした。そして，この時期，地域の統治組織としての地方自治体は，むしろ地域開発の末端行政機構としての役割を担ったのである。そのことが都市問題をより深刻なかたちとしたばかりでなく，財政危機をももたらすことになった[32)]。

2　社会的費用論による都市問題の解明

地域開発政策によって生じてきた公害や都市問題をどのように理論的に捉え，いかに解決するかが，被害者のみならず社会の課題となってきた。それに明快な理論的説明を与えたのが宮本憲一『社会資本論』(1967年）であった。

地域開発の主体は政府であり，その手段は財政投資であり，その投資による物理的形成物が社会資本とよばれる。この社会資本は社会の維持（共同社会的条件）のために社会の総括者としての国家が供給するものであり，生産過程を支えるものとして社会的一般的労働手段と，市民の個人的消費以外の社会的欲求充足や共同消費を充足させるための社会的共同消費手段とがある。

一般的労働手段は，のちに産業基盤社会資本ともいわれるようになるが，道路，港湾，鉄道，エネルギー施設，工業団地，工業用水道，産業廃棄物施設等，租税によって整備され，無料ないし安価に提供され，私的資本の費用節約として，特別の利潤を保障することとなった。

共同消費は，人類の発生とともにある。個人消費は自己の生命の再生産であるが，共同消費は「社会の再生産」である。資本主義が発展し，都市が発展すると，個人消費とともに労働力の再生産条件として共同消費と共同消費手段が発展する。どのようなものが共同消費手段となるかは，公共財特有の政治的決定によるのであるが，素材的に見れば場所的固定性や非分割性，平等性などを特色としている。その機能面から見れば，①都市労働者の社会生活手段：共同

32）地域開発政策のもたらす深刻な問題をいち早く提起したのは庄司光・宮本憲一〔1964〕であるが，地域開発，公共投資問題に早くから理論的に注目していたのは島恭彦〔1951〕であり，その公共投資論を理論的に発展させたのが宮本憲一〔1967〕である。地域開発政策を総合的にまとめたものに宮本憲一〔1973〕がある。地域開発と地方財政について，島恭彦の主要業績としては島恭彦〔1983〕があるが，ほかに島恭彦〔1970〕，同〔1976〕所収の関連論文がある。

住宅，エネルギー施設，上水道，清掃設備，下水道，温水暖房など，②労働力保全手段：病院，衛生設備（保健所），失業者のための保護手段としての失業救済事業，職業訓練事業など，③より高度な労働力を創出し，生産力発展の可能性をつくる手段：教育，科学・技術研究，④労働者の個人的消費のための共同利用する手段：街路，鉄道の一部，電信・電話施設の一部など，⑤労働力の価値上昇にともなう文化・娯楽施設：図書館，音楽堂，劇場，公園，緑地帯，体育場，運動場などである[33]。

資本主義生産の発展にともなう都市問題を『社会資本論』では都市の社会的損失としてとらえているが，『財政改革』(1977年)，『都市経済論』(1980年）ではより明瞭なかたちで定義をしている。

宮本は，「都市問題を素材的に整理してどのような体制にも共通する広義の政治経済学的規定をすれば，(1)集積不利益と，(2)都市的生活様式の破綻（とくに社会的共同消費の不足）に集約出来るであろう」という[34]。

企業が都市に集中，集積するのは，都市における個別資本それ自体の空間的集積による利益（内部集積利益）と，個別資本の外部にある他の諸資本や公共施設・サービスを利用することによる利益（外部経済の集積利益）を享受できるからである。しかし，その企業が都市において活動する結果生みだされた，自然的・社会的生活環境の破壊（社会的損失）を集積不利益という。企業は，その集積不利益が自己の営業活動に物理的，絶対的な限界がでてくるまでは放置し，それが明らかになっても「市場経済制度の下では原因者に負担されない」のである[35]。

都市の住民は，社会的共同消費手段とそのサービスを享受することなしには生活することができず，その不足が都市問題の原因となる。社会的共同消費手段が不足するのは，社会全体の資本は，まず民間設備投資が優先し，公共投資が遅れ，公共投資のなかでは産業基盤投資が優先し，社会的共同消費手段の建設は後回しになるからである[36]。

---

33) 宮本憲一〔1967〕1章の要約。
34) 宮本憲一〔1980〕47頁。
35) 宮本憲一〔1980〕48頁。
36) 宮本憲一〔1980〕38-50頁。

社会的損失は，労働者の家計費の上昇や生産物の価格の上昇として，貨幣的に秤量できる損失となってあらわれる場合と，人間の健康の破壊，自然・文化の荒廃のように，貨幣的に秤量できず，また，なかには再生不能の絶対的損失となってあらわれる場合がある[37]。

集積不利益と社会的共同消費手段の不足は，社会的費用として顕在化し，労働者個人ないしは政府（都市自治体）によって負担される。社会的費用が原因者である企業によって負担されるか，市民ないし労働者個人によって負担されるか，それとも政府によって負担されるかということは，民主主義の発展度合いによって規定される[38]。

ところで，このような都市問題はどのような体制にも通じる政治経済学的規定であって，資本主義固有の都市問題としては貧困（者）の地域的集中とそれによる都市荒廃，および土地私有制による土地問題がある[39]。

3　都市問題と都市財政

では，宮本の都市問題規定を踏まえた場合，都市財政論の枠組みはどのように整理できるだろうか。筆者なりに整理すれば以下のようになるであろう。

①都市の集積利益に対する財政問題

②都市の集積不利益による財政問題

③社会的共同消費手段の整備とそのサービス供給による財政問題

④都市への貧困者の地域的集中とその解決のための福祉政策と財政

⑤都市の土地私有化によるキャピタル・ゲインの取得にたいする財政問題

資本主義あるいは市場制度のもとでは，①，⑤は政府の社会資本の整備による企業，地主（現代では企業）の得た利益に対する社会的還元問題，ということになる。

②，③および④は，社会的費用としてあらわれ，財政学では経費問題として扱われる。

②の集積不利益は，たとえば公害のように財政的手段としてではなく，規制

37）　宮本憲一〔1967〕165頁。

38）　宮本憲一〔1967〕268-271頁。

39）　宮本憲一〔1980〕50-53頁。

のようなかたちや企業の公害防止費用や被害者補償で解決されることもあるが，不利益を社会的費用として認める場合は，財政問題となる。

③は，共同消費手段という物的手段の供給と，その維持，管理，および物的手段を利用したサービス（公務労働）が財政の対象となる。

④の場合は，「都市行政は救貧行政を中心とする福祉政策からはじまり，これが都市財政の中心的な需要である」という歴史的事実から見て当然といえる[40)]。しかし，宮本にあっては，④の福祉問題は，単なる所得問題ではなく，また貧困者の地域的集中ということでもなく，社会的共同消費の不足の問題として捉えられているのである。「貧困者が劣悪な住宅，生活環境，教育・医療衛生条件におかれ，その多くのものがスラムを形成しているということが都市問題としてあげられるのである」[41)]。それゆえ，都市の福祉政策，財政は賃金問題，ないし所得保障問題としてあらわれるのでなく，あくまで社会的共同消費問題としての範疇で捉えられているのである。

以上から，宮本の都市財政アプローチの特徴は『社会資本論』で明らかにされた，社会的一般労働手段と社会的共同消費手段という概念を基本に都市問題を捉え，都市財政の役割や財政をめぐる政治経済問題が生じるという枠組みになっていることがわかるのである。

4 『社会資本論』の意義

この『社会資本論』のもった最大の意義は，当時のコンビナート開発と深刻な公害問題，膨大な労働力の都市への移動と，都市計画もなく，無秩序に立ち並ぶ長屋建て住宅，学校の不足をはじめ，生活施設の不足という深刻な現実を観察し，分析し，その病が何によるものであるのか，どのような処方箋が必要であるかということについての，社会科学的道具を創造したことにある[42)]。それは市場経済の自動作用ではなく，市民の日常生活を含めた公共活動としての市民運動による，地方自治体の改革と行動（都市政策）によって解決していく，という主体の論理を示していた。

40）宮本憲一〔1977〕23頁。
41）宮本憲一〔1977〕23頁。
42）宮本憲一〔1983〕参照。

ただし，宮本のいうように，都市問題を共同消費手段の不足という物的規定だけで捉えられるかということについては，検討の余地がある。

一つは，1980年代後半のバブル経済の時期とその後のバブル経済崩壊後の景気回復公共事業政策の時期から，自治体の供給する公共施設の「過剰」という問題が浮上してきた。それは，いわばシビルミニマムの達成論として提起され，都市問題は解決したというような理解につながる問題である[43]。あるいは，都市の文化やその担い手問題，既存コミュニティの崩壊と未形成といったような事態など，共同消費手段の不足という枠組みには入らない問題がでてきた。これらは，インフラストラクチャー論や社会的共通資本論として提起されてきている問題でもある[44]。

二つめは，共同消費手段の不足という場合，その管理運営問題や公務労働問題が弱くなるという問題がでてくる。共同消費手段という場合，その管理運営を行う担い手の量と質の問題はきわめて大きいし，高齢者介護や地域福祉などの分野は，ますますサービスにおける人的要素の比重が大きくなるので，公務労働や住民組織の力量問題ということを射程に入れざるをえない。

三つめには，時代背景にかかわることであるが，この時代の都市問題が工業化という産業システムの段階で起こってきており，フォード主義的大量生産社会に適合的な都市形態が崩壊した今日の段階では，都市問題の定義と原因論の有効性が，あらためて問われているのではないか，ということである[45]。

43)　松下は，1980年代に入ると，下水道を除けばシビルミニマムの「量充足」がほぼ終わり，行政の革新ないし〈行政の文化化〉が，行政の新しい課題となったという（松下圭一〔1996〕39頁）。

44)　池上は，物的な固定資本としての社会資本と法・制度や文化，ノウハウを含むソフトな公共財・準公共財を総合してインフラストラクチャーと概念化している。池上惇〔1996〕136–140頁。宇沢は，自然資本（環境），社会資本，制度資本をあわせて社会的共通資本といい，自然環境の場合「コモンズ」のような管理組織も包含している（宇沢弘文〔1994〕17–18頁）。

45)　神野は，これまでの都市は重工業社会のシステムに適合して発展してきたのであるが，工業社会の行きづまりとともに衰退しているとみている（神野直彦〔2002〕第2章）。

第4節　政府間財政関係論による都市財政論

都市財政を独立した対象として取り上げ,「政府間財政関係の重疊化」という視角から, 地方財政調整制度の主要負担者として位置づけ, 分析したのが持田信樹である[46]。

持田の都市財政論として重要な点は, 第一に都市自治体を「公共事業団体」と規定したことである。持田によれば, この概念こそ近代的都市財政の成立と動揺を比較的無理なく収納しうる包容力があるからである[47]。

「公共事業団体」とは市営事業を営むに至った都市行財政を指している。市営事業は一方では料金収入に依存するという意味で市場の原理（収益主義）に従わざるをえないが, 他方では公共性にもとづいた料金設定をし, 実費主義的経営をしなければならない。そのような都市財政の「事業団体＝『経済』と統治組織＝『公共団体』との異質な原理を内包した存在」を「公共的事業団体」としての特質というのである[48]。

このような分析装置を設定することによって, 公共事業団体としての都市が, 中央—地方といった, 支配—従属関係の枠組みではなく, より主体的な団体として分析する枠組みとして都市専門官僚の主体的行動や都市制度改革運動を分析しえたといえよう。

第二に, 大都市間競争という都市の主体的努力が近代的都市財政を発展させた, という視点である。持田は, 近代的都市財政の画期を明治44年（1911年）の市制全面改正に求めている。その原動力となったのが大都市間競争である。「近代的都市財政の成立の機動力となったのは, 自由民権運動や国政委任事務の過重といった外政的要因ではなくむしろ大都市間競争という内政的動因なのであり, ……『地方』もまた文明の分配をめぐって想像以上に競争原理が支配する世界だったのである」[49]。この競争の導因となったのが, 市区改正事業の

46） 持田信樹〔1993〕参照。
47） 持田信樹〔1985〕196頁。
48） 持田信樹〔1993〕134頁。
49） 持田信樹〔1985〕193頁。

東京市による排他的独占であった。東京市の排他的独占がある以上，地方（とくに大阪，京都）は，「自力で成長部門・高収益部門に大規模な公共投資を行ない地域経済の振興をはかりつつ，その収益の還元によって原資償却・歳入補填を行うこと以外にあり得なかった」のである，という[50)]。

第三は，このような大都市行財政の主体的な行動は，「地方」も「中央」機能の一部を担うという政府間財政関係という視点の含意につながっている点である。持田は，一面化は避けなければならないとしつつ，従来の戦後の地方財政論があまりにも「中央」と「地方」の対立・従属関係の側面に集中しすぎたことを見直し，「『地方』も『中央』の機能の一部を担うことを前提に『地方』の内部構造を解明する科学」としての地方財政を強調する。

このように，中央政府と地方団体は，一種の協力関係の技術的問題となり，解明すべき「地方」の内部構造は，地方団体内の内部構造の解明と地方財政間の問題ということになる。内部構造の解明は「議決機関と行政機関との関係・行政機関の構成原理，つまり行政権限の分配のあり方」ということになる。また，地方財政間の問題はある種の財政面での都市―農村関係ということになる。そこから財政調整制度における「主要負担者としての都市」という視点がでてくるのである[51)]。

持田は，大都市財政という経済的集積地の財政を対象に，歴史的分析を踏まえて，その自立的側面を徹底的に分析することによって，大都市財政独自の財政的特質を明らかにした。それは地方財政論としてひとくくりに論じられてきた大都市財政の独自の特質を明らかにし，地方財政研究に大きな論点を提起し，刺激を与えるものであった。

ただ，その成果を認めつつも，基本的な問題点も指摘せざるをえない。

第一に，「都市公共事業団体」という規定は，関一の市営事業論や受益者負担理論の主張につながることでもあるが，都市財政の主体をどう見るかという問題がある。都市自治体は公共事業団体という側面もあるが，なによりも政治的団体としてあるのではないだろうか。都市公共事業団体という規定では住民

---

50)　持田信樹〔1985〕194頁。
51)　持田信樹〔1985〕195頁，同〔1993〕10，83頁。

ないしは市民の存在が弱くならざるをえない。もちろん，持田にあっては，公共性という側面が市民の要求やアクションとして枠組みのなかに組み入れられているともいえるのであるが，やはり都市財政は都市の政治的組織の経済関係として分析されるべきではなかろうか。

第二に，持田のいう，国と地方の支配―従属関係視点の見直し論をどう考えるかである。たしかに，都市自治体が国の単純な従属組織ではなく，主体的な政策や行政活動の展開を行ってきたことは明らかである。あるいは，都市自治体の指導者が，主観的には自立しているという意識をもっていることも確かである。

たとえば1918年の都市計画法の制定にあたって，大阪市長の関一や都市計画家の片岡安などは，積極的に内務省都市局とともにその研究と制定のために協力しており，そのかぎりでは関や片岡ら，当時の当事者たちには支配―従属関係という意識はなかった，といってもよい。

だからといって，大都市団体と政府の関係が，協力的であったということになるのだろうか。国と地方の支配―従属という問題は，都市自治体としての大阪市を市政のリーダーと政府との関係だけでなく，都市自治体の抱える問題をどういう視点で評価するのか，都市自治体と国との関係を住民，市民の視点からどう評価するかという，基本的問題を含んでいるのである。

大正期大阪市政をめぐる国・地方関係は，「『地方』も『中央』の機能の一部を担うことを前提に『地方』の内部構造を解明する科学」にとどまらない，地域経済と市民生活を基礎にした，国・地方の支配―従属関係をめぐる厳しい関係を抜きに，たとえば大阪市財政を分析することはできないのである。

都市計画事業の財源問題，受益者負担をめぐる中央政府との対立，市営事業における政府の統制，電力事業経営の国有化問題など，大都市財政と国の関係は，国による支配の視点を抜きにして論じることはできない。大都市は，関の業績を見ても，単純な支配―従属関係に甘んじていないことは明らかであるが，大都市経済の果実である税源のよいところを政府がもっていき，その社会的費用の財源を市営事業から生みださざるをえず，結局都市財政の危機をもたらすことになる過程は，やはり官僚的な支配―従属関係の視点を入れなければ，解き明かすことはできないのである[52]。

このような支配—従属関係の土台には，「富国強兵」「殖産興業」の目標にもとづいて資本蓄積をはかるという一貫した国家目標とそのシステムが構築されているのであり，その視点を見逃してはならないであろう。富の集積地として都市行政は，農村に対峙しており，そのかぎりでは国と大都市の関係は支配—従属関係というより同盟関係という側面が都市の支配層には成り立っていたと見てもよいであろう。しかし，それは，都市行政が資本蓄積という国家目標に適合しているかぎりであり，都市の市民（戦前でいえば無産者や経済的底辺層）自治やその経済的利益をはかろうとした場合には，支配—従属という権力関係があらわになるということは，明らかであろう。

第5節　都市経営論による都市財政論

戦前の都市経営論とは異なる文脈で，1970年代後半から都市経営論が登場し，さまざまな色彩をもって説明されることになった。その実際的意義は，1960年代後半から1970年代に大きな現実的影響力をもった革新自治体を意識して組み立てられた理論としての性格を有している。

神戸市の宮崎市政を都市経営の実践として位置づけ，開発行政や第三セクター経営，ポートピア博覧祭の成功などを評価することによって，都市経営のイメージがつくられることになった。その積極的な理論化をはかってきた，高寄昇三の都市経営財政論をみてみよう[53)]。

その視点の特徴は，第一に，1970年代の地方財政危機の打開を，政府の中央集権的地方財政政策と制度の転換に求めるという，革新自治体の政治的なスタンスを批判し，現行の制度を前提にした都市自治体の経営努力によって解決することを主たる目標とする，ということにある。その立場は，政府の進める減

52)　島恭彦〔1951〕。遠藤は，日本の地方自治を，集権体制のもとでの地域間，自治体間競争といっている（遠藤宏一〔1999〕）。

53)　高寄の都市経営論に関する文献は膨大であるが，代表的なものとして，高寄昇三〔1985〕『現代都市経営論』を取り上げる。神戸市の都市経営を肯定的に論じたものとして，大森光則〔2001〕，神戸市の都市経営に関する批判的研究として，池田清〔1997〕，広原盛明編著〔2001〕，宮本憲一・自治体問題研究所第三セクター研究会〔1992〕などがある。

量経営型都市経営論とは異なり，都市住民の福祉を最大化させるという目標の達成のための経営手法であるという[54)]。

高寄が提起した都市経営の「減量」経営型については具体的に文献をあげていないので，その政策論の内容はわからないのであるが，「周知のように財政収支の均衡をその最大の目標とし，都市経営を内部経営に限定し，人件費の抑制，福祉削減，受益者負担の徹底，民間委託の奨励などを手段として財政運営を行う」と説明されている[55)]。

いずれにせよ，高寄も「減量経営型都市経営論」も，革新自治体やその財政理論が国の地方財政制度改革を主張している点を批判し，現行制度内での財政を考えるという点では，共通しているのである。つまり，1970年代の都市財政危機の原因が革新自治体にあるのか，それとも中央集権的な行財政制度および中央政府の運営にあるのかという問題である。高寄は，地方財政の基本問題は地方財政制度にあると指摘しているが，中央政府の圧倒的力の前に根本的改革は不可能であり，現行制度のもとで都市経営が必要になるという[56)]。

こうして，現実的政策としての都市経営論にもとづく行財政運営をすることになるが，国—地方財政の大きな制約のもとでは，都市経営による財政自立の確立を実現することは難しいであろう。

第二は，都市自治体を，公共デベロッパーとしての都市行政，公私混合経営の主体としての都市行政として位置づけていることである。現行の地方財政制度を前提にすれば，主体的な努力によって財源を調達し，経費を効率的に運用するということが必要になる。高寄によれば，公共デベロッパーとしての自治体は，開発利益を公共部門が吸収することであり，公私混合経営は，資金を民間から調達しつつ地域独占の有利な立場を利用し，準公共財の供給をその費用負担を含めて行うことになる。

こうして見ると，福祉や環境保全などの都市の社会的費用を，公共デベロッパー部門の収益によって調達するということが，財源調達の基本的な構図とな

54） 高寄のいう意味での減量経営の立場からの文献としては，行政に一番影響を与えたものとして日本都市センター〔1978〕をあげることができる。

55） 高寄昇三〔1985〕35頁。

56） 高寄昇三〔1985〕52頁。

る。だが，都市地方自治体の行財政の現実は，都市に発生する社会的費用負担を背負わされ，都市の集積利益は，企業と中央政府によって吸収される構図自体を是正しなければ，都市財政は困難にぶつかることになるのではないか。

高寄の都市経営論は，大都市行政の力量を背景に，積極的な行政拡大とその財源調達の主張であり，現行行財政制度の枠内という基本的問題を抱えているとはいえ，都市行政による市場経済への関与という側面をもっていることが見て取れる。また，減量経営論への批判という点では，都市における福祉国家指向という側面をもっているといえよう。

しかし，そうであるがゆえに福祉国家の基本的弱点である，官僚化という問題を抱えることになる。都市経営の専門家としての自治体職員の能力を高めようとすればするほど住民を経営の対象として扱うことになる可能性が拡大する。官僚化を防ぐのは市民の政治参加であり，それを保障するコミュニティへの分権というのが大都市財政の課題であろう[57)]。

高寄の減量経営論批判では見落とされているが，減量経営論が，住民参加を強調している点こそ注目されるべきである。「自分たちの地域は自分たちで治めるという自治意識，それは地方自治の原点」としたうえで，その意識を醸成するには「『行政の責任領域が広がれば，それだけ市民の負担も高くなる』ということであり，そこに選択の問題がでてくるといえる」と自治＝負担論が主張される。そのための具体的な問題として市民税負担の増加と法人税負担の軽減，行政サービスの原価と負担のリンクなどが主張されているのである[58)]。つまり，参加という統治の主体的行為は，負担という経済問題に矮小化されてしまうのである。

57）高寄は減量経営との違いをいたるところで強調するのであるが，減量経営（小さな政府論）の基本的理論のどこを問題にしているのかが，あまりはっきりしない。日本都市センター〔1978〕の都市経営論が従来の国の地方財政政策論と異なるのは，住民参加を「受益と負担の」関係のなかに位置づけ，革新自治体＝福祉国家を批判し，その解体をめざすところにある。

58）日本都市センター〔1978〕118頁。

第6節　主体形成論による都市財政論

1　都市政策の主体形成

これまで戦後都市財政論の主要論点の検討から，都市財政を位置づけるための基本的視角を明らかにしてきたのであるが，現代国家を官僚機構としてとらえ，財政民主主義の主体形成の視点から分析してきたのが，池上惇である。

その基本的見取り図は次のように描かれる。

「(1)現代の資本主義国家は，共同体の共同業務が独占資本をはじめとする利潤共同体の膨張と活動によって，旧社会の共同業務が解体したことを前提として（古い共同体の解体）

(2)この前提の上で，総資本家の利益を擁護するための行政の専門家の組織を租税を基礎としてつくりあげるところに成立する。（総資本家の機関としての官僚機構）

(3)この官僚機構を統制する諸団体は，独占資本，中産階級，労働者上層部の同盟関係を表しており，(a)地域による住民の区分，(b)経済的に優勢な階級の利益の擁護，(c)行政の専門家を住民の上に立つ独自の機関＝権力機関に転化させることをその特徴としている。

(4)したがって，現代の国家は，『個別利害』を労働者階級に対抗して調整することはできても，言葉の本来の意味で，住民の自発性に支えられた共同業務を，住民に対する総合的サービス機関として再建することはできない。ここに，浪費，行政の無政府性，汚職などの拡大の余地がたえず残されている。

(5)したがって，労働者階級と中間層の同盟によって，総合的かつ民主主義的な共同業務の再建をはかる運動が，官僚機構を改革して住民の自発性と総合性に基づき，高い生産力水準にふさわしい専門職者を活用した共同体の共同業務をつくりだしうるか否かが，のちにみるように重要な論点とならざるを得ないのである（新しい共同業務の再建)」[59]。

---

59)　池上惇〔1984〕39頁。

現代国家は，形態的には中央政府および都市自治体を含む地方自治で構成されているわけであるから，官僚機構の改革という視点は都市財政の基本的視点として差し支えないであろう。また，官僚機構の改革は新しい共同業務の担い手問題として公務労働論として論じられ，財政民主主義の核心に位置づけられるのである[60]。

池上はゴルトシャイトとオコンナーの財政社会学を検討して，オコンナーが公務労働についてふれていることを評価しつつも「官僚機構論を本格的に展開する理論的枠組みは，残念ながらまだ存在していない」と，財政社会学共通の限界を指摘している。そのうえで，「議会，国有産業，自治体におよぶ広範な民主主義的統治への手がかりを念頭におき，労働と生活の社会化に基礎をおいた人間の潜在的力能の発展と，それらを民主主義の世界に生かす公務労働者像を補足するならば，財政経済学に基づく民主主義の理論を財政社会学に対置しうることになるであろう」と現実社会を変革する主体形成の研究を経済学研究，財政学研究の課題として位置づけたのである[61]。

同時に，このような公務労働がそれ自体として自動的に民主主義的なものになるわけではなく，官僚機構を制御し，あるいは統治の業務の担い手として統治力量の発展がともなわなければならないわけで，その点で，住民の発達論理が必要となる。

池上は，民主主義的統治の担い手として個人が成長するためには「自分の経済的利益と密接にかかわる個人の家計からの納税と，この税のゆくえを民主主義的に制御する装置の発展が必要である。このためには議会における予算，企業の予算，地方自治体の予算等々に対する公開，計測，学習，徴税と執行の双方にわたる住民参加の制度を社会の民主主義的制御の機構として発展させること」が必要であると見ている[62]。

池上の論理は，島が地方財政をめぐる民主主義運動という主体形成こそが，独占資本の蓄積行動による地域不均等という支配従属関係を解決するという論

---

60)　池上惇〔1984〕「第11章　産業の国有化と公務労働」，「第12章　財政民主主義と官僚機構の改革」。

61)　池上惇〔1984〕226頁，重森暁〔1988〕「第６章　地方財政民主主義と主体形成」。

62)　池上惇〔1984〕259頁。

理を，住民の発達と民主主義を生かす公務労働がいかに地方財政を制御していくことができるか，またしてきたかという視角から具体化したものといえよう。

2 主体形成と都市行財政

さて，以上のような官僚機構の民主化，住民の主体形成を都市財政論の内容として組み込むならば，都市における住民の行財政統制の発展論，公務労働論として展開されることになる。

ここでは，1980年代における公務労働の地域における到達状況と，地域の共同性回復の課題としてのコミュニティの必要性を簡単に指摘し，都市の主体形成の現状を見ておきたい。

第一は，住民参加と公務労働の結合による行政改革実践である。

1990年代後半から展開されてくる「行政改革」は，行政の市場化による公共部門の解体と再編成であるが，住民と公務労働が結合し，ともに発達し，行政効果と効率性を高める行政改革実践が展開されている。その一典型として岸和田市の文化会館つくりがある。

1980年代から1990年代にかけて，多くの地域で文化会館の建設がなされたが，地域の文化政策もないまま，ともかく建物をつくるケースが多かった。そのため，住民の使えないような施設をつくり，その結果，維持管理費ばかりかかってしまうことになる。財政危機になると，こういう自治体ほど運営費を削る結果，ますます住民にとって使いにくくなるという悪循環を起こすのである。

その点で，大阪府岸和田市の文化会館づくりは，新しい行政運営として注目された。

岸和田市には，文化運動や社会教育活動など地域の自治力が比較的蓄積されていた。そうしたなかで，市は文化会館建設構想を打ちだした。地域の文化団体は，それまでバラバラに地域文化活動を展開していたのであるが，この構想をきっかけにヨコにつながる必要を感じ，「文化ホールの運営を考える会」をつくった。この会は，何度か研究会をもち，市との話し合いを行い，文化会館の位置づけや運営をはじめ，岸和田市文化行政について提言していった。文化会館を地域文化活動の拠点にし，文化情報機能をもたせることを柱に，「文化会館の館長は文化をよく知り職員も文化を担える人を選ぶ」，「地域の文化運動を担っている人を含めた会館運営委員会をつくる」ことなど20項目の提言を行い，ホールや施設内容についても話し合っていった。こうして地域の文化をつくっていく拠点施設としてのイメージが住民運動も加わることによって形成され，その運営についても住民参加がはかられていった。会は，「岸和田文化連絡会」に発展し，地域の文化運動の情報センター的組織となっている。市の文化会館は地域の身の丈にあったホールとして，利用効率も高い。

この市民運動には，地域の文化運動を積極的に担ってきた市の職員が加わっていたことが大きい。市民の状況，運動の状況，市民の要求を請け負うのでなく，市民とともに考え，行政のかたちにしていくという文化の専門性と組織的能力と行政的力量とを集団的に発揮していったのである。市役所の労働組合が，そうした職員の活動をバックアップし，行政もこれを積極的に認めていたのである。

地域のニーズをつかみ，それを担う住民運動を建設の過程から参加させ，しかも建設後の運営にも参加させる。そうすることによって，住民の運動は行政に吸収・代行されるのではなく，地域での自主的文化運動として独自の発展をとげるのである。

岸和田市が，はじめからこうした方向で文化会館建設を考えていたかどうかはわからないが，この方法が結局，施設利用や効果の面でも優れているのである[63]。

このように，行政の効率とは，市民の地域統治能力の発達が基本であり，それに応えることのできる公務労働者のコーディネイトする能力など多様な専門性の発揮と発達によって可能となることを示している。

第二は，地域における生活共同組織としてのコミュニティ形成を住民の主体形成の場として都市財政論に位置づけるということである。

池上は，地域住民の貧困化が金融資本と中央政府によって「くらしをめぐる地域的結合関係」を取り上げられるところに見いだしている[64]。コミュニティ

63）岸和田の文化運動については，佐藤一子〔1985〕「Ⅵ　市民自治と文化創造――岸和田市における市民文化活動の発展と文化行政」を参照。このような地域の資産をストックとして評価することが必要である。

64）池上惇〔1976〕23頁。

とは，この「くらしをめぐる地域的結合」といってよいだろう。したがって，資本の蓄積運動による地域貧困化問題が現代都市財政論の最重要の課題であるとすれば，コミュニティ問題は住民の主体形成にかかわる都市財政論の重要な構成要素となるのである。

住民運動や地域の革新運動が地域に密着していけばいくほど伝統的組織との接点が大きくもなっていく。住民運動が，日常的な住民生活組織にどう組み換えられていくのか，あるいは地域の住民組織が住民運動をどのように組み込んでいくのかという問題が検討されねばならないだろう。

島が1959年に「地方選挙と地域社会」と題して書いた小論は，地域における主体形成がどのようなものかを鋭く指摘している。

「(前略) 地域社会の矛盾の外にあるような組織は，本当はその地域にとって進歩的でもなんでもない。もっと身近なことがある。地域社会は家庭と家庭とのつながりである。地域団体も，特別な目的をもつ集団でない限り，原則として家庭（世帯）が単位になる。わたしたちは家庭のよき一員だろうか。(略) 妻や子供は24時間地域社会の中で生活しているのである。彼らとの話し合いで，地域社会の問題が明るみにだされることが多い。妻や子供を通じて，彼らの住む郷土を明るくしようとする人，その人たちの手で地域社会は少しずつつくり変えられるであろう」。

「わたしはむしろ，地域社会の革新を考えるときに，その革新を独りでせおったような組織をすぐ頭にうかべる考え方に問題があると思う。進歩的な組織をつくろうという人たちが，本当に地域の住民なら，既成の地域団体である町内会，PTA，青年団，婦人会などのいずれかに入っていないはずはないし，また入るべきだと思う。そういう団体の中では地域社会の官僚化と民主化との闘いが集中的にあらわれている」[65)]。

従来，コミュニティ問題は，社会学において研究されてきたのであるが，くらしをめぐる地域的結合としてのコミュニティを，地方財政論，都市財政論として位置づけていくことが必要なのである。

---

65)　島恭彦「地方選挙と地域社会」(『世界』1959年5月号，島〔1970〕所収，31-32頁)。宮本常一「村の民主化」(『中央公論』1960年12月号，宮本常一〔1987〕所収) も参照。

参考文献

池上惇〔1976〕『財政危機と住民自治』（青木書店）

池上惇〔1979〕『地方財政論』（同文舘）

池上惇〔1984〕『管理経済論――人間による国家・資本・環境の制御』（有斐閣）

池上惇〔1996〕『現代経済学と公共政策』（青木書店）

池田清〔1997〕『神戸都市財政の研究』（学文社）

岩崎信彦・鰺坂学・上田惟一・高木正朗・広原盛明・吉原直樹編〔1989〕『町内会の研究』（御茶の水書房）

植田政孝編〔2003〕『都市行政のフロンティア――大阪市政を中心として』（都市問題研究会）

宇沢弘文〔1994〕『社会的共通資本――コモンズと都市』（東京大学出版会）

遠藤宏一〔1999〕「競争的地方自治制と自治体経営」（『経営研究』第49巻 4 号，2 月）

大阪府地方税財政制度研究会〔1974〕『大都市圏域における税源拡充構想』（大阪府地方税財政制度研究会）

大森光則〔2001〕『神戸市都市経営は間違っていたのか』（神戸新聞総合出版センター）

大住壮四郎〔2002〕『パブリック・マネジメント――戦略行政への理論と実践』（日本評論社）

加茂利男・遠藤宏一〔1995〕『地方分権の検証』（自治体研究社）

北村裕明〔1998〕『現代イギリス地方税改革論』（日本経済評論社）

今野裕昭〔2001〕『インナーシティのコミュニティ形成――神戸市真野住民のまちづくり』（東信堂）

佐藤一子〔1989〕『文化協同の時代』（青木書店）

庄司光・宮本憲一〔1964〕『恐るべき公害』（岩波新書）

重森曉〔1988〕『現代地方自治の財政理論』（有斐閣）

重森曉〔2001〕『分権社会の政策と財政――地域の世紀へ』（桜井書店）

柴田徳衛〔1967〕『現代都市論』（東京大学出版会）

柴田徳衛〔1976〕『現代都市論（第二版）』（東京大学出版会）

島恭彦〔1951〕『現代地方財政論』（有斐閣，『島恭彦著作集』第 4 巻，1983年，有斐閣，所収）

島恭彦編〔1958〕『町村合併と農村の変貌』（有斐閣）

島恭彦〔1970〕『戦後民主主義の検証』（筑摩書房）

島恭彦〔1976〕『地域の政治と経済』（自治体研究社）

神野直彦〔2002〕『地域再生の経済学』（中央公論新社）

関一〔1936〕『都市政策の理論と実際』（三省堂。復刻版：関一『都市政策の理論と実際』1988年，学陽書房）

醍醐聡〔2000〕『自治体財政の会計学』（新世社）

高橋彦芳・岡田知弘〔2002〕『自立をめざす村』（自治体研究社）

高寄昇三〔1985〕『現代都市経営論』（勁草書房）

高寄昇三〔1993〕『宮崎神戸市政の研究』第1～3巻（勁草書房）

デビット・オズボーン，テッド・ゲーブラー／自治体経営革新研究会訳〔1995〕『行政革命』（日本能率協会マネジメントセンター。原題：David Osborne and Ted Gaebler, *Reinventing Government*, International Creative Management Inc., 1992）

都政新報社出版部編〔1973〕『大都市財源の構想』（都政新報社）

中田実〔1993〕『地域共同管理の社会学』（東信堂）

日本都市センター〔1978〕『都市経営の現状と課題――新しい都市経営の方向を求めて』（ぎょうせい）

広原盛明編著〔2001〕『開発主義神戸の思想と経営――都市計画とテクノクラシー』（日本経済評論社）

藤田武夫〔1941〕『日本地方財政制度の成立』（岩波書店）

藤田武夫〔1949〕『日本地方財政発展史』（河出書房）

藤田武夫〔1955〕『全訂 地方財政論』（東洋経済新報社）

藤田武夫〔1978〕『現代日本地方財政史』中巻（日本評論社）

本間正明・斉藤愼〔2001〕『地方財政改革』（有斐閣）

マッキーヴァー／中久郎・松本通晴ほか訳〔1975〕『コミュニティ』（ミネルヴァ書房。原題：R. M. MacIver, *Community*, 1917）

松下圭一〔1996〕『日本の自治・分権』（岩波新書）

宮本憲一〔1967〕『社会資本論』（有斐閣），〔1976〕『社会資本論 改訂版』（有斐閣）

宮本憲一〔1977〕『財政改革』（岩波書店）

宮本憲一〔1980〕『都市経済論』（筑摩書房）

宮本憲一〔1983〕『経済大国 昭和の歴史10』（小学館）

宮本憲一・自治体問題研究所第三セクター研究会編〔1992〕『現代の地方自治と公私混合体（第三セクター）』（自治体研究社）

宮本常一〔1987〕『庶民の発見』（講談社）

持田信樹〔1984〕「日本における近代的都市財政の成立（一）」（『社会科学研究』第36巻第3号，東京大学社会科学研究所）

持田信樹〔1985〕「日本における近代的都市財政の成立（二）」（『社会科学研究』第36巻第6号，東京大学社会科学研究所）

持田信樹〔1993〕『都市財政の研究』（東京大学出版会）

八木紀一郎〔1999〕『近代日本の社会経済学』（筑摩書房）

山口二郎・山崎幹根・遠藤乾〔2003〕『グローバル化時代の地方ガバナンス』（岩波書店）

第１章　戦前の都市財政論における公営事業の位置

はじめに

本章では，戦後都市財政論の源流として，戦前の都市財政論を検討する。具体的には，都市政策の担い手として現実政策を担ったグループとして関一と池田宏を，都市財政を社会科学として対象化し研究した大内兵衛の論考を取りあげる。

戦前の都市財政は，日本資本主義の発展が日露戦争，第一次大戦後の独占資本主義段階にいたる過程で，第一次都市化といわれる段階においてようやく自覚的に検討されることとなる。当時の地方財政制度は，明治地方自治制度のもとにあり，都市における社会資本整備や社会政策を前提としたものとはなっていなかった。それゆえ，そうした課題に直面した都市行政は，現実の政策を実行しながら財源調達をはからなければならなかったのである。それは，一方で現実的な方策を考えつつ，他方でその理論化をはかるというものであった。貧弱な明治地方財政制度のもとでは，都市の有力財源は国家に吸収されており，都市計画という都市改造のための投資と社会政策の費用をいかに捻出するかということは，深刻な問題であった。そこで生みだされたのが，都市の基盤整備と財源調達の一石二鳥としての公営事業の経営であった。その意味では，日本の都市財政の最も特徴的な政策は，公営事業経営ということになる。そのためのさまざまな理論づけの苦闘が，まれにみる都市政策論の隆盛をもたらしたのである。

もちろんそれは，明治地方自治制度の限界という壁にぶつかり，その批判と改革論となっていくのである。それはまた，都市財政の実践のなかから生みだされてきたものであり，明治地方自治体制から大正，昭和の地方行財政体制への変化を示すものでもある。

本章では，関一と池田宏の都市財政の理論を跡づけることによって，都市という新しい政治行財政主体による都市公営事業を軸とした都市財政論とはいかなるものかを明らかにする。同時に，そうした都市公営事業を軸とした都市財政論が，金融恐慌と世界恐慌のなかで破綻していく時代に，こうした都市公営事業による財政は資本蓄積のための財政であるとした大内の批判的論理を明らかにすることによって，戦後の都市財政論の源流としてのその意義を明らかにする。

第1節　関一の都市財政論

はじめに

関一は日本都市史上，理論と実践を統一した最高の市長であると評価されている[1)]。

関が東京高商教授から1914に池上四郎市長のもとで大阪市助役に就任したのち，1923年には大阪市長に就任し，現職のまま死去した1935年までの21年間は，日本の政治経済社会の大きな変動の時代であった。

当時の日本の都市は，産業資本主義段階の都市問題と独占資本主義段階の都市問題が同時に発生しており，都市政策，都市行財政政策も複雑なものとならざるをえない状況にあった[2)]。関は大阪市を舞台に都市の政治行政責任者として現実の都市問題を解決する政策理論の開拓と実践を行い，そのフロンティアとなっていった。それは単に大阪市の実践にとどまるものではなく，当時の日本の都市における大阪市の比重と，都市問題の先端性からいえば，日本の都市政策行政の先進的な到達点といえるものであった。たとえば1918年の都市計画法の制定，内務省都市局の設置などは，東京，大阪において本格的な都市計画を実行しつつ，日本の都市計画制度を整備していくスタートとなるものであり，そこに関をはじめ大阪市行政当局も内務省都市局とともに深くかかわっていく

1）　宮本は，関を「日本都市史上，理論と実践を統一した最高の市長」と位置づけている（宮本憲一〔1999〕169–189頁）。また，池上は，関の財政政策論は，「長い歴史の過程で絶えず再評価され，原点としての位置を占める先駆的な理論として，日本財政論を貫く基本を構成している」と財政学上の評価を与えている（池上惇〔2000〕67頁）。
関一の評伝として芝村篤樹〔1989〕，ジェフリー・E・ヘインズ〔2007〕がある。

2）　宮本憲一〔1980〕170頁。

のである[3)]。

このような関の業績は，都市政策，都市経営や都市政治，都市官僚制といった視点から評価あるいは批判がなされ，日本の都市研究史上の一大蓄積をなしている[4)]。

しかし，関の業績がその具体的な都市政策にあるとすれば，いったいそれを支えてきた行財政はどのようになされてきたのかが明らかにされなければならないだろう。その点で都市行財政，なかんずく日本の都市財政研究は相対的に遅れている[5)]。

関に関しても同様であり，政治学，都市計画の業績に比べ，財政に関する研究は一部を除いて実証面，理論面とも十分とはいえない[6)]。とくに関自身が都市財政をどのように論じてきたのかについて，その議論に即した整理は見られない。関の都市財政の理論を明らかにし，それと実際の大阪市財政の実証的な分析をつきあわせることによって，関の業績をより明瞭にするとともに，日本の都市財政論の方法への視座が得られると考える。関市政の財政の実証的分析は，第2章で行っているので，本節では関の都市財政の理論を明らかにし，その特質を整理することとする。そのさい，関の論文にできるだけ即して，主張，論理を整理することに努めた。また，関の財政論を総合的にみるには，経費論，つまり都市政策そのものに関する検討が必要であるが，ここでは都市の財源調達を中心に検討していることを断っておきたい。

---

3)　渡辺俊一〔1993〕第2部参照。

4)　1980年代以降の都市研究の隆盛とその特徴については大石嘉一郎・金澤史男〔2003〕の序章，第1節に簡潔な整理がある。

5)　大正期地方財政の研究史については坂本忠次〔1989〕の序章が整理している。また都市史研究における財政研究の遅れについては，前掲の大石嘉一郎・金澤史男〔2003〕第2節参照。地方財政研究における都市財政研究の遅れについては持田信樹〔1993〕が強調している。

6)　大阪市財政に関する研究としては関野満夫「関一の都市財政論――戦前日本における改良主義的都市財政論の検討(1)」(『経済論叢』第129巻1，2号，京都大学経済学会，同「関一と大阪市営事業――戦前日本における改良主義的都市財政論の検討(2)」(『経済論叢』第129巻3号，京都大学経済学会)，持田信樹〔1984〕「日本における近代的都市財政の成立(一)」(『社会科學研究』第36巻第3号，東京大学社会科学研究所)，持田信樹〔1985〕「日本における近代的都市財政の成立(二)」(『社会科學研究』第36巻第6号，東京大学社会科学研究所)などの業績がある。

関の財政論が最もまとまった形で残されているのは，1930年（昭和５年）11月から34年（同９年）６月にかけて大阪商科大学，九州帝国大学，京都帝国大学で試みられた講義案に，関が自ら幾度か朱を加えた未完成の論考「都市財政論」（『都市政策の理論と実際』所収）である[7)]。

しかし，関の財政理論を総合的に捉えるには受益者負担論や公営企業論，さらには行政論までも検討することが必要になる。ここでは関の遺稿集である『都市政策の理論と実際』（1936年，復刻版：1983年，学陽書房）所収の諸論文から以下の論文を選び，その理論を整理する。

「都市財政論」（講義論考）
「大阪都市計画十年財政の苦心」（昭和六年六月，『大大阪』第七巻第六号）
「受益者負担金制度の現状と其改善策」（昭和五年，第二回全国都市問題会議，研究報告）
「下水道事業の経済」（昭和三年十月，『都市問題』第七巻第四号）
「市営事業概論」（講義論考）
「市営事業の経営」（昭和三年八月，『国民経済雑誌』第四十五巻第二号）
「本邦市営事業の改善」（昭和五年十月，日本経営学会，『経営学論集』第四集）
「独逸市営化法案及市営解放運動」（昭和三年五月，『大大阪』第四巻第五号）
「公益事業の公私共同経営」（昭和二年九月及十月，『大大阪』第三巻第九号及十号）
「失業救済事業」（昭和七年十一月，『社会政策時報』第百四十六号）

1　関の都市財政論の枠組み

（１）関の公共部門認識

関の財政論を検討するさい，公共部門をどのように捉えていたかを，まず明らかにしておくことが必要である。それがよくあらわれているのが，公企業に関する必要性の論拠である。

7）関一『都市政策の理論と実際』は1936年（昭和11年）１月26日に遺稿集として発刊されたが，それが各方面から価値を認められ，関一『都市政策の理論と実際』（三省堂）として1936年（昭和11年）９月30日公刊された（関秀雄「例言」）。その後，1967年に関博士論文編集委員会（代表・竹中竜雄）によって復刊された。復刊にさいしては各編に解説が付され，関秀雄「関一小伝」も収録された（芝村篤樹〔1998〕316頁）。その後，1988年に神戸都市問題研究所編集で，1936年の三省堂版が学陽書房から復刻刊行されている。本章ではこの復刻版（学陽書房）を使っている。

関は市営事業の発達（必要）は都市の発達にともなう必然の現象であるとしたうえで，その理由として以下の３点をあげている[8)]。そこには思想的な背景もうかがえる。

1　独占的民業の欠点を補うこと

2　都市道路の管理権を完全に行使すること

3　保健施設，社会事業，生産政策等急激なる支出膨張を補填すること（財政政策）

これは市営事業の必要性をあげたものであるが，広く公共部門の必要性の理由と考えてもよいだろう。

まず，関の経済社会の基本認識は，市場の原理に任されるべきであるという立場に立ち，市場の原理が働かないか，弊害がでる分野については公的な関与が必要であるというものである。それゆえ，市営事業が必要な理由として，１で都市の膨張による新規需要に対する「独占的民業の欠点を補」うことをあげている。独占的民業の欠点を補うという含意は明治32年10月の社会政策学会『市街鉄道問題に関する意見書』中にある，市街鉄道は独占になりやすく，その利益が莫大であるから，それを「私人資本家に委ねるは不當に資本家の壟断を大ならし」めるからである[9)]。

関は，上記の点に適合する場合に公企業が必要であるとしながらも，公共部門の拡大にはきわめて慎重である。それはフェビアン社会主義者の市営事業の拡張論への批判，失業対策事業への批判などにも明瞭にあらわれている。

２は，公共部門と私的部門の関係の行政技術的ないし効率性に関する問題といえる。市が都市道路の管理権を完全に行使するということは，道路は公共団体が敷設，管理し，その負担をしているからである。しかも，道路という公共物に敷設して行われる市電事業は，事業の性格上独占的であるから，当然公共団体の手に委ねられるべきということである[10)]。

３は市営事業による収益を都市社会政策のための財源として充当するという

---

8)　関一〔1930〕「本邦市営事業の改善」（関一〔1936〕356頁）。

9)　関一「市営事業の本質」（関一〔1936〕302頁）。

10)　関は大阪市街鉄道の市営化を「大阪市民は当時の理事者及市会議員の諸氏の卓見に感謝すべき」といっている（関一〔1936〕307頁）。

財政的理由によるものである。関は，市場経済をベースにしながら，市場経済の弊害，とくに私的独占企業の弊害が生じる分野での公共部門の必要性を主張し，道路のような公共財を利用する果実を私的に独占させず，公共的に吸収するという立場をとっている。

（２）公共部門の位置づけ

次いで関は，公共部門をその費用徴収の形態から３部門に分ける[11)]。

①公経済部門

経費は租税支弁主義，その財・サービスの使用者からはなんらの料金を要求しない純然たる共同経済である。経済的には不足経済といえる。租税は能力原則を基準としている[12)]。

②公営造物部門

その利用に対して料金を徴収するが，収入総額は必要経費を超えない経済である。経済的には不足経済といえる。

③公企業，すなわち市営事業部門

事業の収入が経費を支弁して，余剰を生じることを目的とした経済である。経済的には余剰経済である。

ただ，理論的にはそれぞれ区別がつけられるが，それぞれ何をその部門の事業であるとするかということは，「議論百出」して帰着するところがないのである[13)]。

一般的に財政学では①②の公経済部門，公営造物部門を対象にするが，関の財政論を見るには③の市営事業部門を含めて考えなければ，その特質を捉えることができない。関が公企業設置目的の一つに，そこでの余剰によって不足部門（公経済部門，公営造物部門）を補填することをあげていることからも明瞭である。むしろ関の都市財政論は市営事業論においてその特徴を際だたせているのである。

11）関一〔1936〕165頁。

12）この場合の租税は能力原則によるものであるという。関一「都市財政論」（関一〔1936〕163頁）。

13）関一「市営事業概論」（関一〔1936〕256，257頁）。

2　大都市財政自立論――「模倣の制度の画一主義」からの脱却

関が最も強調しているのは，都市の時代にふさわしい都市財政制度の樹立，「模倣の制度の画一主義」からの脱却という主張である。

財政困難が生じているのは，都市財政制度が確立されていないためであるが，その根本原因は模倣の時代が終わったにもかかわらず，「模倣の制度の画一主義」をとっていることにあるという。

明治22年の市制町村制施行当時は「この時代に画一的な市制が全国に行われても大なる不便もなく，問題もなかった訳である」が，その後，産業革命の時代となり，都市に人口が集中し，「我国民は始めて都市問題を発見した」。経済上社会上の変動は社会的施設の勃興を促し，土木・交通・衛生・教育・社会事業に関する難問題が続々としてあらわれ，「市民の共同の利益を増進し，共同の危害を防止する為に自治的に行ふべき事務の著しく増加したことを自覚するに至つた」と関は述べる[14)]。

とくに大都市においては，行政上いわゆる固有事務が増大し，さらに市営事業を行い，財政も農村や一般都市とは「全く違つた性質を帯びて居る」状況にいたった。ところが，依然として，農村と同一の法制のもとに同一の方針で行政監督に服せしめている。これは「事理を解せざるの甚だしきものであつて，国運の発展を阻害するといふても過言でない」。関は大都市の発展が「我国模倣制度の画一主義」を破綻させており，大都市特有の行政と自治が必要であると主張する[15)]。

これを財政問題として見ると以下のような問題となる。

日本の地方財政制度は市制においてドイツの地方公課法を模倣している。ドイツ公課法を模倣した日本の市制はまずその財産から生じる収入，使用料，手数料，過料，過怠金その他法令により市に属する収入をもって市に必要な支出を行い，なお不足あるときは市税および夫役現品を賦課徴収するということを規定している。これは都市財政においてはその施設の性質上から判断して，私経済の原則または利益原則をとる必要があるからであって，能力原則を基準と

14)　関一「都市制度論」(関一〔1936〕8頁)。

15)　関一「都市制度論」(関一〔1936〕20頁)。「模倣の制度の画一主義」に関しては，池上が簡潔にまとめている(池上惇〔2000〕64-67頁)。

した公経済的収入のみをもってしては都市の財政需要の全部を支弁することは不当であるからである。

ところが実際の運用では「純然たる私法収入又は私経済収入である私営事業の使用者の支払ふ代価を公法上の使用料とし，欧米諸国に於いて使用料を以て経費を支弁して居る下水道の施設に対しても最近迄使用料収入を認めず，租税収入を以て経費を支弁せしめむとするのが当局である。斯の如く立法の精神に拠らず，欧州諸国の実際と異なりたる我国特異の取扱振を生じた原因は前にも述べた如く模倣の法制の結果である。則ち法文は普国の地方公課法に倣つて居るが，明治22年代に顕はれた我国の市町村に於ては其公共事務が殆んど無くて，委任事務のみを扱つて居つたと云ふても過言でない。従て其歳入も主として市税に依り，之を一般の行政費として支出したに過ぎない。然るに自治制の発展は公共事務の分量を著く増加するに至りたる後も，尚ほ旧套を脱し得ないのが現今の状態であり，都市行政の行詰を招致した」[16] のである。

模倣とは形だけを輸入して，その精神を輸入していない。だから，事態が変わったにもかかわらす旧套のままであり，それが都市行政，財政を行きづまらせている根本問題だ，と関はいうのである。関が批判するのは，外国の制度を導入し，それを形式的に純化して，画一的に適用する手法である[17]。

関の都市財政論は，資本主義の発展に対応して，大都市特有の新しい都市政策の実行とその財源調達が迫られているにもかかわらず，現実の国の姿勢が旧来の姿勢にとどまっていることに対して，都市行政の実践にもとづく実態論と現行制度批判，政策提言とその理論的根拠の提示を行おうとしたものである。

この点で，関の都市財政論は一般的な地方財政論として歳入，歳出論で見てもその特徴は鮮明にならないことがわかる[18]。

3　自立と利益原則の財政収入論

（1）利益原則の強調

関の基本的な租税論は，国家の税制については応能原則を中心とすべきだが，

16）関一「都市財政論」（関一〔1936〕164頁）。
17）池上惇〔2000〕66頁。

地方税については利益原則で行われるという認識である。

地方団体は国家よりも余計に経済関係，利益関係を基礎とする性質を帯びた団体であり，とくに市町村はこの点に注意すべきである。したがって国家の歳入は一般的な負担であり，「各人が能力の多少に依つて国費を分担することを大体の原則とするが，市町村の財政に於いては利益の原則を十分に酌量すべき場合が多い」のである[19]。

関はここで使用料や受益者負担金，料金の収入を念頭においているが，それにとどまらず，都市の公経済の租税収入についても応益主義を主張することになる。

我が国の市町村税は付加税と独立税とを併用しているが，それは他方から見ると人税と物税を併用したものであり，これは人税＝能力主義，物税＝利益主義を適当に組み合わせたものといってもよい，と関はいう[20]。これは，大正15年（1926年）の地方税改正が，土地家屋（物税）に対する国税府県税付加税と資産二分，所得八分を標準として賦課する独立税の戸数割りの体系となったことを指している。しかし大都市では戸数割りの課税が困難であり，実際は家屋税付加税（物税）の増徴を認めたのである。つまり実際上都市は，物税となっている，というのである。

ところが，物税の代表ともいうべき地租は，1910年（明治43年）以来法定地価の改正がなされず，当時においても市街地宅地は改正時の18倍を限度とし，

---

18)　持田は関の財政論を公共的事業団体論として特徴づけている（持田信樹〔1984〕，同〔1993〕）。しかし，関の都市財政論を公共的事業団体論としてだけで見ると，その政治的側面を見落とすことになる。たしかに，関が都市自治体を論じる場合には機能的な捉え方が強く，政治的な議論は少ない。だからといって，そのことから関が都市自治体を公共事業団体という非政治組織と見ていたとはいえないのではないか。公共性分野の必要性は正確に見ていた，むしろそのために合理的な自治組織と運営を行うべきと主張していると思われる。地方自治論，住民観，国との関係論などと関連させた検討が必要であろう。

たしかに，関には公経済についての論究が公営造物，公企業の議論に比較して少ないが，それをどう評価するかは検討を要する。また，関の議論のなかで租税改革，税源配分論が弱いのも確かである。そのため都市財政危機の基本的原因について一面的な理解になったと思われる。その点は本書第2章を参照。

19)　関一「都市財政論」(関一〔1936〕167頁)。

20)　関一「都市財政論」(関一〔1936〕171頁)。

それ以後の地価の異常なる変動を閑却しているため，「都市の施設に依り巨額の不労所得を獲得して居る地主の収益は全く無視されて居り」，法律による税率改正によって増収をはかるしかないのが現実である。そのため，「利益原則から最も重要視すべき土地の市税が全く伸縮力を欠き，都市の施設に依りて著しく地価が騰貴したる場合にも市は増収能わず，市費の分担は愈々不公平となるを免れない。斯くの如き欠点は各般の施設に巨額の経費を支出する大都市に於いて最顕著なる傾向を呈している」のであり，「其改正は我国大都市の財政上の行き詰まりを救済すべき重要なる手段である」という[21)]。

関は，大都市は経済活動を反映する物税＝利益原則をベースにした課税を中心とすべきであり，その点で地租改正，都市計画法上の特別税といった土地課税の改革が急務であるというのである。

関が都市税制の中心に応益課税をおいていたことは，都市の経済活動の反映を地価が代表していた時代の税制としては，的確な主張であった。しかし，この論文の書かれた当時の大阪市財政の危機とその原因を分析すれば，都市財政需要の増大とその税源としては不十分であり，都市の税源として応能原則による所得課税が必要となってこざるをえなくなってくるのである[22)]。

（2）受益者負担論

公営造営物は受益者負担原則＝公法上の利益原則による収入によるべき，というのが関の主張である。

関は，市民の最重要な施設である下水道や街路散水，汚物清掃等の経費がすべて貧弱なる租税収入によって支弁されており，「之が為に一等国の班に列していると誇りながら，外国の衛生学者が視察のために来朝する毎に，大都市市内の汚穢なる車両の行列を隠すのに閉口するのであり，又散水や糞尿処分に関する市費の不足を補ふ為に特に寄付金や不合理なる組合費を徴収して居る非公式の団体の発生を促している」現状を批判し，これらの事業は利益原則を根拠とした使用料，負担金制度をもって速やかに施設を完成すべきであるという[23)]。

ところが，政府の見解は下水道敷設地においては土地所有者が汚水排水をす

21） 関一「都市財政論」（関一〔1936〕172頁）。
22） この点に関しては，本書第2章を参照されたい。
23） 関一「都市財政論」（関一〔1936〕174頁）。

るさいに下水道を使用するよう義務を課せられているから，義務を課しながら，使用料負担を命ずるのは強制的に財産を徴収するという不当な結果になる，使用料は任意の使用者から徴収すべきであるというものである[24)]。

これに対して関は，次のように反論する。使用料の理由は，公営造物の使用によってある市民または市民のある階級が利益を受ける場合，その利益を標準として特別の補償を要求しうることをもって公平とするのである。このような利益を受けるものがあり，そのための経費を要する場合，能力原則の租税ではなく，利益原則，給付反対給付の標準によって使用料を徴収することが正当であるとする。これが使用料徴収の観念である。「従て其使用を強制されても，任意に決定し得ても問題ではない。一部の市民に特に利益をあたえているか否かを区別すべき」ということになる。下水道を敷設し土地のかさ上げをせずに宅地になった場合には受益者負担を課し，また，自家で浄化装置をつけずに下水道に排泄できるようになる場合には受益者負担金および使用料を課すべきである。土地増価利益を得た特定人になんらの特別負担を課せず，一般市民の能力に応じて徴収した租税収入のみをもって下水道の建設，維持費用を支出するのは「明らかに公正の原則に反する」という[25)]。

関は，下水道敷設とその資金調達という現実もさることながら，政府が下水道法，汚物清掃法による強制という視点から下水道を見ているのに対して，利益という視点から下水道を見ている。政府の立場は実際的な利益から見ると，地主の利益となり，関の批判は土地増価を地租によって吸収できないもとで，地主の不労所得を吸収しようとする点で，産業資本の立場に立つ経済合理主義的主張ともいうべきものである。

（3）公債発行の自由論

関は，地方債発行に対する自主性の強調と事業分野の性格の違いを踏まえた公債政策を強調する。

地方債発行額は，1912年（大正元年）度で3億円，1918年（大正7年）度で3億8900万円であったが，1928年（昭和3年）度末には20億9000万円に急増した。

---

24)　関一「都市財政論」（関一〔1936〕175頁）。
25)　関一「都市財政論」（関一〔1936〕176頁）。

1927年（昭和2年）度18億円中12億円を6大都市が発行し，さらにそのうち10億円が東京，大阪，横浜市が発行するものであり，これら3市で総額の過半を占めていた。

6大都市の起債中の第1位は電気・ガス事業であり，「公債から観察しても市営事業の問題が市財政に優越した地位を占めることを認め」られ，「此以外に衛生費中に水道事業の起債を，社会事業中に市場の建設費を含んで居るのがあつて，歳入の伴ふ事業の建設費に支出された公債が比較的多額を占めてい」た[26]。

こうした事実から，関は近年の地方債膨張の主要な原因は，まったく「放資」[27]の性質を有する事業公債の増加にあるから，「この種の公債については債額の大小よりも此に依りて経営する事業経済の基礎が鞏固なるや否やに注意する必要があること」を強調する。しかし監督官庁は起債額に「常に厳重なる制限を加えている傾向」があり，「却つて事業の発展を阻害している」と批判する[28]。

他方，事業収入をともなわざる事業（公経済）の起債は，租税負担として将来の住民に多大な負担を残すから，慎重な注意を要する。

土木，教育，社会，衛生に関する施設（水道を除く）等のための公債は性質上元利償還の財源を将来の市税に仰ぐものが多く，「債額は努めて縮小すべく可成速やかに償還すべきであり，放資の性質を有する事業とは全然別様に観察すべきである」[29]。

失業救済事業のような将来に効果を残さない一時的支出の性質を有する歳出は起債によるべきでないこともちろんである。失業対策事業の労賃支出は政府の半額補助と市負担分に対して公債発行が認められているが，「この種の支出は年々の経常収入をもつて支弁すべきである」とする[30]。

また，年々の児童の増加による小学校建設費も「恒久的支出の性質を帯びて

26） 関一「都市財政論」（関一〔1936〕181頁）。
27） 「放資」とは資本投資という意味で使われている。
28） 関一「都市財政論」（関一〔1936〕182頁）。
29） 関一「都市財政論」（関一〔1936〕184頁）。
30） 関一「都市財政論」（関一〔1936〕184頁）。

居り，少なくともその一部は経常収入によること安全とするべきである」という[31]。

さらに土木事業（港湾築造，都市計画），下水道事業などの巨額の建設費を要する事業は公債発行による財源調達はやむをえないが，「利益原則による収入を以て之等事業の建設，経常費の幾分を支弁すべき方法を考慮すべきである」[32]。

つまり関は，事業の性質を踏まえ，起債によるべきか否か，起債する場合の原則は何か，元利償還金は何によるべきかという実際的な原則を示しているのである。関が公経済，公営造物，市営事業という枠組みで都市財政を見ていることに対応した公債政策といえよう。

4　都市財政論の要としての市営事業論

関の『都市政策の理論と実際』では，第三篇を「都市財政問題」とし，第四編を「市営事業問題」にあてているが，関の都市財政理論を考えるうえでは，市営事業に関する政策論を検討しないことには，その特徴は捉えられない。それは都市財政を構成する公経済，公営造物，市営事業という枠組みのきわめて重要な構成部分であるからであるが，それだけでなく，その市営事業論が，関の都市自治観や都市財政観を鮮明にあらわしているからでもある。

（1）市営事業の事業的特質

関は同じく料金を徴収する公営造物（公共施設）と市営事業との比較をして，市営事業の経営的特質を説明し，その核心が公益性と社会政策の有無にあるとする。

公営造物と市営事業の違いは，営造物の使用は強制させられるが，市営事業は個人の自由使用に委ねられるところにある。それゆえ，市営事業の意義は，営利を目的とする点が「最も注意を要する」のである。その点で一般に市営事業は民営と同一の原則によって経営され，民業と競争する地位に立つこともある。しかし，「そこに一つの根本的相違がある」。すなわち，民業は営利以外の

31）　関一「都市財政論」（関一〔1936〕184頁）。
32）　関一「都市財政論」（関一〔1936〕184頁）。

制限はないが，市営事業においては，国家の場合と同じく，公益および社会政策的な考慮を度外視することができないのである。それゆえ，市営事業の収益が民営よりも少ない結果を見ることとなり，「両者の成績を比較するに当りては此点を忘れてはならない」のである[33]。

（2）経営の時代における企業者としての専門官吏の重要性

関によれば，公企業は私企業とは違い，利潤をつくりだすことを目的とする経済ではない。なぜなら公企業の場合には，その経済主体である公共団体が「余剰価値」をつくりだすことを目的とする団体ではないからである。その財政目的または政策遂行のために，公共団体経済の一部について仮に独立の計算をとり，同種類の民業と同様の会計整理をすると余剰が生ずるというにすぎないからである[34]。

その点を踏まえたうえで，関は，市営事業と株式会社事業とは「外部関係においては全く相違し，内部関係に於いては酷似している」点に注目する[35]。

市営事業は，外部関係においては株式会社の株主が獲得する利潤は存在しない。余剰はすべて公共団体，結局団体員の手に帰する。利潤獲得を企業の条件とするなら，市営事業は「如何なる場合にも企業でない」のである[36]。

ところが，内部関係においては市営事業と株式会社とはほとんど同一状態である。所有と管理は完全分離しており，株式会社の株主総会は営利組織の株式会社の機関，市会は公共団体たる市の機関である。「思ふに，株式会社組織の国民経済に偉大なる貢献をなしたる特質は所有と事業の管理とが完全に分岐したことである」[37]。

所有と管理が分離したもとでは株式会社で企業の受動的方面を引き受ける株主は資本所有者すなわち資本主であり，能動的方面を引き受ける重役は企業者である。企業者の本質は危険の負担者でなく，事業の指揮者である。実に現時の企業の中枢は営利目的を達するための物（資本）と人とを結合し，これを運

33） 関一「市営事業の本質」（関一〔1936〕288頁）。
34） 関一「市営事業の経営」（関一〔1936〕320頁）。
35） 関一「市営事業の経営」（関一〔1936〕320頁）。
36） 関一「市営事業の経営」（関一〔1936〕320頁）。
37） 関一「市営事業の経営」（関一〔1936〕321頁）。

用する人，「即ち企業者に存する」のである[38)]。

この点では，株式会社も市営企業も企業者いかんによることになる。

「市営事業に於いては営利を目的とする組織即ち企業は消滅し利潤券（株券―引用者注）によつて資本を供給することはなくなり，一定の利率に依る市債を通じて資本の供給を受けるから，株主は消滅した」が，「大資本と多数の人とを適当に結合配置し，運用する起業家的才幹を有する人物を市営事業の主脳者として得ることが市営事業の発達と共に益々重要となつた。公共団体の経済は営利の組織でないから，企業とは云えないが，企業者の重要の程度は益々重要となつた」という[39)]。

とすれば，公営企業にとっての最大の問題は経営組織と経営者の適否によることになる。

市営事業は株式会社と違って，資本にかかわる特有の問題は「影を潜め」たが，「人の要素に就いては株式会社よりも一層重大なる難関に遭遇することとなつた」のである[40)]。

関は，企業者の役割が決定的であることを踏まえ，どのような経営者が必要であるかをマンロー教授の説に依拠しながら，アメリカ，ドイツの市営事業を比較し，専門官吏の優越性を主張する。

アメリカの市営事業が不振であるのは，事業の首脳者の地位が不安定なためであるとする。なぜなら，素人の政治として民主政治を行っているからである。他方，成功しているプロシャの都市は専門吏員の完全なる組織（ビューロークラシー）に負うところが大きい。

関は，「若し，米国流の民主政治を理想とし市営事業を専門家に委ねることなく，其業務執行に無用の掣肘を加へ其地位が常に安定を得ざる場合には市営事業の成績は到底良好なる望なく，結局市民の不利益を醸すこととなるであろう」という[41)]。そして，公営企業の振興は，一に経営首脳者としての「組織の才を有する人物を配置できるか否かの一点に帰着」することを力説するので

38）関一「市営事業の経営」（関一〔1936〕324-327頁）。
39）関一「市営事業の経営」（関一〔1936〕327頁）。
40）関一「市営事業の経営」（関一〔1936〕334頁）。
41）関一「市営事業の経営」（関一〔1936〕337頁）。

ある[42]。

関は営利衝動を魔法の杖として，官公営を非経済的と非難する民営論者，営利衝動さえ排除すれば黄金世界がくるとする社会主義者の，どちらも批判しつつ，今日の資本主義の特徴を踏まえ，「営利の衝動なき経営，則ち，公企業において起業者の才幹の重要なることを承認せねばならないこととなつた」と結論づけたのである[43]。

（3）日本における市営事業改革

関は，欧米における市営事業を批判的に検討したうえで，日本における市営事業の具体的問題と改革課題を指摘する。

第一の問題は，日本は1892年（明治25年）の行政実例によって市町村は営利を目的とする事業は施行できないということである。そのため，市営事業は公営造物と見なされ，市営事業の料金は私法的契約でなく，公法上の使用料と解釈され，「市営事業の経済化，実業化を妨げる最大原因となつている」。関は，この「謬見を排斥することが市営事業改善の第一である」と主張する[44]。

第二は，市営事業の不合理な会計制度を生みだしている，市町村の財務規定の問題である。財務規定は一般会計とともに特別会計の設置を認めているが，いずれも総計予算主義であり，事業経営を把握することができない。資本勘定，損益勘定といった事業経営を捉えることのできる会計方式に改正すべきことを提起する[45]。

第三に，市営事業の起債認可の不合理な扱いがある。市営事業を認めたにもかかわらず，政府の方針によって許可されたり，されなかったりするということでなく，民間株式会社の社債と同様に，事業の必要によって行われるべきで

42）関一「市営事業の経営」（関一〔1936〕339頁）。関はA. マーシャルを引用し，営利を目的とする株式会社であっても，市民公共の福利増進目的の公営事業であっても，大事業であれば，(1)果断，細心，敢為並びに事業に対する不屈不撓の精神，(2)技術に対する敏捷なる了解と創始進取の力，(3)高い組織能力，(4)部下の性格を看破する力と遇する才能，(5)部下の能力を発揮させるよう仕事を割り当てる注意力が経営者にとって必要であるという（関一〔1936〕338頁）。関の描く「専門官僚」というイメージも，以上のようなものであることを踏まえて論じられる必要があろう。

43）関一「市営事業の経営」（関一〔1936〕342頁）。

44）関一「本邦市営事業の改善」（関一〔1936〕345，346頁）。

45）関一「本邦市営事業の改善」（関一〔1936〕349頁）。

ある。また，市税によって償還する市債と，事業収入によって償還する市債とは区別すべきである。つまり，公経済のための市債と市営事業の市債との区別がなされていないところが問題であるとする。

第四に，政府自身の経営する国有鉄道よりも官僚式経営を要求している現行法の問題がある。関は市営事業改善の第一歩は「官僚式監督を除却することである」と強調する[46)]。

第五の問題として，普通選挙の実行とともに「市会の政党化」傾向がある。関によれば，市営事業の経営は一貫した方針による「専門吏員の完全なる組織に依りて始めて相当なる成績を収め得べき」なのである。米国流のように何人でも市政に関与できるとすれば，とうてい能率を発揮できず，「民業に一任した方が遙かに市民の利益となる」のである。さらに内閣の更迭ごとに地方債の許可方針が動揺して定まらざるがごとき政治的影響を除却するために，「地方分権，自治権の確立」が必要であると主張する[47)]。

関は市営事業を経済化，実業化（企業としての経営力を発揮）するには，市民的，政治的影響を有害と見ているのである[48)]。

おわりに

以上，関の広い意味での都市財政論の構造を見てきたのであるが，その特徴を総括すれば，以下のようになるであろう。

第一は，大都市特有の財政需要が生じ，都市行政の機能が変化した段階での地方自治制度の改革が必要であるという時代認識を踏まえて，都市の財政的自立を主張したことである。

第二は，都市の租税は応益課税を中心とし，とくに都市の財源として地租の国から地方団体への委譲や土地増価税の創設などを主張する。

第三は，都市財政の自立を支える財源は市場経済を前提にしながら，公営造物，市営事業を市場の論理にもとづきながら調達するというものである。租税

46）関一「本邦市営事業の改善」（関一〔1936〕353頁）。

47）関一「本邦市営事業の改善」（関一〔1936〕354頁）。

48）小路田は，関の主張が現代官僚制の確立によって，普選＝市会の政党化という現実に対抗していこうとしているものとみている（小路田泰直〔1991〕274頁）。

制度の改革より都市の権限を拡大し，都市の経済的集積を利用しながら，受益者負担と市営事業によって財源を調達するというものである。

第四は，都市財源を調達するには都市自治体の経営能力が十分発揮されることが必要であり，政治の介入防止と専門吏員の存在が条件となる。

問題は，このような関の都市財政改革論が大阪市財政のなかでどの程度現実可能であったか，という点にある。具体的にいえば1920年代から1930年代にいたる大阪市財政の危機の分析とその原因を究明し，関の都市財政認識とその改革論が妥当であったか否かが問われなければならないであろう。

第2節　池田宏の都市計画財政論

はじめに

日本の都市財政に関する研究は，大内兵衛のように財政学の一環として捉える流れとともに，国家の制度，政策の立案・執行の立場から研究してきた流れとがある。日本の地方自治制度はドイツ人研究者の助力によって制定され，条文上も，制度上も模倣性の強いものになっている。そこで大正期の都市計画法制定をはじめ実際の都市行財政政策，執行は日本人自身による研究とその応用がはかられるようになる。その内容はきわめて欧米の模倣性が強いとはいえ，日本の政策執行者による欧米の経験の摂取と日本の事情を踏まえてのその応用という主体的な立場が濃厚にでてくるのである。

池田宏は内務省初代都市計画課長として都市計画法，市街地建築物法の制定にたずさわり，日本の近代都市計画の基礎づけを行った。また後藤新平に乞われて，東京市助役，帝都復興院計画局長，東京市政調査会理事などを歴任し，都市行政，研究の第一線で政策を執行した。池田の足跡からは近代欧米の都市政策を日本の都市建設に適用し，近代的・合理的な日本の建設を進めようとする近代官僚としての姿勢を読みとることができる[49]。

池田の理論的立場は，当時の欧米で社会運動と実際の政策面で大きな影響を

49)　池田の都市計画思想とその評価については，渡辺俊一「第9章 池田宏の都市計画論」（渡辺俊一〔1993〕），吉野英岐「近代日本の都市住宅政策――池田宏と田子一民の軌跡」（吉原直樹編〔2000〕21-50頁），当時の都市計画については，石田頼房〔2004〕を参照。

もっていた社会民主主義的潮流を含む都市社会政策理論である[50)]。池田には，都市財政について正面から論じた著書はないが，『改訂 都市経営論』では都市計画とのかかわりにおいて，その財源，税制論が論じられている。池田は，都市経営，都市計画が近代都市建設の根本であるとしており，それゆえ，池田の都市計画財源論を検討することによって，その都市経営論を明らかにすることができる。また，そのことをとおして明治地方制度が資本主義の発展と矛盾のなかで，制度疲労を起こし，改革が迫られている状況のもとで，政策，制度の立案・執行者としての官僚がどのような構想をもっていたのかも明らかにできる。

そこで『改訂 都市経営論』によりながら池田の都市財政認識を見ていこう[51)]。

1　池田の都市計画，都市経営論

（1）池田の危機感と模倣の都市計画

池田の『改訂 都市経営論』は26章で構成されているが，2章から11章までが欧米における都市計画とその運用に関する検討にあてられ，12章以下26章までは，それとの比較における日本の都市経営上の問題点が論じられている。

池田は，第一次大戦後の欧米の都市政策の状況と比較して日本の都市政策の遅れ，とくに都市計画の実施に対して深刻な危機感を抱いている。

第一次大戦は，人口の都市集中を加速し，社会構造と経済構造を激変させ，市民要求は深刻・切実になり，改善運動は激化した。そうした情勢を背景に，1920年には都市計画法が施行された。しかし，その政府予算はあまりにも少なく，法はできたものの，政府の都市計画局は，「辛うじて形ばかりの存立を維持するに過ぎないが如き有様」であり，政府に都市計画を実施する認識や誠意

50）高寄昇三「解説」（神戸都市問題研究所編『改訂 都市経営論』地方自治古典叢書4，1988年，学陽書房）2頁。

51）『都市経営論』は大正11年（1922年）8月に初版が発行され，その後増刷されたのであるが，大正12年，関東大震災において型紙まで灰燼に帰した。そこで，改訂増補してできたのが『改訂 都市経営論』あり，大正13年（1924年）に発刊された。ここでは大正14年（1925年）3月第7版を復刻した神戸都市問題研究所編『改訂 都市経営論』（地方自治古典叢書4，1988年，学陽書房）を使っている。

があるかどうか疑わしく，「我国都市の前途も一寸先は真闇」といわざるをえない，と池田は深刻な危機感を表明している[52]。

そのために，「諸国の体制既に斯くの如くであるに，顧みて我国は如何である。我が都市計画は戦後経営として果して如何の地歩を占めておるか。……我国の都市の現状を瞥見して都市計画の要旨に触る丶前に先づ一応歴史に遡りて諸国の達成したる都市計画の跡を温ねたい」と，欧米と比較して日本の都市計画実施のために何が必要かを示そうとする[53]。

（2）都市計画と都市経営

池田によれば，都市計画とは「凡ゆる科学の力を基礎として都市の将来をして秩序ある健全なる発展を遂げしむるの組織的計画」である[54]。

こうした意図のもとに都市計画法と市街地建築物法が制定され，土地利用計画としての地域制，無秩序建物の規制，将来を見通した交通計画，とくに道路，高速鉄道計画，住宅政策，公共施設配置等法的な体制がつくられ，「法制としては欧米諸国の粋を蒐め，快刀直に我に欠けたるところを刺し，大体に於いて垂死の我都市生活に対する頓服薬なりといふを憚らぬ」ものとなった[55]。

では，「都市経営」とはどのような概念なのであろうか。池田は「都市計画」概念に比べると「都市経営」については明快な定義を与えておらず，都市行政当局の実践という程度にかなり幅広く使っている。たとえば，「都市経営」は必ずしも理想的な都市を実現する実践とはかぎらないのである。

都市経営は一方で「市民全体の共同生活をして便利にして愉快ならしめ，健康なる市民をして一人として市民らしかざる生活に沈淪することなからしめ，あらゆる浪費を去り，一切の能率を高め，全市民をして能力の限り営産に貢献し，文化生活を享受することを得せしめ」，その障害は除去し，「一に人らしき生活の完成を以て究極の目的として進む」ために主力を傾注するものである，という[56]。

52） 池田宏〔1924〕3頁。
53） 池田宏〔1924〕10頁。
54） 池田宏〔1924〕5-6頁。
55） 池田宏〔1924〕185-186頁。
56） 池田宏〔1924〕147頁。

他方では，ローマ法以来「アヴェレーヂ，シチズン」[57]を標準として行為の準則を定めてきたのであるが，市民生活の実際は上下貧富の差を生みだし，「平等の機会を市民の間に平均して頒たざるもの都市経営の実相と為るに至つた」と述べている[58]。そして，このような都市経営の現実を是正し，「全局から見て平均の機会を持たしめ様とするのが都市計画の大眼目」なのである。そして「この目的を達するための其の経営に人材を得るにつとめ，其の人を信任し，相率いて其の理想とする計画を断行せむとする勇と之を実現する資を有」するのが欧米諸国だというのである[59]。そして，このような都市経営の成否は，「全市民の自覚せる自治の崇高心に立脚する愛郷心作興」によるという。

以上のように，池田によれば，都市経営はかなり広い概念であり，格差を生みだすような問題のある都市経営もあるし，それを是正する都市計画の実行というような意味での都市経営もあるのである。したがって，最も重要なのは都市計画であり，それを実現するための諸方策と実践が都市経営ということになる。

では，ここにいう都市計画を実現する方法としての都市経営とはどのようなものなのであろうか。

（３）都市経営の要諦

池田は「都市経営の根本義」として３点をあげている。それは，①「共同経済主義」，②「功利主義」，③「地方分任主義」である[60]。

「共同経済主義」とは，ドイツに典型的に見られるように，都市の秩序正しき開発のための土地公有政策を軸とした土地経営と公営企業による公共事業のことである。ドイツの都市政策の成功は市民の「共同団結の精神」のうえに「公力」を信頼して施策が行われたからである。

「功利主義」は，共同の利益を増進するにあたり，イギリス都市経営の「実利実益を主として事業経営を取捨選択する」ということである。

「地方分任」は，市民自治を基礎に都市の自治運営を行うということである。

57）池田は，average citizen を訳さず，そのまま使っている。
58）池田宏〔1924〕147頁。
59）池田宏〔1924〕147頁。
60）池田宏〔1924〕228–239頁。

市民は，自治の主人公として認められることによって，その権利と責任の自覚を意識し，自重自愛，自己創意による共同意志にもとづき，理由なく他の人格者に拘束されることなく，自由に必要な事務を決定し，必要な施設を建設し，それによる福利を得るところに自治の本質がある。

ただ，池田にあっては「市民」概念は必ずしも明瞭ではなく，おそらく選挙権所有者，したがって当時としては財産所有者，納税者と考えられていると見てよいであろう。その点で財産所有者の自治論というべきであり，ここに歴史的認識の限界がある。たとえば，その住宅政策についての紹介を見ると，それは細民や労働者に対して行われるべき都市社会政策であり，彼らを都市の主体，市民としては見なしていないことがわかる[61]。

2　都市計画財源論の内容と特徴

では都市経営の本義を踏まえ，池田はどのように都市計画財源，すなわち都市経営財政政策を考えていたのであろうか。池田の主張を見ていこう。

（1）土地増価の吸収による財源確保

日本は都市計画法，市街地建築物法の制定をもって都市計画実施の法的準備を整えたのであるが，それを実際の行政として実現していくための条件は，上記の制度的な枠組みとともに都市計画事業財源の確保が大きな課題であった。

制定された都市計画法では，特別負担と特別税，その他収入を事業財源としてあてることになっている。

まず特別税では以下の税源を充当することになっている。

1　地租割：地租100分の12半

2　国税営業税割：国税営業税の100分の22

3　営業税，雑種税又は家屋税，各府県税10分の4

これに対する池田の評価は，「是丈では迚も何を為すにも足り相が無い」といい，東京の事例を紹介している。東京では既定の事業にほとんどの財源の全部を使い尽くし，わずかに家屋税割が賦課余力はあるが，それは小学校設備費にあてる唯一の財源であるから，それを都市計画事業財源としてあてるわけに

61）池田宏〔1924〕63-68頁，宮本憲一〔1999〕165頁。

はいかないからである[62]。

そこで池田は，都市計画法の想定している事業財源の順序はまず特別負担金をもって事業財源とするのが都市計画法の要請する論理だという。

「法律は幸にして」都市計画事業の特別負担金の規定があるので，それは「事実上右の第一財源（特別税―引用者）を以て支弁すべき部分は事業費中より受益者の特別負担額を控除したる部分に当るべきの理である。果たして然からば我国法上にありては都市計画の主要なる財源として先づ以て特別負担を挙げねばならぬ」のである[63]。

池田の論理には，都市計画財源の調達についての理論的な考察と日本の現実的な政策選択についての正当化論とが混在しているので，ここでは都市財政に関する理論的な面に注目しながら検討していこう[64]。

（２）開発利益の吸収あるいは特別受益の負担

池田はこのような不足する都市計画財源をどのように調達すべきというのだろうか。

第一に，開発による土地増価分を都市計画事業財源として吸収することによって財源不足を解消することである。

池田は都市計画事業によって，それまで利用価値が低かった土地の利用価値が上がり，土地所有者が開発利益を得た場合は開発費用を負担すべきであり，それは「正義の要求にして，又其の最公平の観念に合するを疑ふ者はあるまい」

62）都市計画法第６条第２項では都市計画事業によって著しく利益を得る者への利益の限度内での負担（特別負担金），第８条１項において特別税の賦課，同第４項において公共団体の他の収入の充当を規定している。「都市計画法」（大正８年４月５日，法律第36号）（池田宏〔1924〕189頁）。

63）池田宏〔1924〕189頁。

64）法律の規定からいえば必ずしも特別負担金が優先するとは言えない。また，ここでの池田の論理は，都市計画事業費への特別税による充当ではとても事業はできない，だから特別負担金の規定があるのだから，それは事実上特別負担金をまず先取すべきだということである。だから特別負担金が第一の主要な財源となるべきであるというのである。ここでは池田の都市財源論について見ているので，これ以上はふれないが，特別負担金の法的規定があるから，特別負担金が都市計画事業費の先取財源である，という論理の飛躍がある。都市計画事業財源は特別負担金で行い，不足する分については特別税を充当するというのが池田の理論であり，その立場からの法律の「解釈」となっている。

という[65)]。それは，街路の新設拡幅，路面の改良はもちろん，下水道，公園，運動場，その他，いずれにせよ施設を建設することによって地価を上昇させ，もしくは付近住民に特別の利益を与えるような公的施設にも範囲を拡張し，その受益額にもとづき特別負担を分賦させるべきである，ということになる。そうすれば都市計画の財政難を嘆くことはなくなる。にもかかわらず，そうした努力をせず，国庫補助がなければ事業ができないというような主張がなされる。「是れで果たして自治の民なりと誇負して居られようか」という[66)]。

当時の東京の主要地点の地租の基礎となっている法定地価と実際の売買されている時価との格差は，それまでの市区改正事業によって都市整備事業をした結果であるから，地価増加額に対する何ほどかの負担をすべきなのである[67)]。池田によれば特別負担金も土地増価税も地帯収用も基本的には開発による土地増価の吸収という点で共通しているのである[68)]。

そして都市計画事業財源の特別負担にとどまらず，土地増価に対する恒久的な課税についても「都市計画特別税」として制定されることが必要という展望を示すのである。

空地の利用を促進するための庭園税，空地税や建物の高度化をはかるための家屋税の改正等は都市の土地利用促進という側面としての価値はあるが，都市計画事業財源としてはきわめて不安定であるから，財源論としては特別負担か特別税によらなければならない。したがって，池田の主張は，当時において都市計画法に定められている特別負担金と法定都市計画特別税を財源とするのが一番現実的であるということになる。

---

65) 池田宏〔1924〕192頁。

66) 池田宏〔1924〕196頁。

67) 池田は，土地増価税と特別負担金を区別し，特別負担金は施設建設，開発による受益という概念を使って説明し，土地増価税は土地価格の評価による資産価値の増加の吸収というように分けている。しかし池田の特別負担金の主張根拠としてあげられている事例は，都市計画による道路等の整備による地価上昇があるにもかかわらず法定地価は改定されず，地主が利益を吸収してしまっているという東京の事例である。その点で，池田にあっては，特別負担も土地増価論の一種と考えてもよいだろう（池田宏〔1924〕197-199頁）。

68) 池田宏〔1924〕204頁。

69) 池田宏〔1924〕209頁。

70) ここにいう地価とは時価に対する法定地価のことである（池田宏〔1924〕197頁）。

第二に，公平課税論の主張である。

池田は，都市計画特別税の基礎になっている家屋税の基本が「甚だしく時勢の要求と隔絶している」として，その改革を主張する[69]。家屋税は，東京でみると賦課標準は建物の坪数に建物の種類，敷地の地位に対する乗率を乗じて計算することになっている。その敷地の地位による乗率は19段階に区分されている。問題なのは，①この乗率の基礎となっている敷地の地位の評価が「殆ど何等の価値なき現行地価によつている」こと[70]，②またそのきわめて低い法定地価の高低によって「敷地の地位品等」を決めているので，「全く何等の根拠なくして不公平を極」めていること，③さらに税率が，元々不公平な地価による格差にもとづく敷地の地位（等級）に対する税率であるため，逆進的になっていることである。

最後の，③税率の逆進性とは，地価1坪について1円80銭未満の宅地を最低位として，形式上地価の高さに従って乗率を累進する方針となっているにもかかわらず，地価が10倍する宅地は10等地として乗率3.25，20倍の地価を有する宅地は7等地，乗率4倍，地価30倍の宅地は5等，乗率4.5倍，地価40倍の宅地は3等，乗率5倍，地価50倍の宅地は2等，乗率5.25倍としており，乗率の累進率はこれを地価の累進率に比べると著しく権衡を失している。とくに地価坪百円以上，地価60倍以上の最高級宅地は乗率5.5倍に止めている。「如何にも今日の時世に適合するものとは受け取れなかつた」のである[71]。これを整理すると以下のようになる。

地価ランク	地価倍率	乗　率	
最低	1	1	坪1円80銭
10等地	10	3.25	
7	20	4.0	
5	30	4.5	
3	40	5.0	
2	50	5.25	
1	60以上	5.5	

池田は，建物についても同様の不合理を指摘する。建物種類による乗率は石造り，煉瓦造り，土蔵造り，鉄造り，鉄筋コンクリート，鉄鋼コンクリート造り等は第一類として，自余の建物比1.5倍，建物価格5万円以上に対する家屋

税の増課，建物用途による課税額の格差づけというように当局の努力はなされているとはいえ，「未だ以て如上の不合理を緩和して負担の公正均衡を得るに足れりとする訳には行かぬ」と課税の逆進性を指摘している[72]。

池田は，結論として地価により5倍半以内の範囲において等級差を設けて，家屋の課税等級を定めているのは，「多数の低所得者に対して重き負担」を負わせる結果となっている，と批判している。そして家屋税の基礎を家屋の用途種類賃貸価格による区分，その区分にもとづく利用価値による比例税率の適用，免税点の引き上げはもちろんであるが，それにとどまらず，「累進率を更訂して真に負担力のある者の間に賦課増徴する」改革を主張する[73]。

池田が，単なる応益論ではなく一貫して都市における土地増価を累進税によって吸収することを都市自治と公正の基本と考えていたことが注目される。

第三は，事業費への公債収入の充当という主張である。

都市計画による土地増価とその吸収による都市計画事業財源の調達を基本にしながら，事業資金の不足は他の収入をもって充当することが必要という。そのような財源としてまず健全なる公債発行による資金調達がある。健全なる公債政策というのはドイツの例を引きながら，公営事業を経営し，そのための公債を発行し，その収益により償還していくというものである。ドイツの公営事業としてあげているのは，ガス，電気，屠場，築港，軌道，水道，市場，下水，上屋倉庫，浴場事業などである[74]。

池田は，公営事業の収益を直接都市計画事業に投資していくかどうかについては言及していないが，当時の公営事業は都市計画事業といってもよいようなものが多いので，厳密な区別は必要なかった。

健全な公債発行の中身は都市計画事業によって建設される物的施設の耐用年数内で償還し，後年世代に負担を転嫁しないことである[75]。

さらに池田は，国の「市債観」を批判し，都市公共事業の意義を踏まえ改善

71）池田宏〔1924〕210頁。
72）池田宏〔1924〕210頁。
73）池田宏〔1924〕211頁。
74）池田宏〔1924〕206頁。
75）池田宏〔1924〕190頁。

を提案する[76]。都市の発行する市債が本来国債と社債の中間に位置すべきなのに，国債に比べて利回りが悪く社債並みでしかない現状を指摘する。租税その他公法上の収入によって担保されている点では，国債と変わらない市債が何故，投機ともいうべき事業の社債類と同一視されているのか「余輩の判断に苦しむ処」であるという。国債に比較して利回りが一歩ないし二歩の差であっても市債は発行額が大きく，その負担は新税の数目に匹敵する。また国債と市債の利回りが違うのはその公債市場の幅の違いにあるというが，たとえば東京市の事業などは首都建設という点では国家事業ともいえるものであるわけだから，利回りが低いのはおかしい。この点で政府，銀行，一般応募者に改善を要求する。

まず政府に対してであるが，市債は国家事務の一部を担任する公共事業であるから，国債と同一の待遇，もしくは保証を与えるべきである。国債には所得税減免があるが，市債にも所得税免除すべきである。関東大震災において東京，横浜両市の復興事業債に政府保証を与えたが，平時にもそのようにすべきである。

次に，銀行は市債の取り扱いで雑費を稼いだり，死蔵金の金利を高めようとするなどの「低級の営利主義」を緩和し，都市への投資は低利であっても，都市事業が展開されることにより民間事業の健全な勃興を促すという信念をもつべきである。さらに，一般市民はたとえ低利であっても「我都市を改善する公共の義務を尽くす」という「公共観念」を発露すべきである，という。

第四に，都市計画の財源として所得税をあげていることが注目される。

都市計画特別税として地租と営業税の一定割合があてられているが，所得だけが都市計画税の負担をまぬがれているのは「失当の一と謂わねばならぬ」，という。特別税としてはこれが最大の財源であろう，ともいう[77]。

池田は，必ずしもその理論的根拠を示しているわけではないが，所得税に対する特別税か，もしくは都市計画法に付帯する都市計画財源として所得に対する課税が必要，としている。しかし，池田は，「我が政府始(ママ)めての社会政策意義を帯色せる税」[78]として所得税を捉えており，社会政策としての都市政策費

76)　池田宏〔1924〕212-213頁。
77)　池田宏〔1924〕207頁。
78)　池田宏〔1924〕207頁。

用として所得税を充当することは，論理的な帰結として当然であった。

東京を例にとると，各税収は，地租本税237万円，営業税1100万円だが，所得税は1750万円であり，所得税が確実に都市の経済活動の発展を反映した税となってきている。それゆえ所得税が都市計画「特別税として之が最大なる財源」として，都市行政の担い手である池田の目には映ったのである。

この点で，池田は「都市の税制」でミーケル改革を紹介しているが，ミーケルの改革には所得税を地方税にするという政策は含まれていないので，都市計画財源としての所得税の負担という政策論は池田の独創といってよいであろう[79)]。

地租，営業税と並んで，所得税をも都市計画財源としてではあるが，都市財源とするという政策論は，当時にあっては地租，営業税の地方委譲論を越える主張として注目される。

また，池田にあっては，都市計画が単なる物的計画ではなく，社会政策的側面をもっていたということでもあり，これもまた先駆的認識といえよう。

第五に，都市経営における地方分任の中心として現物給付義務と夫役を市民自治として位置づけている。

池田は，住民の現物給付，夫役現品，金銭代償は予算上の問題としてあらわれないため，都市財政上の問題として軽視されていること，とくに都市財政権への制約のために都市財政が逼迫している状況では，都市経営としてこの制度を活用すべきこと，市民もまた自治の本分として当局者の新しき試みに協賛し，任意の発動によって勤労と金品とを提供する覚悟すべきことを主張している[80)]。

具体的には，道路と衛生について提案している。

道路については，①道路と効用を共用する工作物管理者に道路工事，維持をさせる，②道路の沿道住民による工事，維持への転嫁，③出願工事の許可，④道路工事による受益に応じた負担などによる財政の節約をはかること，などである。

衛生については，①塵埃の集積，積み込みへの住民の協力義務，塵埃の出量に応じた料金徴収，②雨水，家事汚水，工場排水の改良下水道への放流義務と

79）池田宏〔1924〕326頁。
80）池田宏〔1924〕249頁。

料金徴収などによる処理費用の軽減をはかることなどである。

市制町村制のもとで，比較的自由に適用できる夫役現物制度を利用することは「自治体の本旨に顧み」て，市政上における最も興味ある問題として研究すべきであるという。

では，池田は，税制度と夫役，現物制度との関係をどう捉えていたのだろうか。池田によれば，寄付や遺贈に対して税制を改め，応能主義を極度に運用することで公共費用をまかなうべきであるという主張があることについては，そのとおりであり，累進税制が必要なことを認める。しかし，いかに累進税を極度に応用しても，すべての場合に国または公共施設の恩恵，社会全体の恩恵と比例的に税率を確立することは不可能であろう。それゆえ勤労および物資が市民から任意に提供されるのは自治精神の発露であり，自治を完成する所以である。そして池田宏は，第二の後藤，第三の後藤，第二の安田，第三の安田，第二の住友，第三の住友が続々と踵を接してでることを切望するという[81]。

ここで注目すべきは，池田が，「任意」であることを踏まえていることであり，都市計画財源としての義務的負担としては捉えていないことである。池田にあっては，夫役現物は自発的なものであり，それゆえ自治精神の発露と捉えているのである。

おわりに

池田の都市財政政策は，社会政策としての都市計画実現のための都市経営の一環であり，都市計画財源を確保するための税制の近代化と都市財政の自立を実現する一方，市民の自発的共同的財政負担による自治の促進をはかるというものである。

池田によれば，都市自治の担い手は財産所有者であって，彼らの自治をベースに，納税者（財産所有者）間における公正な税制度を実現し，都市計画財源を確保することである。それゆえ，池田の財政論には労働者，低所得者は自治の主体としては考えられておらず，社会政策の対象にすぎないという意味で，

81）後藤は東京市長として俸給を寄付，安田は財団法人東京市政調査会の設立したことなどを指している（池田宏〔1924〕244頁）。

近代的地方自治の限界をもっている。しかし，所得税の都市計画財源化（地方税化），累進税の主張など，都市計画を実行しようとするならば，都市の累進所得税を主張せざるをえないという現実から導きだされた，現代地方財政につながる独創的な提案は，注目されるべきである[82]。

もちろん，池田には，都市経営論はあるが，それにもとづく都市財政全体の歳入歳出論はなく，都市計画財源を中心にした都市財政政策論であるというという制約も指摘しておかなくてはならない。

第3節　大内兵衛の都市認識と都市財政

はじめに

戦前期に都市財政を対象に研究したのは都市行政を担った関一や内務官僚の池田宏などであるが，研究レベルで都市財政を財政学の大系のなかに理論的に取り上げようとした研究者として大内兵衛がいる。地方財政論としては藤田武夫や藤谷謙二，また都市財政論の範囲を広げて，『明治大正大阪市史』第4巻の「財政」編を担当した汐見三郎などの分析手法や理論を対象にあげることも可能である。

しかし，ここでは戦前としては最も理論的な成果をあげ，都市財政を地方財政論のなかに位置づけようとした大内の都市財政論を検討してみたい[83]。

『財政学大綱』の構成は以下のようになっている。

上巻
序論
第1編　財政制度における立憲主義
第2編　経費論

82）近代的地方自治，現代的地方自治の規定については重森暁〔1988〕5-7頁。宮本は内務官僚らしい発想と述べている（宮本憲一〔1999〕165頁）。渡辺は，池田の都市認識が個人的自由よりも全体的利益が優先されるという認識であり，その全体の調整を行う主体として官僚を想定しているという点で，「官治主義としての，池田の（そして旧法の）都市計画」であると位置づけている。それはまた，官僚の技術としての「非政治化」は，「政治的支持勢力を欠いた空疎な観念」であり，それゆえ彼の構想は，地主制力の反発という現実政治によって否定されることになったと論じている（渡辺俊一〔1993〕181-182頁）。

中巻
　第3編　収入論（租税論）
下巻
　第5編　地方財政論

下巻には第4編およびそれ以外には「官公有財産および官公事業論」「公債論」「財政の国際性」を述べる編が入るはずであった[84]。

「第5編 地方財政論」の章構成は以下のようになっている。

第1章　地方自治制度
第2章　本邦地方財政制度概説
第3章　都市と農村の対立統合
第4章　近代都市とその財政
第5章　本邦地方財政の実績
第6章　日本の農村財政の現状
第7章　日本農村の構造的性質
第8章　農民の租税負担
第9章　税源としての地代の歴史
第10章　土地所有の社会的意義
第11章　資本主義下における農民の地代及び公課
第12章　明治以前における本邦土地制度及び地租の発展
第13章　地租及び地方制度改正の意義
第14章　日本資本主義の飛躍と地方財政の窮乏
第15章　農村恐慌対策と地方財政の調整

「第5編 地方財政論」の目的は農村自治における財政研究を目的としている

83）　大内は『財政学大綱』下巻「第5編 地方財政論」のなかで都市財政について論じている。この下巻は1937年にゲラ刷りができあがり，公刊予定であったが，1938年（昭和13年）2月の教授グループ事件により検挙されたため陽の目を見なかったものである。『財政学大綱』は東京帝国大学における昭和5年度の財政学講義のために，聴講学生用のテキストとして書かれたものである。上巻は昭和5年に，中巻は昭和6年に公刊されているが，下巻は昭和13年にできあがっていたとみてよいであろう。中巻の序では下巻上梓の約束が果たせていないことを述べている（大内兵衛〔1974〕227頁)。「第5編 地方財政論」は1937年刊行予定の校正刷りをもとに，『大内兵衛著作集』第1巻（1974年11月，岩波書店）でようやく公刊された。

84）　大内兵衛〔1974〕227-228頁。

ため，その枠組みのなかで，都市財政について論じるというかたちになっている。そのため，都市財政について言及しているのは，全編224頁のうち，3章，4章の25頁分にすぎない。しかし，そこには，大内の都市財政の方法上のエッセンスが示されており，経済学としての都市財政方法論がうかがえるのである[85]。その特質を見てみよう。

1　大内の地方財政論構想

第一に，地方財政論は都市財政論と農村財政論との総合によって組み立てられるという立場である。

大内は，都市と農村の分離結合という近代社会の基礎の上に近代国家の地方自治制度がある，したがって都市と農村では地方自治制度の意義は違う，という。そこで大内は，近代国家における地方自治，地方財政を検討するために，都市社会の基礎の上に立つ都市財政と農村社会の上に立つ農村財政を踏まえ，その総合としての地方財政論という見通しを立てている。大内は，近代国家内における地方自治制度は「都市と農村との分離結合を基調とする近代社会の上に立つ政治機構」であるから，形式的にはほぼ似たような制度も，その実質に即して見れば「都市の上に立つ場合と農村の上に立つ場合とにおいて，その意義自ら異なるものがあるのはやむを得ない」と都市財政と農村財政が同一には論じられないことを示唆している[86]。

ただし，本編は，主として農村自治における財政を研究しようとしているので都市財政を論じることはしていないと断りつつも，都市財政の意義は「大都市こそ全国における社会的進歩の先端を代表するものであって，農村の後進性は全くこれに対する社会的コントラストであり，また，後者は前者によって規定さるるものである」と位置づけ，農村財政との対応で「社会進歩の先端」を代表する都市財政分析の意義を述べている点は，大いに注目しなければならない[87]。

だとすれば，日本農村財政の分析は，日本の都市財政分析のうえにたって行

85）　大内兵衛〔1974〕443頁。
86）　大内兵衛〔1974〕443頁。

われるのが順序であろうが，大内の日本都市財政分析は，欧米の一般的な都市財政論の紹介に終わっているのである[88]。

2　都市財政成立論

第二は，近代都市財政成立論である。

大内は，都市の発展とともに社会政策が誕生するが，それが都市財政を成立させるうえで大きな意味をもっているという。

都市の都市たる所以は，比較的狭い地区に多くの人々が集団で生活しているということである[89]。近代国家の成立によって，旧来都市がもっていた政治的軍事的機能は国家に移転し，都市と権力との新たな形態が出現するという[90]。

中世都市の中心は市場であり，その条件は自由である。自由は，権力なくしては維持できなかった。「市政は自由をモットーとした。そして市民の財産の保護と営業の自由とを保障した市政が市民の租税についても亦限度を守ろうとしたことは当然である。そしてこれによって市民的富を都市に集中させることができたのである。都市の勢力は所謂都市経済の境囲を破って国民的又は世界的なものとなり，そうなるに従って新しい各種の交通機関や文化機関はその立地をここに求めた。かくして近代の都市は貨幣と商品とを通じて国民的に，また世界的に富を呑吐しつつ所謂近代文明の中心となるに至ったのである」[91]。このような近代都市の市民生活は「個人主義的」であるが，「その自由なる生

87)　大内は地方財政把握の視点としては全体として都市と農村の対立という視点を貫いているが，ここの表現はマルクス的というよりアダム・スミス的把握である。アダム・スミス『諸国民の富』第3編「さまざまの国民における富裕の進歩の差異について」第4章「都会の商業はどのようにして田舎の改良に貢献したか」参照。

88)　大内は農村財政分析では地代，地租を分析し，地租改正が都市ブルジョアジーの成熟前に公租を地主に有利なかたちで近代化し，地主は地代を資本として都市に投資し，資本主義の「本源的蓄積としての新しい意義」をもった。その反面，農村は窮乏のなか労働力の供給地となるのである。このような農村に対して義務教育をはじめとする国家事務の重圧と農民負担によって，農村を窮乏化させ，その上に立つ農村地方財政も窮乏化させた，という。ここには農村財政を分析しながら都市と農村の対立と国—地方の視点が貫かれていることが確認できる（大内兵衛〔1974〕588，606頁）。

89)　大内兵衛〔1974〕443頁。

90)　大内兵衛〔1974〕444頁。

91)　大内兵衛〔1974〕445頁。

活の裡に，都市は市民相互の社会的連帯を必然のものとする」[92]。ところが，疫病は「自由な市民」を脅かし，自動車の過剰は歩行者の脅威となり，災害は全市民や社会の問題となる。「まことに，水や火や悪疫やは都市において全く社会化され，その災害の除去と予防とが市民の問題とならざるを得ないのである」[93]。

そこで都市政策が登場してくるのであるが，その都市政策は，「社会政策を基調にするに至った」のである。この政策は自由主義における市政腐敗，資本家または政治家の横暴から市民の生活を擁護せんとするものとなった。すなわち，まず交通機関や水道事業や食料品市場に関して「市民生活の社会連帯性」を認め，そのための市営事業を起こし，「市政の資本主義化をふせぐ」べしとした[94]。これらの政策が都市社会政策，都市社会主義，市有財産主義，市営主義などといわれるようになる。

これらは今日でいえば，社会的費用の負担ないし社会的共同消費手段の建設を都市自治体が行うということである。

大内は，当時の都市社会政策事業の事例を以下のように整理している[95]。

1 警察：消防，防犯，公衆衛生，防空等に関す。

2 土木：道路，公園，娯楽場等に関す。

3 教育：初等，中等，専門，特殊，社会等の教育設備の建設，管理等に関す。

4 上下水道事業：水道，下水，水源地，浄水設備等に関す。

5 交通機関：道路，車馬，電車，鉄道，バス，地下鉄道等に関す。

6 ガス・電気供給：照明および燃料に関す。

7 社会施設：住宅，市場，塵埃処分，医療設備，屠殺事業，公設質屋，職業紹介，授産，養老，養育，不具・疾病・行路病者救助等に関す。

これらの事業が市によって統一的に経営されることによって，料金の合理化がはかられる。そのためには「市政が真実にデモクラチックであるべきことが

92） 大内兵衛〔1974〕446頁。

93） 大内兵衛〔1974〕446頁。

94） 大内兵衛〔1974〕446頁。

95） 大内兵衛〔1974〕447頁。

要件で……もし，そうでないならばかくの如き事業の買収，建設，拡張等は却って所謂利権として独占資本とその政治的代表者との餌食となり多数市民の利益に反することになるであろう」という[96]。

大内にあっては，社会的費用の発生や都市社会政策事業の根拠は「市民の社会連帯」として説明されているが，それが市場活動，すなわち資本の蓄積活動によって生じるという視点はなく，その運営上のあり方として独占資本，つまり「資本の利益独占の危険性」が指摘されるのである。この点は，資本蓄積と都市問題の関係を見た場合，都市問題の把握としては一面的である。

近代都市が自由な市民の集合体として発達したことは，都市の物理的形態をして無計画的ならしめ，それが各市民の生活にとって大きい不便となった。都市政策の主張はこのような無計画性を合理的計画によって改造すべしというところまで発展し，都市計画はかかる改造運動として発展した。しかし，大内によれば，この都市計画の「成績は充分だとは云えない」。なぜなら，都市計画がその目的を達するためには，「現代都市生活の社会性と個人性との矛盾をある程度に克服せねばならぬのであるが，そのことを徹底せんとせば社会制度の根本にふれる」からである[97]。

社会制度の根本にかかわる社会性と個人性とはどのような内容かは不明であるが，公共性と自由の問題なのか，公共性と私有財産にもとづく経済的自由ということになるのか，どのレベルで問題を捉えるのかがはっきりしていない。

3　社会政策派の都市財政論批判

第三は，都市の租税改革論に対する批判的評価である。

現代の都市においては，市民生活の協同連帯の性質はますます明らかであるが，他方，都市内部の私的資本の力も，いよいよ増大する。それに応じて市政はますます拡張し，財政規模は膨張する。「だから，租税は勿論公営物の使用に関する手数料や運賃についての配分の問題も亦国家のそれよりもヨリ多く階級的に規定される傾向がないではない」[98]。租税の種類の選択，租税行政，公

96)　大内兵衛〔1974〕447頁。
97)　大内兵衛〔1974〕449頁。

共施設の管理などについての「市民デモクラシーと支配的権力の寡頭性との矛盾」は国家の場合よりも極端にあらわれた。支配的権力の寡頭性によって「奇怪にも，その国内における最も多くの富が集合しているところの都市においてその財政が最も窮乏している」という。大都市の大所得者は，田舎の同階級よりはるかに少ない税の支払う奇怪，それは，代価を払わずに快楽と便宜とを享楽している事実と相照応しているのである。「かかる財政的奇怪は市会とそこにおける政党政治の成果なのである」という[99]。

こうした租税制度の「乱雑」，かつ「不合理」に対して，都市政策学派は租税改革を主張するのである。

1　市の公共的な道路，公園その他の改良のための財源は，租税又は公債によらず，特別課徴金 special assesment によること。

2　市は上記の公共事業の場合に，必要以上の土地を徴収しておき，他日これを売却して財源を得ること（超過徴収，excess condemnation）。

3　「不労増加」“unearned increment” による土地に対して課税すること。

大内は，このような都市政策学派の政策論は，一言で言うなら「不動産の増加に対する改良主義の画餅であって，それをすべて市に帰属せしむべしといい，且つそれが出来るという」主張であるという[100]。このような「資本主義的意義において公平な市税を要求」することは，「完全に改良主義である」と位置づけるのである。

大内が，改良主義を否定的に見ていることは明らかなのであるが，改良主義的要求が「画餅」であるのはなぜなのか，については述べていない。大内は，前項で見たように，都市政策が完全に成果をあげるには，「体制」問題に手を触れざるをえないと考えており，その点から「改良主義」の都市政策，都市財政論を批判しているのである。

4　資本蓄積の手段としての都市財政

第四に，大内は都市政策派を改良主義と批判するばかりでなく，都市財政が

98）大内兵衛〔1974〕449頁。
99）大内兵衛〔1974〕450頁。
100）大内兵衛〔1974〕453頁。

資本蓄積の手段とされていることを指摘する。

大内は，近代大都市における「財政の究極の意義」は何かと問い，「それは政治的権力と資本的富との集中に対して自然力の足らざるところを補いつつそれに助力する設備の経理である」とする[101)]。「巨大なる産業はここに立地を得，その自然力と社会力とが作りだすところの有利なる条件に対してほとんど費やすところもなくして巨大なる利潤をあげる」。こうして，都市は巨大な市場として商品と貨幣を集中させる。それゆえ，都市は田舎の没落しつつある小生産者，過剰人口にとっての安住の地である。なぜなら，「都市は時として彼らを迎える用意と設備とをさえもっている。ことに都市社会政策の普及はこの条件をつくりあげるのである」。資本は労働力が豊で安価であることにのみ自らを再生産する欲望をもつ。「だから，いかなる都市社会政策も失業者の存在を根本的に否定し，大衆の生活の低下を絶対的にふせぐことを敢えてしない。即ち，多少の社会政策にかかわらず，都市は貧民層とその集団的スラムとをもっている」[102)]。

大内は，都市財政の本質を市場と資本の設備（基盤）を整えるためのものであると規定しているのである。そしてそのために資本主義は農村を解体し，過剰人口を生みだし，それを都市に吸収し，過剰人口として存在させ，資本主義の再生産の条件とするのである。社会政策は，その本質を覆すことなく，むしろ資本の「巨大なる利潤をあげる」ための条件をつくるのである。

資本はそうした社会的な費用に対して「費やす」こと，すなわち支払うことをしないわけだから，最も豊かな大都市財政が窮乏化するのである。

5　大内都市財政論の都市・農村関係

第五に，危機における地方財政調整政策の登場を指摘する。

大内は，都市・農村関係はごく一般的なスミス，マルクスの都市・農村論を紹介しているだけで，それが財政問題，財政調整問題としてどのように登場してくるのかについては，充分論理的に説明してはいないが，日本の財政調整制

101）　大内兵衛〔1974〕454頁。

102）　大内兵衛〔1974〕454-455頁。

度の登場がファシズムに統合していくことを指摘している[103)]。

1932年の時局匡救事業が軍備増強と資本救済であるとともに，農村匡救事業でもなければならなかったこと，それにもかかわらず「農村匡救の政策は，その支払った代価に比し恐慌克服の効果は甚だ少なく，それはただ破局を弥縫しているに過ぎない」とその限界を指摘している[104)]。その少ない効果も大小地主に限られ，「資金は彼らの手を通じて農村を一巡するとまた再び金融機関に吸収されて都会にと還流し，その利益は所謂農民には及ばず，たとえ及んでもそれは極めて微少」となるのである。かくて，時局匡救事業の行きづまりは資本にとっても，軍事的傭兵の観点からも憂慮すべきこととなり，「地方財政調整交付金制度」の議論がでてきたという[105)]。それは「本邦行政制度の中央集権化を完成し,ナチス・ドイツの新地方制度に似たものへの移行を連想させる」とみている[106)]。

おわりに

大内都市財政論の意義は，地方財政論を都市財政論と農村財政論の統合として構成しようとしたこと，資本蓄積の手段として都市社会政策を位置づけ，その経理として都市財政を定義したことにある。またその社会政策の費用負担を租税配分問題とすることで租税改革論を位置づけ，資本はその費用を負担しようとせず，その結果富の集積する大都市財政が窮乏化するというように整合的説明を与えたことである。その意味では，都市公営事業を軸にした関や池田の都市財政論に対する本質的な批判となっている。

しかし大内は，都市社会政策を市民的連帯にもとづく事業としても説明しており，これと資本蓄積の手段としての社会政策事業とが，いかなる関係にあるのかは明らかではない。また，改良主義の批判を認めるとして，では，いかなる財政政策が必要か，体制変革の都市財政論とはどのようなものになるのかが，

---

103)　この点は，島の戦前日本の地方財政調整制度の分析評価につながる視点である（島恭彦〔1951〕132頁，参照）。

104)　大内兵衛〔1974〕627頁。

105)　大内兵衛〔1974〕620–630頁。

106)　大内兵衛〔1974〕633頁。

問われることになろう。これらの問題は，戦後の地方財政論争に引き継がれる本質的な論点である。

また，大内の地方財政論ではブルジョア社会と近代民主主義国家が前提され，民主主義的議会と政府が機能しているかのように描かれ，総じて国家機構，官僚機構についての分析が弱いことも指摘しておかなければならない。

さらに，大都市財政の重要性を指摘し，一般的な枠組みを提示しながら，具体的な都市財政を分析することなく終わったことは，日本の日本資本主義論争の中心が農村問題を軸に展開された事情を反映しており，そのこと自体が日本の地方財政論の特質として興味深いものがある。

参考文献

安部磯雄〔1911〕『都市独占事業論』（復刻版：神戸都市問題研究所編『都市独占事業論』地方自治古典叢書3，1988年，学陽書房）

池上惇〔2000〕『日本財政論』（実教出版）

池田宏〔1924〕『改訂 都市経営論』（復刻版：神戸都市問題研究所編『改訂 都市経営論』地方自治古典叢書4，1988年，学陽書房）

石田頼房〔2004〕『日本近現代都市計画の展開』（自治体研究社）

大石嘉一郎・金澤史男〔2003〕『近代日本都市史研究――地方都市からの再構成』（日本経済評論社）

大内兵衛〔1974〕『大内兵衛著作集』第1巻（岩波書店）

小路田泰直〔1991〕『日本近代都市史研究序説』（柏書房）

坂本忠次〔1989〕『日本における地方行財政の展開』（御茶の水書房）

ジェフリー・E・ヘインズ／宮本憲一監訳〔2007〕『主体としての都市――関一と近代大阪の再構築』（勁草書房。原題：Jeffrey E. Hanes, *The City as Subject: Seki Hajime and the Reinvention of Modern Osaka*, 2002）

重森曉〔1988〕『現代地方自治の財政理論』（有斐閣）

柴田徳衛〔1976〕『現代都市論（第2版）』（東京大学出版会）

芝村篤樹〔1998〕『日本近代都市の成立――1920・30年代の大阪』（松籟社）

芝村篤樹〔1989〕『関一――都市政策のパイオニア』（松籟社）

島恭彦〔1951〕『現代地方財政論』（有斐閣。『島恭彦著作集』第4巻，1983年，有斐閣，所収）

関一〔1936〕『都市政策の理論と実際』（三省堂。復刻版：関一『都市政策の理論と実際』1988年，学陽書房）

宮本憲一〔1967〕『社会資本論』（有斐閣），〔1976〕『社会資本論 改訂版』（有斐閣）

宮本憲一〔1980〕『都市経済論――共同生活条件の政治経済学』（筑摩書房）

宮本憲一〔1999〕『都市政策の思想と現実』（有斐閣）
持田信樹〔1984〕「日本における近代的都市財政の成立（一）」（『社会科学研究』第36巻第3号，東京大学社会科学研究所）
持田信樹〔1985〕「日本における近代的都市財政の成立（二）」（『社会科学研究』第36巻第6号，東京大学社会科学研究所）
持田信樹〔1993〕『都市財政の研究』（東京大学出版会）
吉原直樹編〔2000〕『都市経営の思想――モダニティ・分権・自治』（青木書店）
渡辺俊一〔1993〕『「都市計画」の誕生――国際比較からみた日本近代都市計画』（柏書房）

第２章　戦前における都市公営事業と都市財政
――関市政下の大阪市財政の変貌――

はじめに

第１章では，戦前日本における都市財政論の代表的な理論を検討，整理してきたが，そうした理論ないし政策を生みだしてきた都市財政は，いかなる実相をもっていたのか，そして当時の都市財政の理論や政策論は，そうした現実に対してどの程度有効性をもっていたのか，が次に問われなければならない。

本章では，都市財政の理論，政策と実践の両面で新しい道を切り開いてきた，大阪市長，関一の都市財政に関する理論の現実妥当性を実証的に検証しようとするものである。そこで，1920年代から1930年代にいたる関が市長であった時期の市政（以下，「関市政下」という）の大阪市財政の変貌を素材として，（１）彼の直面した日本都市財政システム改革の課題を明らかにしたうえで，（２）関市政下の大阪市財政の特徴を独自の統計的分析によって明らかにしつつ，（３）関の都市財政システム改革論の意義と限界を都市財政システムの転換過程のなかで歴史的に位置づけようとするものである。

関が活躍したのは，1914年（大正３年）に池上四郎市長のもとで大阪市助役に就任してから1923年（大正12年）までの助役の時期と，1923年（大正12年）から1935年（昭和10年）の市長の時期である。市長として在任した時期は，大正デモクラシーといわれる第一次大戦後の民主主義の高揚した時期から戦後不況，金融恐慌，昭和恐慌，戦時体制へと移行していく，いわゆる「戦間期」である。地方財政に即してみれば，地方財政が膨張し，財政危機の矛盾が深刻になり，地域不均等が拡大し，財政調整制度が求められてきた時期である。都市財政についてみれば，大戦後の都市財政急膨張と財政危機が深まっていく時期である。そしてそれまでの都市財政の自立を支えてきた財政諸条件が急速に失われ，国家財政への依存を深めていく時期である。

従来，この時期の地方財政が都市と農村との不均等を拡大し，財政調整制度を生みだす条件となってきたことについては，分厚い研究の蓄積があるが，都市財政の実態については，具体的研究は遅れている。明治地方財政システムから現代的システムへの都市財政転換過程の研究，つまり都市財政の危機はなぜ起こったのか，それはどの程度であったのか，そしてどのように対応していったのか，といった具体的な研究は必ずしも十分ではない。そこで，本章では明治地方自治の中央集権体制のもとで隙間をつくかたちで，都市財政の自治的運用が許容された都市財政システムとその転換という仮説を提示しながら，都市経済が発展し，最先端の都市政策を行っているといわれた大阪市財政の危機のメカニズムを検討することによって，当時の地方財政の抱えていた問題を明らかにしようとするものである。

同時に，それを明らかにすることによって，従来，その著作の検討のみに頼ってなされてきた関の財政論を，現実の行財政運用から照らしだし，そのもつ意義を明らかにすることができると思われる。

そこで，都市財政の危機を数量的に評価するうえで最も重要な指標である財政収支を手がかりにしながら，そのような収支状況を生みだすにいたった，財政需要の原因と財源調達の方法を検討することによって，大阪市財政の構造的問題と財政政策の特徴を明らかにできるのではないかと考える。

以上のような検討によって，関の財政理論はその実証的な分析によって検証され，はじめて総合的かつ正確にとらえることができると考える[1)]。また，戦間期の日本の都市財政の転換についても実証してみたい。

1）　戦前の都市財政そのものを扱った研究として，坂本忠次〔1989〕「第2章　大都市財政の変貌と危機」，持田信樹〔1984〕，同〔1985〕，関野満夫〔1982a〕，同〔1982b〕，大石嘉一郎・金澤史男〔2003〕がある。大石・金澤の研究は，これまでの都市財政研究が大都市に偏っているとの反省のもとに，地方都市の形成と財政を検討し，現代地方財政システムへの転換を理論的・実証的に明らかにした，独創的なものである。

第1節　関一の直面した都市財政システム改革の課題

1　明治地方財政システムの形成

1888年（明治21年）に市制町村制，1890年（明治23年）に府県制・郡制が敷かれ，日本の地方制度の体系が整えられた。しかし，大阪は東京，京都とともに市制特例が適用され，ようやく日清戦争後の1898年（明治31年）に市制が適用され，それまでの大阪府行財政から市行財政が分離することとなった[2)]。それまでは，大阪市会は構成されていたものの，市長の職務は大阪府知事が兼任していた。

市制町村制の枠組みのもとにおかれていた地方財政制度を明治地方財政システムと規定するならば，その特徴は次のような点である。

第一に，中央政府と地方の財政が，明瞭に区分されていたことである。

中央政府は，地租を主要な財源として成立しており，地方は国税付加税，地方独立税に依存していた。府県は国税付加税と営業税，独立税，市町村は国税，府県税付加税と独立税という違いはあるが，基本的には国税付加税というかたちで地方に配分しながら，それ以外は地方独自で財源をまかなうという方法をとっているのである。つまり，基本的な財源を地方に配分したあと，地方は地方の経費を地方住民に分賦するという方法をとっているのである。そのため，地方住民の負担は，各府県，市町村によって異なることになる。これは，民費，のちには協議費構造といわれた体制の継続ともいえる[3)]。

第二に，地租を中心とした租税体系は，農村的な地方財政体系を示していた。農村において，地租は米の収穫を基礎に法定地価が決定され，算出された。しかし，幕藩体制下では，領主収入は封建公租たる年貢であったため，都市部には租税は課せられなかった。そのため，維新後になって初めて地租が課せられることになった。農村と異なり，都市における地租は，米価を基礎にすることはできないので，地租算定の基礎になったのは，法定地価である。この法定地

2）　大阪市〔1991〕197頁。日本の大都市が官治としてスタートしたことは，日本の都市自治のあり方として，もっと注目されてよい。

3）　藤田武夫〔1941〕。

価は，売買価格を基礎に算出されたものである。地租改正の当初は，この法定地価を改訂していくことになっていたが，昭和期まで据え置かれたままであった。そのため，都市の経済発展は，地価上昇をもたらしたが，それは租税収入に反映されず，土地所有者に有利となった。

第三に，民費，協議費構造という一種の地方独自財政のかたちをとりながら，広範な機関委任事務によって，国の行政的コントロールのもとにおかれ，官治的行財政システムとなっていた。

2 大都市行財政システムの創設から作動まで

（1）日清戦争後の都市における産業革命と明治地方財政システムの修正

日清戦争後，大阪は，産業革命を経て，本格的な産業発展の過程に入っていく。大阪は，幕藩体制下では藩米の集散地として発展していたが，維新後の幕藩体制の崩壊にともなう藩米集散地という地位は消滅し，経済的に衰退する。しかし，日清戦争後近代的工業が勃興し，都市としての新しい発展をはじめる[4)]。

第一は，都市における公衆衛生対策として上水道建設事業がある。

上水道の建設は，都市に集住する住民の伝染病対策として，農村とは異なる都市特有の財政需要である。ところが，都市財政は地租を基本にしているので，財源としては不十分であり，財源の調達が問題となるのであるが，この財源は公債によって調達され，その償還には使用料を見込んだ。

第二は，産業の発展にともなう基盤整備問題が発生してくる。政府は，神戸，横浜を対外貿易の拠点として整備していくのであるが，大阪の産業発展にともなって，築港開発が行われていく。また，道路，鉄道の建設が求められてくる。大阪の築港はたびたび繰り返される淀川の氾濫に対する対策と一体のものであった。

このような，都市的な需要に対しては，民費，協議費財政の方法によっては

4） 産業革命期の大阪の発展を都市雑業の存在から分析したものとして，黄完晟〔1992〕がある。これまで明治維新後，衰退していた大阪が立ちなおり，いかに成長していったのかを考えるうえで，江戸期大阪の商業，金融機能が生みだした，情報ネットワークとその集積，運用ノウハウを評価する必要があると思われる。

まかなうことはできないので，都市は独自の財政調達方法をつくりださなければならなかった。その方法は，地方債の発行とその償還財源としての料金収入に頼ることであった。これは，その後の都市財源調達の主要な方法になっていった。とくに，淀川のつけ換えと築港をめぐる財政問題は，都市建設と財源調達方法，財源の負担分任をめぐる都市特有の問題を引き起こした[5)]。

（2）日露戦争以後の都市化の進行と明治地方行財政システム下の都市財政

日露戦争後，都市は急速に発展していく。人口を見ると，1904年を境に，流入人口が本籍人口を上回る。大阪の産業は，繊維を中心にして，飛躍的な発展を遂げる。国内市場とともに，海外輸出を増加させ，製造業の発展とともに，流通，金融などの第三次産業も高い成長を示した。

このような都市経済の発展は，都市問題の深刻化の過程でもあった。それは，産業の拡大にともなう都市基盤の立ち後れ，産業拡大と人口集中による都市生活の困難，それを担う都市行財政体制の未成熟の問題であった。

そのため，まず市政の安定がはかられなければならなかった。

当時の市政は，市会—参事会体制であり，参事会が市行政の執行機関であった。市会は，多額納税者による利害対立の場となり，混乱を極めた。このような，個別的，地域的利害を調整しつつ，都市政策を遂行していくための安定した政治体制が求められたのである[6)]。

同時に，拡大しつつある都市問題に対応するための政策・行政技術が必要とされた。それは，科学的な都市政策理論と都市政策技術，それを執行する専門家を必要としたのである。本格的な都市政策＝総合的な都市計画が求められる時代となったのである。

それまでは，第一次市域拡張，淀川のつけ換え，築港，上水道付設，救貧行政など部分的な都市施策は行われてきたのであるが，それだけでは都市問題に対処しえなくなってきていたのである。また，淀川つけ換えや築港などは，初期には外国人の知識と技術を導入していたが，日本人による具体的な実践がはじまってきた。

---

5)　大阪市〔1991〕「第4節 大阪築港と淀川治水」385-439頁。
6)　原田敬一〔1983a〕，同〔1983b〕。

そのような状況を解決することを期待されて，池上四郎市長が誕生し，市長はすぐさま当時の社会政策学会の中心メンバーである関一を助役に迎えたのである。このような方向は，当時の大阪の産業ブルジョアジーによっても必要であったことは，当時三十五銀行頭取であった小山健三が精力的にその橋渡しをしていることでも明らかである[7]。

また，当時の社会政策研究者の間では，国家政策だけでなく都市における独自の社会政策の展開が必要であるとの認識が生まれてきていたことも注目される。それは，関を推薦したのが，社会政策学会の戸田海市京都帝国大学教授であることからもうかがうことができるのである。

第二に，産業近代化の基盤整備である。

産業の急速な発展は，エネルギー，交通，運輸などの基盤整備を必要とする。すでに，築港事業は開始されていたのであるが，引きつづき道路，鉄道の整備がはかられていく。また，産業発展のための電力事業も必要となってきていた。

第三に，社会政策の展開である。

日露戦争以後の急速な産業の発展は，工場内の労働問題とともに工場外の生活問題を引き起こしていった。工場内における問題は，工場法の制定問題を引き起こしていた。工場外については，さまざまな社会問題が生みだされてくる。それはおよそ二つの方向をとっている。一つは産業活動にともなう生活環境悪化の問題である。公害や地下水の汲みあげにともなう地盤沈下などの発生であり，当時の社会問題となってきている。もう一つは，都市の生活基盤整備の遅れからくるさまざまな生活問題である。住宅問題，上下水道問題，公衆衛生・医療，福祉問題，物価問題などである。日露戦争以後の産業発展は，大阪への急速な人口集中をもたらし，こうした生活問題を急速に顕在化させていった[8]。

このような事態を解決していくためには，都市政策の遂行体制を整えながら，新しい政策を展開していくことが求められたのである。つまり，部分的，対症療法的な都市行政から，計画的，総合的，科学的な都市政策の展開が必要とされてきたのである[9]。その意味で，1913年（大正２年）の池上市政の誕生と関の

7） 小山は，文部官僚を経て，三十四銀行の頭取となる。

8） 玉井金五〔1986〕252-253頁。

9） 芝村篤樹〔1993〕169-170頁。

助役就任は，大阪における本格的な近代都市計画のはじまりといってよいであろう。

このような，新しい都市行政への転換は，同時に積極的な財政政策を必要としてくるのであり，明治地方行財政システムのもとで，それをどのように展開していくかが問題となっていった。

1918年（大正7年）に都市計画法が制定されるが，藤田武夫の研究によれば，最大の問題はその財源問題であった。計画権限は政府が握っているが，財源の手当は地方自治体であり，その財源の調達が，都市計画の成否を決定していたといってもよいであろう。都市計画財源の主なものは，受益者負担金と都市計画特別税であるが，都市計画税は地租と営業税の一定割合をあてることになった。しかし，これらの財源では不足し，その不足の財源調達をどのようにしていくかが課題となったのである[10)]。

もちろん都市計画財源ばかりでなく，教育，産業など各種行政需要の拡大を含めて財源問題が，都市政策の発展を左右していったといってよい。

こうした，状況のなかで，池上市政の財源調達は，次のような方法をとっていった。

第一は，公債の発行である。

大阪は，築港事業に見られるように，民間の力によって資金調達をする方法では一定の経験を積んでおり，そうした経験を踏まえて，公債発行を積極的に展開することになる。

明治地方財政システムのところで述べたように，当時の地方財政は，地方的財政需要に対しては地方の財源調達をもってあてさせるというのが基本的方法であったので，都市の独自財政需要に対する財源調達については「寛大」であった。地方財政に対する国の不関与政策は，もともと国が，地方的行政需要に対して責任をとらないことに由来している。都市の財源調達は，それを逆手にとる方法であったともいえるのである。

地方債は，内務大臣の許可制ではあったが，地方議会の議決によって発行することができた。しかも，地方債の財源は政府資金に依存することはなく，民

10）　藤田武夫〔1949b〕279頁。

間資金であったので，政府の地方債の許認可による地方統制ということも困難であった[11)]。

第二は，市営事業による財源調達であった。

地方債発行による事業展開は，当然償還問題が次の問題として起こってくる。地方税収入による償還では，早晩限界にぶつかるのであって，それを超える財源調達を必要とするのである。それが，市営事業による収入である。つまり，市営事業は，都市政策の事業としての役割とともに，その料金収入によって，市税収入を補う財源の調達手段として積極的に展開されるのである。すでに水道事業は，市営事業として行われていたのであるが，引きつづき市電，市バス事業，電力，電燈事業が生みだされていった。これらの事業はいずれも市による独占的事業として収益をあげ，都市政策財源として転用されていった[12)]。

第三に，細民重課的な特別市税による調達がある。

明治地方行財政システムのもとで，主要な税目は，国の法律によって決定されていた。税源の配分は，付加税の方法によって地方財源とされていたことはすでに述べた。最も中心的な税である地租，営業，所得税は，法律によって規定されており，地方団体には決定権はなかった。そこで，さまざまな特別税が市の財源として課税された。歩一税，坪数割，電柱税などが徴収された。また，教育財源の調達のための区税が課せられている。これらの税は，明治地方行財政システムに固有の地方団体の財源調達方法であるが，このような財源調達システムでは，都市政策の財源として不十分であり，それゆえ公債と市営事業による財源調達方法が生みだされたともいえる。しかし，公債と市営事業収入によって都市財源の調達がなされただけでなく，このような細民重課による財源調達もなされていることにも注目しておかなくてはならないだろう[13)]。

（3）大正期大阪市財政の推移

明治地方財政システムが次第に行きづまり，都市の膨張と都市政策が本格的に展開されていく時期の大阪市財政の推移をみていこう（図2-1）。

11）佐藤進〔1985〕12-15頁。池上惇〔1979〕33頁。

12）持田信樹〔1984〕103-129頁。関野満夫〔1982b〕。宮本憲一〔1980b〕25頁。

13）市税特別税に加えて，府税付加税としてさまざまな雑税が課税されていたことも細民課税として見ておかなくてはならないだろう。

図 2-1　大阪市歳出推移

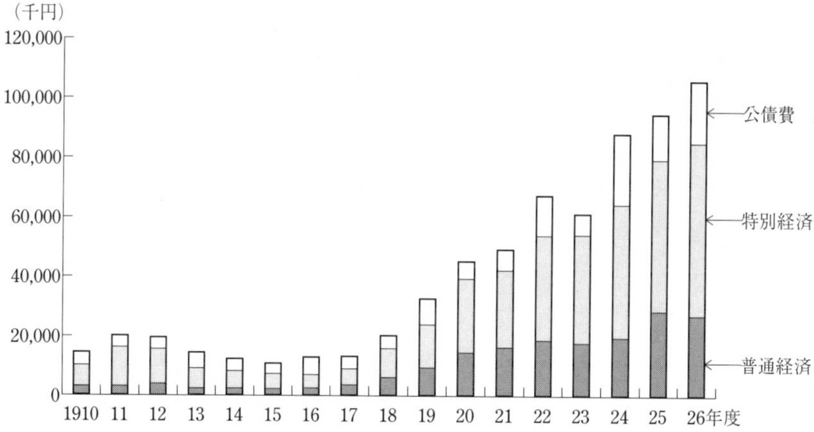

出所：大阪市『明治大正大阪市史』第4巻，493-495頁より作成。
注：普通経済は，役所費，土木費，教育費，衛生費，勧業および社会事業費，雑費。
特別経済は，上水道，下水道，港湾，電気軌道，都市計画，電気事業。
公債費は，特別経済に分類されるが，独立させて表示した。

第一に，1911年以降1917年（大正6年）まで，緊縮財政がつづいていることがわかる。この時期は，第一次世界大戦を含む時期であるが，1911年，1912年をピークに緊縮財政が基調となっている。ただ，普通経済と特別経済を比較すると，特別経済の比重がきわめて大きいことがわかる。

第二に，1918年（大正7年）から1926年（大正15年）まで大阪市財政は，急激な膨張をつづけていることがわかる。1917年（大正6年）の1327万円から18年には2008万円へと1.5倍に拡大し，以後も大幅な増加をつづけるのである。この時期の特別経済の伸張は，普通経済をしのぎ，特別経済が大阪市財政の膨張原因であることがわかる。この時期は，米騒動の発生から1927年（昭和2年）の金融恐慌にいたる時期であり，いわゆる大正デモクラシーの時期である。

財政が急速に膨張した要因は，都市計画法の制定とそれにもとづく都市計画費の膨張，および電気軌道費，米騒動に象徴される都市の社会政策費用の増加である。この時期の歳入を伸ばしたものは，市営事業の使用料および手数料収入と公債収入であり，市税収入も附加税を中心に伸張した。

（4）明治地方行財政システム下で都市行財政システムを許容した条件

明治地方自治制を制定した山縣有朋の制定意図は，資本主義の発展による近代化をどのように安定した体制のもとで行うかということであった。そのために市制町村制によって地方の安定をはかり，それを地主と資産家によって担わせつつ，明治国家に組み込んでいくというものであった。このため府県—郡—町村，府県—市という統治の仕組みをつくりあげたのである。

当時の大都市である東京，京都，大阪については，市制町村制をそのまま適用せず，市制特例とされたのは，大都市については，明治政府の直接コントロール下におくという意図が見られるのである。そして，独自に市長を選出し，市吏員を雇用することができるようになるのは，ようやく1898年（明治31年）のことであった。明治地方自治制は，府県—中小の市と町村とを基本に考えられていたのであり，大都市はむしろ例外的な存在であった。

日清，日露戦争をへて日本資本主義が本格的に発展するとともに都市は，急速に発展し，その行財政システムも大きく変化してきたことはすでに見てきたとおりである。このような当時の地方制度にあって，大都市特有の行財政システムが成立した条件は，次のような点にある。

第一に，明治地方行財政システムのもとでは，市町村の経費をまかなうための財源調達は，基本的に市町村に独自調達をさせるというものであった。

たとえば，1878年（明治11年）の地方税規則では，「各町村限及区限ノ入費ハ其区内町村人民ノ協議ニ任セ」る，と規定されている。区町村の財政についての不干渉方針であった（協議費財政）。公債の発行についても，内務大臣の許可を必要としたが，基本的には後年度負担と適債事業の枠内で市町村議会の議決によっていた。このような姿勢はその後も基本的なものであった。もちろん，官選知事を配置し，名望家による統治システムを担保にしていたのであるが，財政面で見るかぎり，ある種の独自性が生みだされる余地があった。つまり，当時の国家財政の脆弱性は，地方を飲み込むまでにはいたっていなかったともいえるのである。それは地方から見れば，住民は地租という国税を負担しながら，教育，衛生，土木などの国政委任事務の費用を地方住民の負担で行わなければならなかったということでもある。

第二に，大都市は，政府にとっても安定的な発展が不可欠であり，都市行政と政府とは協調して統治していくことができた。

市営事業のための公債発行に対する政府の便宜，都市計画法制定をめぐる都市行政当局と内務省との協力関係，内務省都市局の動向など都市行政は，政府と協調しつつ新しい都市行財政システムをつくっていったのである[14]。

大阪市政は，そのような条件のもとで人的，技術的に先端の都市行財政システムを生みだしていったといえるのである。

第三に，都市経済の発展が，財源の調達を可能にしていたことである。

すでに見たように，市営事業と公債発行という都市財政システムの根幹は，都市への産業と金融的集中があってはじめて実現されたのである。当時，地方債は民間資金によって引き受けられるのが基本であり，地方の金融力と経済力いかんであった。1886年（明治19年）の段階で水道事業のための公債発行（コレラ対策が契機）は，公債償還金については，政府の補助（全国的視点から）を得ているが，日露戦争後の人口，産業・経済の発展は，市税収入の増加をもたらすともに，市営事業経営の新設，経営拡張の条件を生みだし，都市政策投資の財政的条件をつくってきていたのである。

第四に，いくつかの景気の後退はあったものの，維新後産業革命をへて日本経済が成長，拡大し，地域の矛盾を吸収しえたことが，財政をめぐる矛盾を顕在化させなかったといえる。米騒動に代表される都市貧困問題の爆発も，都市政策費用の急膨張をもたらすが，そのこと自体は，財政問題を顕在化させてはいない。財源をめぐる国と都市との争い，都市と農村との争いを引き起こす財政危機は，第一次大戦後の急速な都市政策費用の増大とともに，第一次大戦後の経済後退，金融恐慌，世界恐慌といった経済危機と財政システムの機能不全とがクロスする時期に起こってくるのである。

14）　渡辺は，1919年制定の都市計画法（旧法）成立の「決定的契機」となった都市計画調査会での池田宏（内務官僚），関一（大阪市助役），片岡安（建築家，大阪市）の大きな役割を指摘している（渡辺俊一〔1993〕18頁）。石田は，都市計画法（旧法）制定過程とその後の執行過程において，中央・地方を通じて都市計画官僚・技術者群とでもいうべき新たな一つのまとまった層と人脈が形成され，日本都市計画を担当し動かしていったという（石田頼房〔2004〕95頁）。

第2節　大阪市財政の危機と関市政の対応

では，この時代の大阪市財政を具体的に検討することによって，関の財政理論，すなわち関の都市政策手段の意義と問題点を具体的に明らかにしていこう。

関市政は，1923年（大正12）年に発足し，死去した35年（昭和10）まで12年間つづく。この時期は，第一次大戦による日本資本主義の発展による都市の膨張と都市問題の激化，戦後恐慌，金融恐慌，世界恐慌へとつづく時期である。都市財政では，第一次大戦後の財政膨張とその後の財政危機と財政緊縮政策，再膨張の局面を含んでいる。関市政の行財政政策の評価は，従来，関の財政思想のみをもってなされる傾向が強かったが，財政動向を踏まえて行われなければならない。

すでに，当時の都市財政が政府との関係において，市営事業と起債発行を軸として財源調達を行ってきたこと，それが大阪市の都市事業の積極的な展開を可能にしてきたことを指摘した。いわば，明治地方自治の中央集権的な体制のもとでの隙間を突くかたちで，都市財政の自治的運用が許容されたシステムともいえるのであるが，それがこの時期にどのように展開されていったのかということである。

しかし，このような作業は，なかなか困難な作業である。財政統計が未だ発展途上にあり，財政統計の掲載方法もしばしば変わり，連続した統計をつくるのが難しいこと，各会計が複雑な繰入，組入を行っていること，公企業会計が確立していないこと，繰越金が多いこと，税の現年度課税と過年度収入が入っている年とそうでない年があること，形式的な収支の黒字を繰越金として次年度収入に入れていることなどがあり，財政の真実の姿をつかむためには，いちいちそれらを検討しながら進まなければならない。そのため，『大阪市史』『大阪市議会史』『大阪市財政要覧』『大阪市統計書』の財政統計はもちろんであるが，『大阪市公債条例』や『大阪市決算書』などの数字を拾い，独自に集計もし，統計数字の意味を探らなければならないのである。本章は，不十分ながら，そのような作業をして得られた結果である。

詳細な検討に入る前に，当時の大都市財政の大まかな構造と関市政下の大ま

図2-2　普通会計・特別会計間のマネーフロー

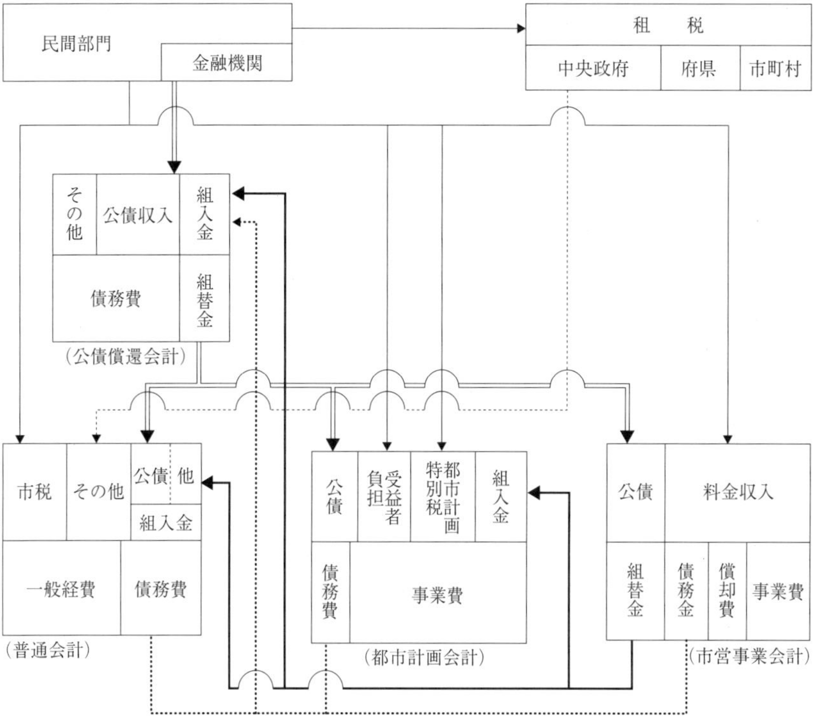

凡例：→強制的租税徴収
⇒金融的資金融通
→市営事業余剰金
……→債務費の統合処理
----→国庫下渡金，補助金，交付金等
資料：『昭和2年大阪市予算』から図式化（『大阪市会史』第22巻所収）。
注：持田信樹〔1985〕149頁より引用，一部修正。

かな時期区分をしておこう。

1　大阪市財政の収支状況

（1）各会計間の関係

財政状況を検討する前に，まず当時の大阪市財政の各会計関係を見ておこう。

図2-2は，持田信樹が作成した大阪市財政の各会計間の資金フロー図である。各会計間の関係がよくわかる[15]。

持田は，資金の流れを普通会計，都市計画会計，市営事業会計，公債償還会計の四つに分類して示している。第一の流れは，「無償的収入＝租税」であり，民間部門から，普通会計部門に市税，都市計画会計に都市計画特別税として所得移転されたもの，それに準ずるものとしての料金収入や，都市計画会計の受益者負担金などである。第二の流れは，「金融的資金」であり，民間市場からの公債発行を通じた資金は，いったん公債償還会計に一括して吸収され，同会計の「組替金」として再び他会計に融資される。第三の流れは，市営事業の「益金」である。同会計の剰余金を「組替金」という名目で支出する。それは，組入金等の名目で，公債償還会計，普通会計，都市計画事業会計に補充される。第四は，債務費の統合処理から発生している資金の流れである。普通会計・都市計画事業会計・市営事業会計の公債元利償還金（債務費）は，直接債権者に還元されるのではなく，公債償還会計に「組入金」として充当され，同会計の「債務費」として市財政の外部に出て行く[16)]。

（2）大阪市財政の収支状況

次に検討の対象としている関市政のはじまる1923年（大正12年）からその終わりの1935年（昭和10年）までの財政収支を見てみよう。

この時期を俯瞰できるのは，「明治22年度以降歳計表」である[17)]。この表は，歳入項目として市税収入，税外収入（使用料及手数料収入），その他収入，公債収入，借替公債，蓄積金・他会計組入の合計額，歳出項目として一般会計，上水道事業，下水道事業，港湾事業，路面電車，都市計画事業，電灯事業，乗合自動車，高速鉄道，公債元利支払，借替公債，蓄積金又は他経済に組替繰戻となっている。歳入と歳出を差し引きして，当年度の「収支剰余」と「収支差

15）持田信樹〔1985〕149頁の図を一部修正。普通会計の「その他」は，持田では「繰越」になっているが，市税，組入金以外の収入には，繰越金のほか基本財産収入，蓄積金収入，使用料，手数料，国税徴収交付金，国庫下渡金，補助金，報償金，寄付金，不動産売却代，物品売却代，雑収入があるので，「その他」とした。また，持田は，普通会計の公債費と組入金を独立して書いているが，公債費は「款：組入金，項：公債費より組み入れ」となっているので，引用者が修正した。さらに，中央政府からは，国庫下渡金，補助金，交付金などがあるので，矢印を追加した。

16）持田信樹〔1985〕148-149頁。このような公債発行と償還のメカニズムは，現代の大都市財政においても採用されている。本書第3章を参照されたい。

17）大阪市役所財務部『大阪市財政要覧』（各年版）に収録されている。

引残累計」が掲載されている。

この表のメリットは，各年度の全会計を合算し，当該年度の収支を見ることができることである。しかしこの表からは，単年度の実質収支状況はわからない。たとえば，単年度の収入，支出差は，剰余金として単純に計上され，余剰の累積が「収支差引残累計」となっているが，過去の余剰の累積である蓄積金が財政事情によって取り崩されたりしているので，真実の単年度収支状況はわからない。当時の決算方法の限界である。それらを前提にしたうえで，単年度財政の収支状況を見る必要がある。

のちに詳しく分析するように，大阪市財政の収支構造は，一般行政関係で赤字を生みだしているが，公営企業の黒字によって全体としてバランスを保つという特徴をもっている。公営企業は一貫して黒字であるが，一般行政関係の収支は1925年（大正14）以降赤字つづきである（図2–8）。

また，公債収入に依存した財政構造を特徴としている。とくに社会政策と都市計画事業が本格化する1920年代に公債収入が増加していることからもわかるように，大阪市の都市政策が積極化する20年代は公債費収入を元本にして展開されているのである。つまり，公債発行によって資金調達を行い，それを市営事業に投資し，市営事業の収益を一般行政に回していくという財政構造である（図2–3）。

しかし，このような財政構造は，市営事業収入がそれに見合って増加していくことなしには成り立たないのであり，不安定な財政とならざるをえないのである。

大阪市財政の収支状況を左右するのは，一般会計について見れば市税収入，公債収入，市営事業からの繰入金収入による歳入と歳出とのバランスである。市営事業について見れば，公債発行による資金調達を行い，その資金を事業投資し，使用料収入によって資金を回収するのであり，投資と使用料収入のバランスが問題となる。大阪市財政システムは，市営事業による剰余を普通経済（一般会計）に繰入することで，積極的な都市政策を支えてきたのである。したがって，都市政策は，第一に市営事業の収支動向，第二に市税収入，一般使用料，補助金などの行政収入の動向，第三に公債収入によって制約される。

公債収入は返済を前提としているのであるから，結局使用料や市税収入によ

図 2-3　大阪市公債の推移

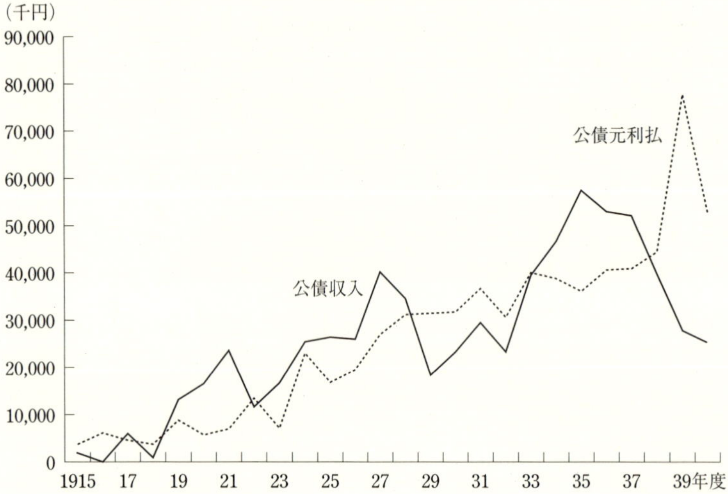

資料：『大阪市財政要覧』（各年版）より作成。

図 2-4　大阪市歳入歳出の推移

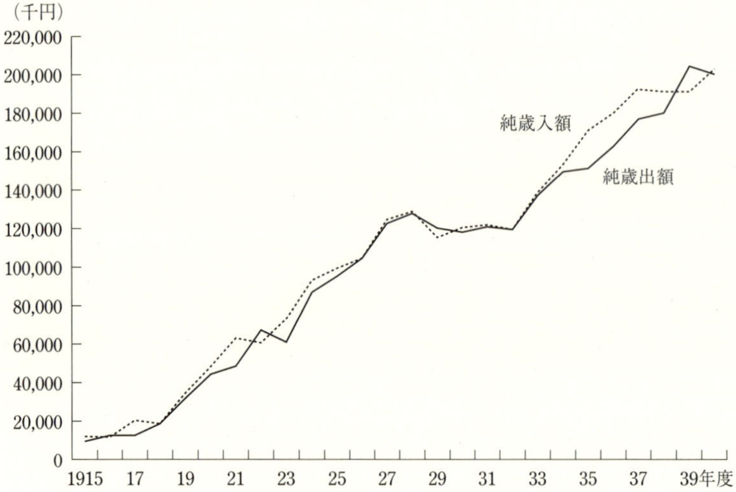

資料：「明治22年以降歳計表」（『大阪市財政要覧』第26輯，昭和19年）所収，別表より作成。

って左右されることになる。都市政策は，このような財政制約のもとに展開されるのであるが，同時に，このような財政上の制約を取り払うことで，都市政策と財政収入の望ましい循環をもたらしていくことも可能である。

2　財政規模の推移

図2-4から財政規模の推移の時期的特徴を見ると，1918年（大正7年）から28年（昭和3年）までの財政膨張と，29年から32年までの縮小・停滞，そして33年からの再膨張を確認することができる。関の市長時代をみると1926年（大正15年）まで急膨張し，27年（昭和2年）以降32年まで停滞，縮小財政がつづき，33年以降再び急膨張がつづくのである。

3　財政収支の推移

ここでは，関市長の時期を財政収支に着目して，「明治22年度以降歳計表」の数値で見てみよう。

まず図2-5により毎年度ごとの収支を見ると，1922年（大正11年），26年（大正15年），28年（昭和3年），29年（昭和4年），32年（昭和7年），34年（昭和9年），39年（昭和14年）と赤字をだしている。1922年を境に黒字傾向が縮小し，26年から赤字傾向が32年までつづいていることがわかる。そして1933年以降再び黒字となっていくのである。

ところで，財政運営技術として，赤字をだした次の年は財政を引き締め，黒字をだしたときは大阪市の場合，公債発行を縮小ないしは返済を増やすので，単年度だけの収支では構造的に収支を捉えることができない。そこで前後3ヵ年の収支平均（その年の前後を足し平均をだす）をみると，図2-6のようになり，財政状況の構造的傾向がわかるのである。これによれば，1925年（大正14年）から黒字幅が縮小し，27年（昭和2年）から31年（昭和6年）までが赤字財政となっていることがわかる。

さらに，歳入と歳出の収支差の累計をみると1927年まで増加しているが，その年をピークにして減少し，33年にようやく27年の水準を超えるのである。つまり，この間は蓄積してきた累積黒字を取り崩すほどの厳しい財政運営を強いられたということである。

図 2-5　大阪市単年度収支

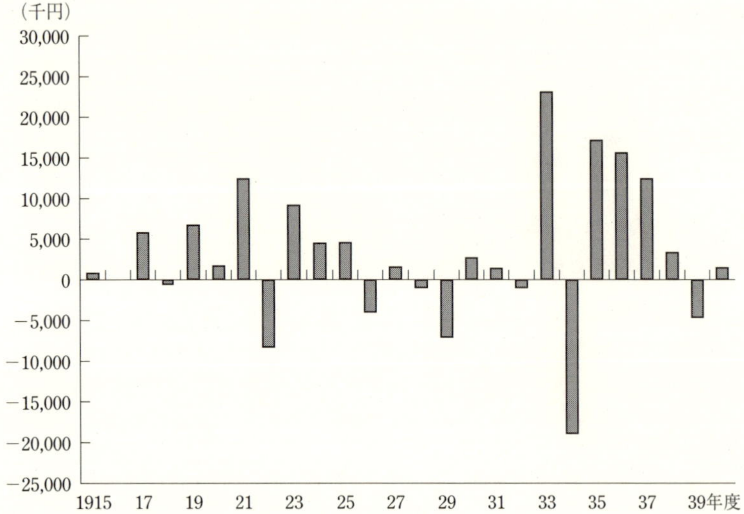

資料：「明治22年以降歳計表」より作成。

図 2-6　大阪市財政収支（3ヵ年移動平均）

資料：「明治22年以降歳計表」より作成。

図2-7　大阪市財政収支差引残累計

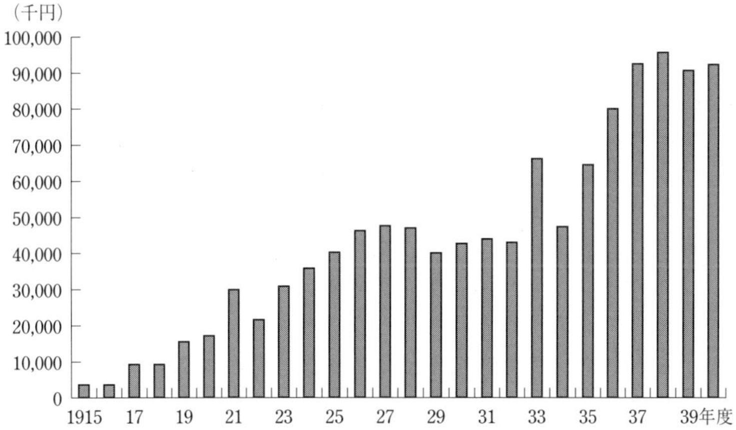

資料：「明治22年以降歳計表」より作成。

では，すべての会計を合算した収支状況が以上のような状況だとしたら，どの部門が収支構造を悪化させたのであろうか。

4　財政収支計算の方法

財政赤字がどの部門に生じているのかを見るために，普通会計部門と公営事業部門とに分けて分析することにする。

ところが，財政収支の赤字，黒字をどのような計算で行うかということは，当時の大阪市財政特有の困難がある。その最大の原因は，公債費特別会計の存在である。図2-2を見ると，公債費特別会計は独立の会計をなし，起債収入をいったんプールし，組替金として各会計に繰り出すのである。普通経済，都市計画や市営事業の各会計は，そこから組入金（繰入金）として公債収入を計上するのである。公債特別会計は，歳入に公債発行による公債収入と各会計から公債費として支払われる組入金が同一上に計上されているのである。また歳出では，金融機関への支払である公債費と各会計に公債収入として渡される組替金が同一上に計上されるのである。

公債特別会計の歳入，歳出の款は，以下のようになっている。

公債特別会計

歳　入	歳　出
第一款　組入金（各会計から）	第一款　組替金（各会計へ）
第二款　財産収入	第二款　公債費（金融機関へ）
第三款　回収金	第三款　蓄積金
第四款　国庫補助金	第四款　還付金
第五款　公債収入（金融機関より）	第五款　雑支出
第六款　納付金	第六款　予備費
第七款　繰越金	
第八款　雑収入	

全会計の収支計算をする場合は，各会計を合算するが，その場合は公債特別会計の組入，組替金と各会計の組入金，組替金とが相殺されるので，問題はないが，普通会計と企業会計に分けてそれぞれの収支を見ようとするには，「明治22年度以降歳計表」ではわからない。

そこで，公債費収入と公債費を各会計に割り振り，各会計ごとに収支をだし，公営企業と普通会計各会計に集約し，1923年（大正12年）から30年（昭和5年）までの実質収支計算を行ったのが「西堀推計」である（図2-8）[18]。

これによれば第一に，普通会計は1925年（大正14年）に赤字となり，28年（昭和3年）には黒字になるが，29年（昭和4年），30年（昭和5年）と赤字がつづくのである。

第二に，公営企業は1927年（昭和2年）に若干の赤字となるが，それ以外は黒字である。

普通会計と公営企業の実質収支を合計した総合実質収支をみると1925年（大正14年），26年（大正15年），27年（昭和2年）が赤字となり，その赤字の原因は普通会計の実質収支が悪化したことにある。

財政の規模が小さく，財政収入が順調であるときには，各会計の収支をそれほど問題にしなくてもよいが，財政規模が大きく，複雑になるにつれてそのようなどんぶり勘定的な収支計算では財政のコントロールはできなくなってくるのである。しかも財政赤字が恒常的に生じてくるようになると，各会計ごとの

18） この計算方法と普通会計，公企業会計の数値については，章末の補注を参照のこと。

図2–8　大阪市財政実質収支（西堀推計）

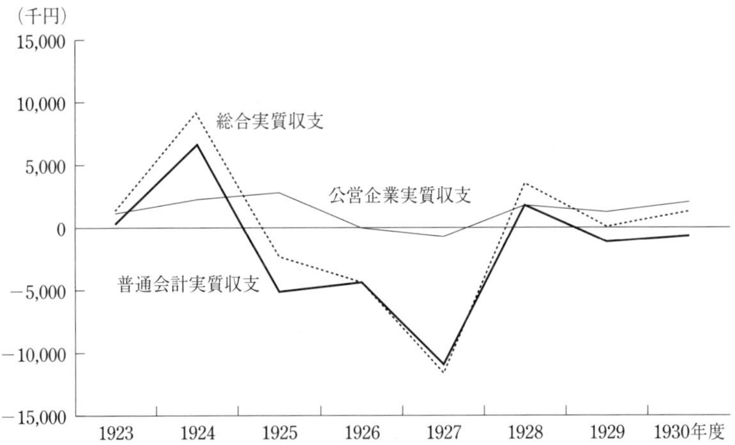

資料：『大阪市財政要覧』（各年度）各年版より作成。

把握が必要になってくるのである。

そこで大阪市は1938年（昭和13年）の『大阪市財政要覧』（第21集）からは，28年（昭和3年）以降，統計上公債特別会計の公債収入と元利払を一般会計と公営企業関係に分類し，一般行政部門と企業部門の収支が公債収入と公債費を含んで明らかになるようにしたのである。

しかし，1928年以前の各会計の収支構造を捉えるには「西堀推計」のようにするしかないが，実際に起債し，元利払した額とずれがでてくるので，財政全体の収支を見るにはその点の留保が必要である。

5　財政収支の時期区分

以上のようなことを踏まえて関が市長に就任し，その死去までの財政状況の時期を区分すれば次のようになる。

Ⅰ期：1923年（大正12年）～1925年（大正14年）の財政膨張と黒字の時期である。

この時期は，さらに以下のような変化を含んでいる。

(1)1923年（大正12年）までの財政膨張と黒字期

(2)1924年（大正13年）～1925年（大正14年）の財政構造の転換期

(1)は，関が池上市長のもとで助役を務めていた1918年（大正７年）以降，財政膨張と財政黒字がつづいている時期である。

(2)は，「西堀推計」に見られるように実質赤字がはじまり，「明治22年以降歳計表」における歳入歳出においては単年度，３ヵ年移動平均においても収支黒字になっているが，公債元利償還金は急速に増加していく段階に入っている。これは，1925年（大正14年）に市域拡張がなされ，旧大阪市から大大阪への転換にともなう新しい財政問題を抱えることになるからである。

Ⅱ期：1926年（大正15年）～1931年（昭和6年）の財政危機の時期である。

市域拡張による財政需要の増大，市営事業の停滞，金融恐慌と金解禁政策による浜口・井上の緊縮政策によって，大阪市財政の拡張メカニズムが崩れ，財政危機に陥る時期である。

Ⅲ期：1932年（昭和７年）～1935年（昭和10年）は，財政黒字期である。

この時期は，公債借替，公債償還期間の延長などの政策をとりながら緊縮財政を進め，高橋財政による金輸出の再禁止，時局匡救事業，赤字国債発行政策などの財政膨張政策によって，市財政が好転していった時期である。

そのような時期区分を念頭においたうえで，各時期の大阪市財政と運営の特徴を分析していこう。

第３節　Ⅰ期――財政膨張と黒字の構造と要因

この時期には，財政規模が急速に拡大しつづけている。

まず歳入を見てみよう。市税収入，使用料・手数料収入，公債収入とも順調に伸びていくが，とくに公債収入の伸びが著しい。しかし1921年（大正10年）には，15年（大正４年）以来発行しなかった借替公債が発行され，資金問題がでてくる（図2-9）。

歳出は一般会計，事業会計とも急速な増加を示す。一般会計では，1918年（大正７年）の米騒動を契機とした社会事業費が20年（大正９年）まで急速に拡大し，次いで教育費が21年（大正10年）以降急増する。そして1918年からはじまる都市計画事業費は21年から急増していく。これらの費用は第一次大戦による経済の拡大にともなう大阪市の都市膨張と都市問題の深刻化を反映したもの

図2-9　大阪市歳入内訳

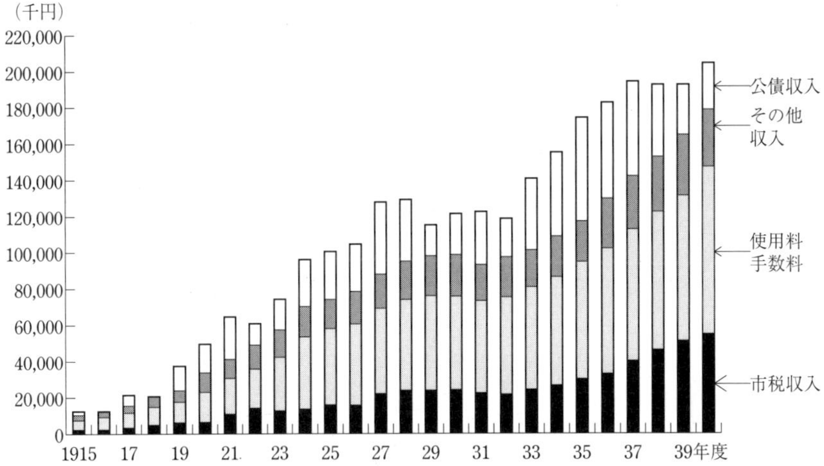

資料：「明治22年以降歳計表」より作成。

である（図2-10）。

一方事業会計の伸びを牽引したのは市電事業である。1918年（大正7年）から22年（大正11年）まで毎年巨額の投資をつづけていくのであるが，公債収入を財源にした投資は，交通独占という有利さと他の代替交通手段の未発達という条件に支えられて巨額の運賃収入を獲得し，その黒字が一般会計部門の財政需要と公債元利払を支えたのである。

公債元利払（公債費）は，1917年（大正6年）まで緊縮財政をつづけてきたことから累積債務は少ない。そのために1918年以降公債発行を積極的に行い，公債収入を伸ばしても，償還は平均10年の分割払のため，さしあたりの元利払の伸びは低くてすむのである。つまり，この時期の特徴は，それまでの緊縮財政による比較的小さな債務のもとで，都市化の進展に対応した都市計画事業や社会事業などの積極的政策を展開し，急速な公債収入の拡大と市電収入によってその財源調達をはかってきたことである。

しかし，この時期に，市税収入は伸びているとはいえ，使用料収入や公債収入に比べると相対的に伸び悩んでいることが注目される。公債収入は市税収入の伸び悩みのもとでは，その返済は市営事業収入に依存しているため，市営事

図 2-10　大阪市費目別歳出額の推移

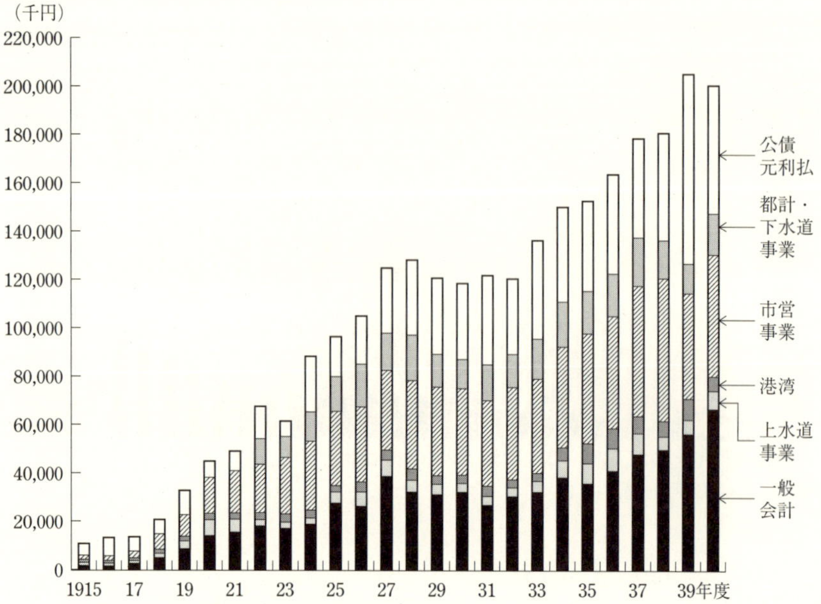

資料：『大阪市財政要覧』(各年版) より作成。

業が順調に収益をあげていくことが前提であり，不安定さをもっている。とはいえ，この時期の市営事業収入，公債収入による財源調達は順調に進み，大阪市は，それを土台に先進的な都市政策を次々に展開し，都市政策のパイオニアとなったのである。

しかし財政は，1923年（大正12年）を境に転換の様相を見せはじめるのである。

第一は，公債元利払費の急増である。1921年（大正10年）の公債利払費は692万円であるが，22年には1367万円へと2倍に急増し，23年にはかつてない1609万円という巨額の借替債を発行することになるのである。そのため1923年の公債元利払は低下するのであるが，それは後年度に支払を猶予したことにすぎないのである（図 2-11）。

ところで1922年の収支は，単年度赤字になったのであるが，これは公債発行を抑えたためである。そのため議会では赤字問題が議論され，美術館建設計画

図 2-11　大阪市市債償還費

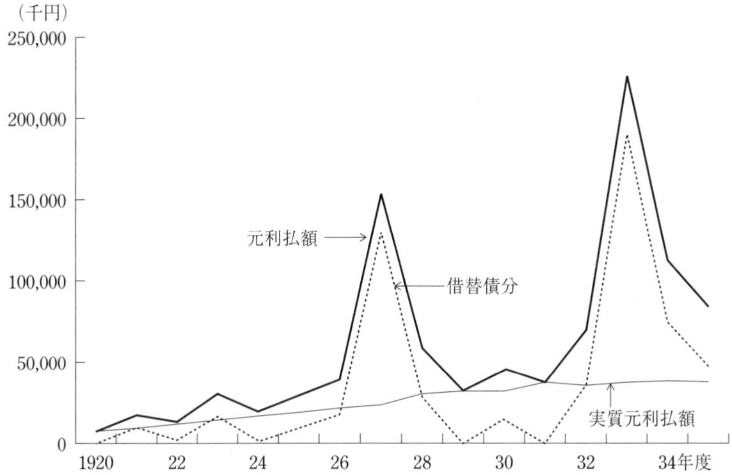

資料：「明治22年以降歳計表」より作成。

を赤字財政を理由に見直されるのである[19]。

単年度財政黒字を生みだすためには，公債を発行せざるをえず，それをすれば公債元利払が財政を圧迫する構造のもとでは，公債元利払を繰り延べる方法として，借替債の発行が有効な手段となる。

第二は，市税収入の落ち込みと相対的停滞がつづくことである。第一次大戦景気は，所得税付加税，営業税付加税を増加させ市税収入を伸ばしたが，戦後不況は所得税付加税，営業税付加税の減収をもたらし，1922年の1640万円から23年1434万円，24年1468万円と落ち込む。市税収入の低下は，ますます市営事業収入への依存を高めざるをえなくなるのである。

第三に，市電収入の停滞である。

市電収入は，依然として大きな剰余を生みだしているのであるが，1922年をピークに伸び悩みと利益率の低下がはじまってきたことである。大阪市は，市電収入にかわる収益事業として電力供給事業を行うため，1923年に大阪電燈株式会社を買収する。買収資金は，公債発行によってまかなうのであるが，電燈

19)　大阪市〔1994b〕868頁。

表 2-1　大阪市職員数と給与額

①一般職員

年度	1915	1921*	1925	1930	1935
職員数（人）	1,282	2,274	5,159	5,688	7,371
伸び（倍率）		1.8	2.3	1.1	1.3
給与総額（千円）	568	2,162	4,705	5,561	6,716
伸び（倍率）		3.8	2.2	1.2	1.2

資料：『大阪市統計書』（各年版）より作成。
注：臨時職員，公企業職員は含んでいない。ただし，交通事業の経営する病院は含んでいる。
　＊1920年度でなく，1921年度の数値を掲載したのは，資料の制約のためである。

②教育職員と給与額

年度	1915	1920	1925	1930	1935
教育職員数（人）	2,821	3,908	7,121	7,973	9,717
伸び（倍率）		1.4	1.8	1.1	1.2
給与総額（千円）	965	3,361	3,765	7,401	7,872
伸び（倍率）		3.5	1.1	2.0	1.1
うち学区負担（千円）	680	3,103	3,028		
うち大阪市負担（千円）	76	258	737		

資料：『大阪市統計書』（各年版）より作成。
注：幼稚園を含むすべての教育関係職員。

の普及と電力利用の拡大は長期的には財源調達手段として効果をあげたものの，短期的には財政を圧迫する要因となった。

第四に，歳出面では財政硬直化がはじまってきた。

建設投資は，公債費の増加としてあらわれるが，経常面での硬直化の原因は，人件費や補助金の恒常的な増額である。これを人員でみると，1915年に一般職員1285人，教育職員2821人であったものが，10年後の1925年には，それぞれ5159人，7121人へと急増している。とくに1920年から25年にかけては，この伸びは市税収入の伸びを上回っており，財政硬直化の進行を端的に物語っている。一般職員や教育職員の増加の原因は，都市の急膨張が都市基盤の整備，都市社会政策，学校建設などの施設整備とともに，それらを運営していくための人的手当がいかに差し迫ったものであったかを示している（表 2-1）。

そうした都市問題への対処は，基本的には公債発行と市営事業収入によってなされてきた。ところが，それまで単年度の財政赤字は次年度に公債発行を行うことで収支をバランスさせてきたメカニズムが，公債を発行しても赤字は拡大するようになってきたのである（図 2-12）。このような新しいかたちが顕在化してくるのが，1923年から24年にかけての時期である。

図2-12　財政収支と公債収入

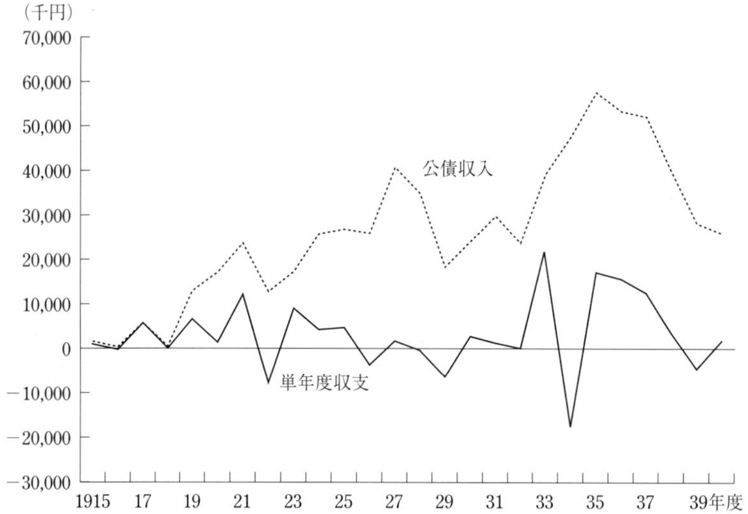

資料：「明治22年以降歳計表」より作成。

第4節　Ⅱ期——財政危機の時代

1　収支の動向と公債依存度の高まり

1926年（大正15年）の単年度赤字転落を契機に，危機が顕在化していく。1927年（昭和2年）は，大量の起債収入を得ながら黒字幅は小さく，28年，29年と再び赤字となる。とくに1929年は，かつてない赤字を生みだした。そして1930年，31年は公債収入の増加によって黒字となるのである。

この間の事情を図2-7の「収支差引残累計額」によって累積黒字額の増減という角度から見ると，1927年の4757万円をピークに減少をつづけ，33年にようやくその水準を超えるのである。つまり，この時期は過去に累積してきた黒字分を食いつぶして財政運営をしていたことを示している。なお1926年が単年度赤字にもかかわらず，累積黒字が増加しているのは，25年の市域拡張によって旧町村から引き継いだ累積黒字984万円を継承したためである。

また，この時期の財政収支に大きな影響を与える，公債発行，公債元利払と

図 2-13　大阪市公債費の税収等に占める割合

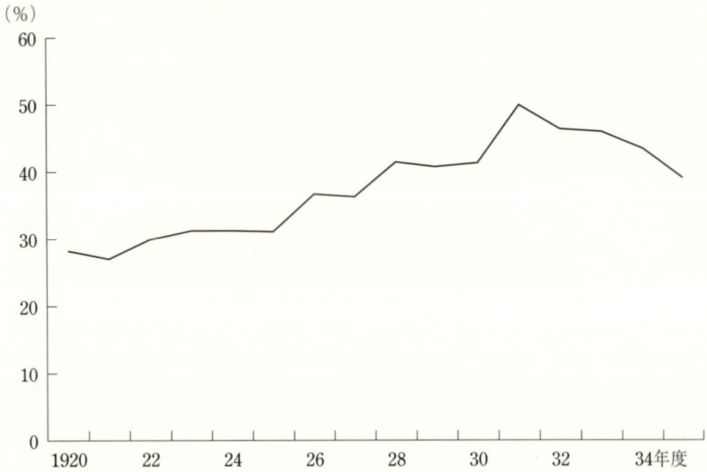

資料：「明治24年度以降起債額，償還額及利子支払額表」(『大阪市財政要覧』第21輯，所収) 210–211頁より作成。
注：公債費は，実質元払費のことである。
公債費（実質元払費）は，利子支払額＋償還額－借替債分で算出。
比率は，(公債費÷税・使用料・手数料)×100で算出。

のかかわりから見ると，次のような特徴が指摘できる。

第一は，公債収入と公債元利払が逆転するのが1929年であり，公債元利払を上回る公債収入によってバランスさせてきたメカニズムが崩れ，その結果多額の赤字を生みだすことになった（図 2-3)。

第二は，この時期，大阪市は大量の借替債を発行し，しかも借替債収入と借替債支出との差額を生みだしていることである。

通常，借替債の発行においては，発行と返済は同額になるのであるが，1925年は借替債収入1411万円，借替債の償還1166万円で，その差245万円，1927年1億3666万円に対して1億3003万円で，その差663万円，1928年は2820万円に対して2681万円で，その差139万円となっている。つまり借替債を利用して，公債利払の延長だけでなく，事実上新たな公債収入を得ていたのである。このことから，一つは公債元利払が財政を圧迫してきていることを反映していること，もう一つはこの差額は事業公債でなく財源対策債と見ることができるのであり，巨額の資金不足状態を示していると見てよいであろう。

図 2–14　大阪市市債発行額のうち政府資金割合

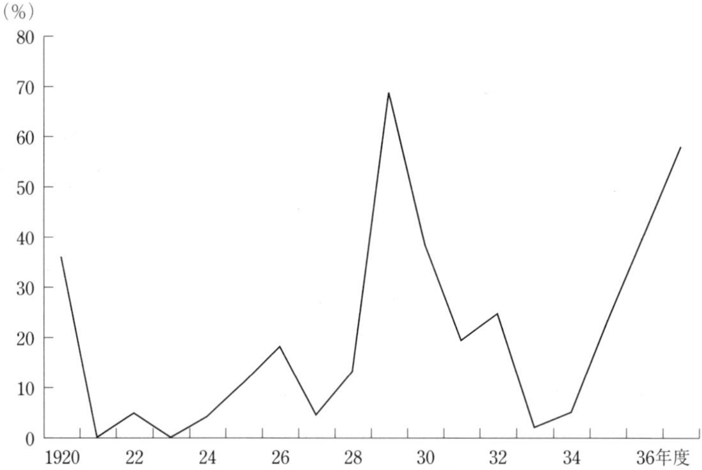

資料：『大阪市財政要覧』（各年版）より作成。

こうして市債元利払額の市税・使用料・手数料収入に占める割合は急速に高まり，1925年に31％であったものが，26年には36％を超え急速に増加していくのである（図 2–13）。

第三は，政府資金への依存度の高まりである（図 2–14）。政府資金は大蔵省預金部資金の借入金と簡易保険局資金であるが，1925年以降急速に増加していく。これらの資金は，小売市場創設，社会事業，公営住宅建設，失業対策事業，都市計画事業などに充当されていった。これは，それまでの地域問題への対処が，市中からの資金調達から政府資金への依存を高めていく財政構造の変化を端的に示すものである。またその資金の充当事業を見ると，初期には住宅建設，小売市場建設であるが，1925年からは失業対策事業，30年代には都市計画事業，1936年以降は借替債へと変化しており，基幹事業から財源対策としての資金調達へと変化していっていることがわかる[20]。

20)　宮本憲一〔1974年〕66頁。

2　財政危機と財源調達

次に公債発行を除く財源調達の変化を検討する。

（1）市税収入

市税収入は，1922年（大正11年）以降24年（大正13年）まで停滞するが，市域拡張によってやや増えたものの27年（昭和2年）からは減収に陥り，26年（大正15年）の水準を回復するのはようやく33年（昭和8年）である。歳入に占める市税収入の構成比は，この時期の公債発行の抑制による歳入停滞によって1926年の14.9%を底に，29年（昭和4年）には20.3%に高まっている。

この時期の最大の課題は，都市農村にわたる財政危機に対する税制改革問題であった。大阪市の財政を見ても，公債発行と市営事業収入に依存した財政構造の危機がはじまっており，税制改革は急務であった。1926年の第51回帝国議会で決定された「地方税ニ関スル法律」の目的は，府県と市町村間の税源移動と独立税制度の整理であった。その結果，府県税は地租，営業収益税，所得税，鉱業税，取引所営業税，砂鑛区税等の国税付加税と，営業税，雑種税，家屋税，特別地税等の独立税となった。また，市町村税は，地租，営業収益税等の国税付加税，営業税，雑種税，家屋税，特別地税などの府県税付加税，独立税として戸数割，段別割，家屋割，その他の特別税となった。「かくて，大正15年の地方税整理は，従来の税源を基礎として，これに修正を加える以上には出で得なかった」。同時に，この税制改正では，社会政策減税ということで，戸数割，営業税，雑種税と付加税の整理が行われたため地方税総額で1200万円の歳入減となった[21)]。

結局，地租と営業税の地方委譲は実現されず，都市財政危機の構造は，解決されなかった。

市税の現年度課税のデータをみると，1926年をピークにしてむしろ収入は低下しており，税制改革は，大阪市財政にとってメリットはなかったことがわかる[22)]。

この時期の都市の税収問題は，地域の経済発展と社会費用に対して税制が対

21）藤田武夫〔1949b〕380頁。
22）関一「都市財政論」（関一〔1936〕171頁）。

図 2-15　大阪市域内税収構造

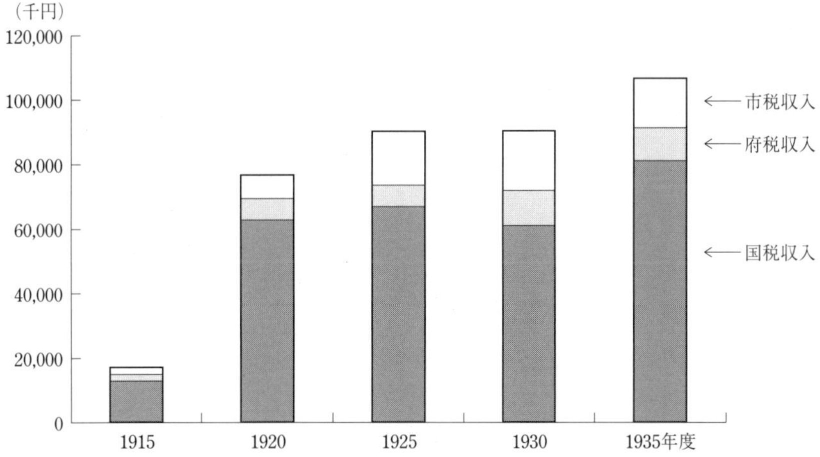

資料：『大阪市財政要覧』（各年版）より作成。

応していないことにある。大阪市域内の国税，府税，市税の全税収を見ると第一次大戦を契機とした経済発展は税収総額を急速に増加させた。市域内税収は1915年の1724万円から20年には7718万円へと 6 倍強の伸びを示した。この要因は所得税と営業税，物品税の急伸であるが，恩恵は国税の収入拡大にはつながったが，市税拡大にはそれほどつながらなかった。市内税収に占める市税の比率は12.6％から9.9％へと低下しているのである。1925年は国税の比重は低下しているが，これは不況による所得税，営業税の低下のなかで景気の影響を受けない地租や家屋税の比重が相対的に高まったからである。こうして，所得弾力性の高い税は国税として徴収され，経済発展にともなう都市問題とその対策費用を都市が負担する構造のもとでは，結局都市財政の危機を招来することになる（図 2-15）。

こうした都市の財政需要の拡大とその財源の不足に対して，大阪市をはじめとして大都市は，地租，営業税の国税から地方税への税源委譲を要求したのである。

では，都市にとっての両税委譲要求の意義は，どこにあるのだろうか。

第一に，地租の委譲要求の意義である。

地租創設以来，その課税標準は法定地価制度によって固定され，経済発展にともなう地価上昇を租税として吸収できず，したがって地主と土地を所有する企業には利益をもたらしてきた。また，都市における企業活動による利益への課税は，国税所得税として国が吸収してしまう。地租に対する課税権の都市への委譲要求は，道路，上下水道，港湾整備や都市計画等の社会資本投資による地価上昇を都市財政として吸収しようとするものである。

第二に，営業税の委譲は，所得課税に比較して弾力性は低いが，経済的な変動に反応する税であり，都市経済の発展にともない増加する。所得課税が，一国の経済財政政策によって左右されるとすれば，地租や営業税は，都市政策によって左右される度合いが大きく，その委譲によって都市政策の優劣が，都市財政の優劣をある程度反映することができるのであり，都市の内発的な発展を生みだす都市財政システムをつくりあげることができるのである[23)]。

しかし，この両税委譲要求は，第一次大戦後の不況による国家財政の危機，農村と都市との格差問題のなかで，結局は実現しなかった。国家財政を大きくし，それを地方に配分するという1936年（昭和11年）の馬場財政の集権的な財政調整制度は，この両税委譲問題を解決しなかったことの必然的帰着であろう。むしろ，この時期に両税委譲要求が起こったということは，地方財政制度がこの時期には必ずしも集権的・官治的な地方財政制度によって覆われていたわけではないこと，また，急速な資本主義の発展のなかで，両税委譲問題という地方財政の自治的な発展の道につながる課題が国政を揺るがす問題となったという点で，注目されるのである。

第一次大戦後の都市政策の発展は，都市間競争ともいえる都市政策の競い合いを生みだしたが，それは財政危機が問題となる以前の競争である。都市間競争はこの両税委譲が実現されなかったために，政府への財政依存を競う都市間競争というかたちに変形するのである。逆説的にいえば，都市間競争は政府への依存を強める方向に作用していったといえるのである。そのことは，すでに政府資金への依存の増大として検討してきた。

---

23) 「しかし，すでに独占段階の進行によって地域的経済不均等の激化はさけがたかった」のである（宮本憲一〔1977〕235頁）。

図 2-16　大阪市税の内訳

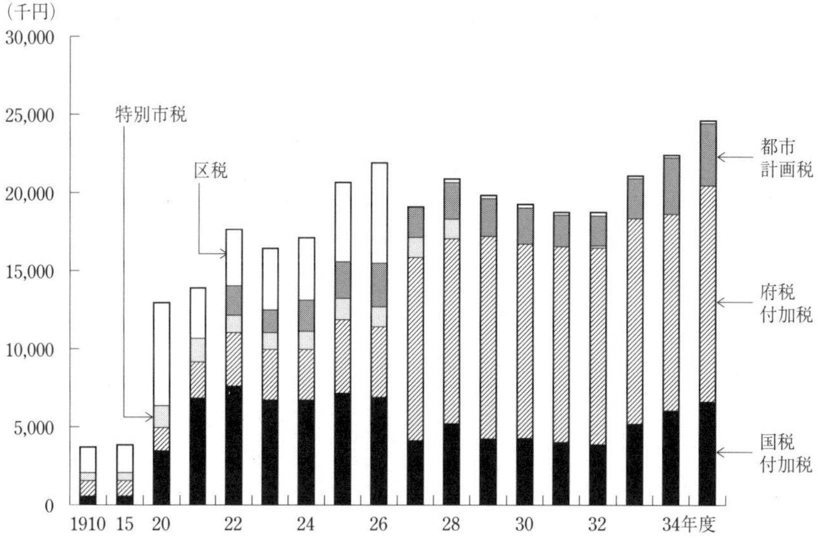

資料：『大阪市財政要覧』第7，14，21，26輯より作成。
注：いずれも現年度課税額の数値である。

（2）税制改革と税収

さて，このような1926年（大正15年）税制改革は大阪市税収入の構造にどのような変化をもたらしたであろうか。

第一に，この税制改革によって大阪市の税収は，全体として1926年より減少した。原因は，区税が整理されたこと，税制改革と同時に行われた社会政策減税によって国税付加税，府税付加税の増加が区税の減収分をカバーするものとはならなかったことである。1926年の水準に回復するのは，1934年であるから，この税制改革は大阪市財政にとって厳しいものとなった。

第二に，府税附加税の増加と国税付加税の減少である。

府税附加税は，1926年の452万円から27年には1175万円に大幅に増加する。それは，家屋税附加税が府税として徴収されるようになったからである。また，営業税附加税もわずかであるが増加する（図 2-17）。この税制改正は，地方というより府県への税源委譲による府県財政強化という性格をもっていた。

府税附加税の増加とは対称的に国税附加税は減少した。とくに営業税附加税

図 2–17　大阪市府税附加税の各税目

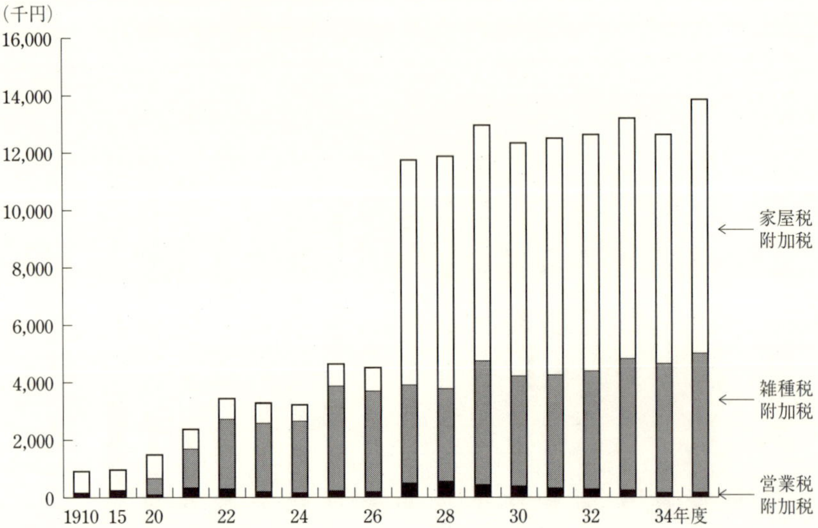

資料：『大阪市財政要覧』（各年版）より作成。

は1926年の434万円から27年の179万円へと大幅に減少した。また，所得税附加税は引きつづき減少している（図 2–18）。

第三に，都市計画特別税は中心的税目である国税営業収益税割，家屋税が減少し，全体としても減少した。地租の市町村への委譲要求は，とくに都市にとっては都市計画事業を進めるためにも切実なものであっただけに，都市計画特別税の停滞は大都市における都市計画を困難にするものであった[24]。

第四に，区税は整理され大幅に減少した。

課税主体からみると，府税の比重が増し，国税と市税の比重が低下したのである。そして，区税を除く市税では，収入増加になっているが，区税の整理による減収によって市税全体としては減少したのである（図 2–16）。

24）　都市計画特別税収は，1926年273万円，27年174万円，28年220万円，29年223万円となっており，土地増価税が導入された30年にようやく338万円となる。この点に関しては，池田宏の都市計画財源としての地租の累進課税論を参照のこと（本書第 1 章）。

図 2-18　大阪市国税付加税収入

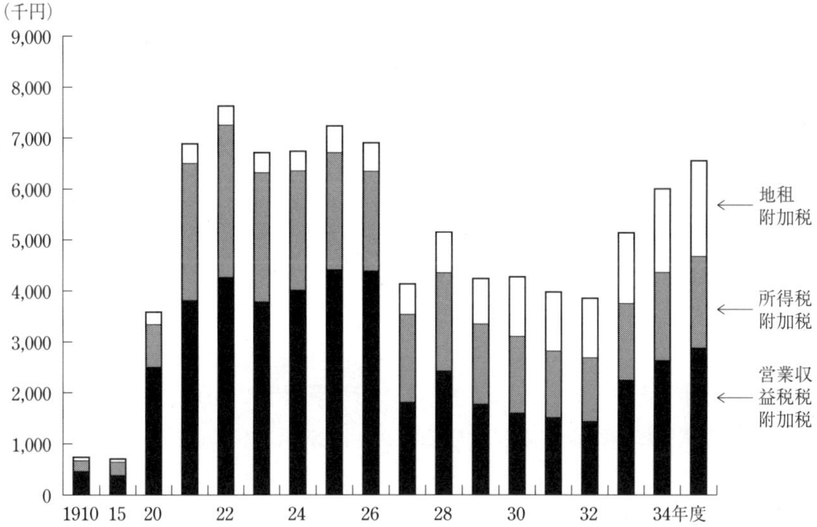

資料：『大阪市財政要覧』第7，14，21，26輯より作成。
注：いずれも現年度課税額にもとづく。

（3）市営事業収入

公債収入の減少と市税収入の減少をカバーする役割を担ったのは，市営事業収入であった。

市営事業は，水道事業（1895年＝明治28年），電気軌道事業（1903年＝明治36年），電気供給事業（1923年＝大正12年），自動車事業（1925年＝大正14年）と高速鉄道事業（1933年＝昭和8年）である。市営事業は，全会計中の使用料・手数料収入の94％（1926年＝大正15年）を占めている。交通と電気供給事業はそのうちの90％を占め圧倒的である。それだけに，電気軌道と電気供給事業の収益の動向が，大阪市財政にとって死活的ともいえる位置にある。ところが，1920年代に入るとともに，生命線であった市電事業の収益の悪化が顕在化してきた。乗客収入，乗客数は1926年をピークに低下しはじめ，営業利益も急速に低下をはじめる。そして，市電経営問題が議会の大きな争点となっていく。市電経営の悪化の原因は，基本的には，市内交通の独占が崩れてきたこと，市域拡張による新市域への路線延伸にともなう投資効率の低下にある。都市の発展は，郊外人口の増加をもたらし，市内交通から郊外と市内とを結ぶ交通需要を増加させるが，郊外電車は私鉄によって担われることになっていった。また，路面電車の代替交通手段として自家用自動車の普及，民間企業によるバスの市内運行が市電の乗客を奪った。

市域拡張は，新市域住民の交通要求を高めたが，当時の市電は路面電車であり，道路整備と一体となって整備されざるをえず，したがって私鉄郊外電車と比べ，全体として投資額は大きくなり新市域の投資効率は低下せざるをえず，収益を圧迫するのである。そのため，新市域の市電建設は遅れ，大半はバスによって対応せざるをえなったのである。

一方，電気供給事業は順調に伸びていくが，買収のために発行された公債の元利償還費が大きく，財政的にはかつての市電事業ほどの貢献はできなかった。

交通と電気供給事業全体の収支を見ると，1927年，28年を頂点に建設投資を抑制し，収益を確保していくが，30年からは高速鉄道建設のための投資がはじまり，収益は低下していくのである。1920年代前半の都市政策投資を支えた市営事業の収益環境の悪化が市財政の赤字を生みだしていくのである。

以上，1926年，27年を境にした市財政の赤字構造への転換を歳入面から見てきたのであるが，次にその裏面である歳出構造を検討してみよう。

3　歳出の動向

（1）膨張する財政需要

大阪市と周辺町村は，1925年（大正14年）4月に合併した（第二次市域拡張)。その結果，面積では3倍，人口は1.7倍の211万人へと膨張し，日本で最大，世界第6位の都市となった。

1897年（明治30年）に第一次の市域拡張が行われているが，これは大阪港の築港とそのための地域整備，旧市街地周辺の膨張に対応したものである。第二次市域拡張は，第一次大戦をはさむ都市膨張により大阪市に隣接する町村の人口，工場増加によって都市問題が激化し，市民の生活ばかりでなく資本の活動にとっても合理的都市計画と行政が必要になってきたためである。また，市域拡張と都市計画の進展は，新市域の地価上昇をもたらすために近郊地主の利益にもなるものであった[25)]。

すでに，1918年（大正7年）には第一次都市計画がはじまり，大阪市を超える広域的な計画区域が設定され，都市計画事業がはじまった。それに先立つ1917年には，大阪市と周辺郡部との共同事業として淀川改修事業や教育事業などの市郡連帯経済も行われていた[26]。こうした都市問題の激化に対して，当時の周辺町村行政の水準では，技術的，行財政的に対応できなくなっていた[27]。

では，いわば吸収する側であった都市にとって，この合併がいかなる問題をもたらしたのかを，大阪市財政の側面から見てみよう。

1926年以降の財政赤字を生みだした歳出面の最大の要因は，都市の膨張にともなう社会的費用の増大であるが，その最大のものは教育費の増大であった。もともと教育財政は，学区財政を組織し「自治的」に運営してきたのであるが，財政力の弱い学区では住民の負担は限界に達し，市財政からの財政的支援を受けるようになっていった。合併前の教育費の大半は経常部歳出であり，その中心は教育人件費となっている。この時点では，旧市内の小学校建設費問題は，ほぼ解決していたことがわかる。

一方，第一次大戦後周辺町村では，急速な人口増加と児童数の増加がはじまる。しかも周辺町村の人口増加は，主として低所得者層の居住によるものであり，町村財政は教育費の増大に対応できなくなってきていた。大阪市の市域拡張（合併）は，こうした町村の財政需要を大阪市財政に負わせることになった。拡張後の市議会では，さっそく新市域の学校建設問題が最大の争点となった。新市域では児童の急増で教室が不足し，二部授業が広範に行われ，校舎の新築増築は猶予ならざる状態となってきていた。そのため，1927年には学区財政を廃止して，義務教育費はすべて大阪市財政として統一され，小学校建設費は急膨張したのである[28]。

学区財政時の1926年の教育費は843万円であったが，27年には2181万円，2.6倍に拡大し，普通経済歳出総額4645万円の47％を占めるに至った。増加額の内訳は経常部で322万円，臨時部で1017万円である。経常部は小学校教員の給与

25）　川瀬光義〔1985a〕，同〔1985b〕参照。

26）　藤田武夫〔1949b〕333頁。

27）　島恭彦〔1858〕，同『島恭彦著作集』第4巻，189-192頁，参照。

28）　松下孝昭〔1986〕77頁以下，参照。

図 2-19　教育費の費目別推移

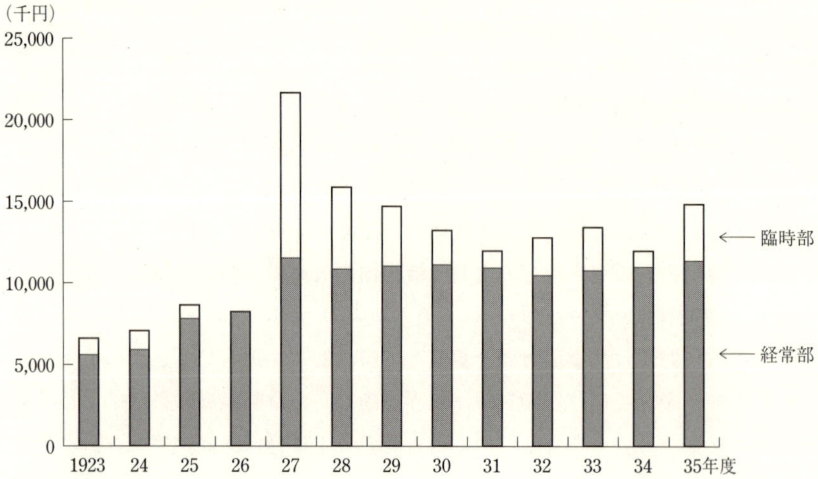

資料：『大阪市財政要覧』（各年版）より作成。

図 2-20　大阪市二部授業生徒数

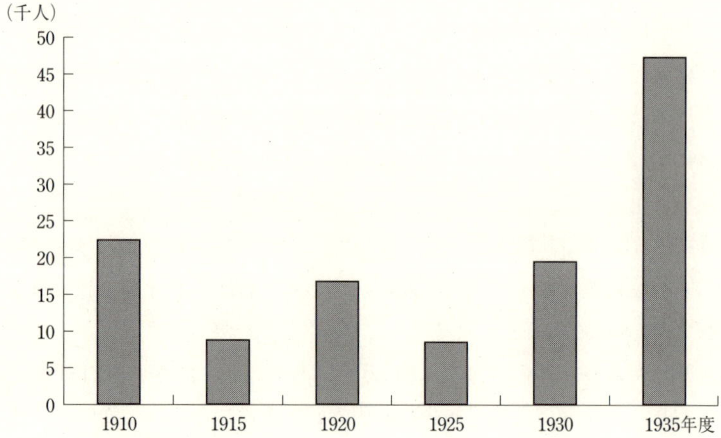

資料：『大阪市統計書』（各年版）より作成。

費の増加，臨時部は設備費がほとんどである（図2–19)。この設備費の財源をまかなう公債発行によって，公債収入が急増しているのである。新たな公債の発行は，元利払費の増加による財政悪化をまねき，大阪市は大量の借替公債の発行に追い込まれるのである。

借替公債の発行は，一時的に財政危機を先延ばしはするが，構造的危機を解決するものではなく，すぐさま公債元利払の増加としてあらわれてくる。そのため一時的に学校新増設費を増やしたものの，歳出抑制に追い込まれていくのである。また，急増していく児童に学校設備が追いつかず，最も豊かで，都市政策の進んだといわれてきた大阪市で二部授業を拡大していくことになるのである（図2–20，表2–2)。さらに，学校設備だけでなく教員の給与についても，あまりに安いのでせめて農村県の長野県並みにするべきだという要求が市会議員からだされたように，教員の待遇も決して十分なものではなかった。

このことは，たしかに市域拡張は，資本にとって効率的な都市を一元的に建設するうえで価値があり，また地主にとっても地価上昇による利得獲得をもたらすが，大阪市にとっては新たな都市問題を抱え込み，教育費や社会事業などの急増によって財政危機をもたらし，それがまた都市政策にブレーキをかけることとなったのである。

普通選挙施行後初めて行われた1929年の市会議員選挙において，新市域と人口急増地域から11名（定数88）の無産者政党議員が誕生したことは，こうした地域の生活問題が都市政治問題として一気に顕在化してきたことを示している。

（2）恐慌と失業対策

第一次大戦末期の生活問題の深刻化は米騒動を引き起こし，大阪は全国で最も激しい運動が展開された。大阪市は，米騒動以後急速に社会事業対策を進め，労働者の生活問題に取り組んできた。小売市場の創設，職業紹介所の設置，無料宿泊所建設，市民館建設，託児所建設など労働者の生活問題を解決する都市社会政策の主体として登場してくるのである。1922年には京都大学教授・戸田海市の指導を受け本格的な社会事業調査をはじめ，科学的な都市社会事業政策の立案に向けた取り組みをはじめるのである[29)]。

戦後不況から金融恐慌，昭和恐慌とつづく経済変動のもとで，産業都市として全国一の発展を示した大阪市の最大の地域問題は，失業問題であった[30)]。大

表 2-2　区別二部授業児童数（1935年度）

	児童数（人）	割合（%）	全児童数（人）	二部授業の割合（%）
北	2,300	4.8	29,919	7.7
此花	1,784	3.8	25,771	6.9
東	0	0.0	17,583	0.0
西	0	0.0	12,099	0.0
港	6,408	13.5	36,492	17.6
大正	2,091	4.4	14,952	14.0
天王寺	0	0.0	14,734	0.0
南	0	0.0	11,723	0.0
浪速	0	0.0	16,698	0.0
西淀川	5,185	10.9	23,049	22.5
東淀川	3,996	8.4	28,595	14.0
東成	11,555	24.3	34,835	33.2
旭	3,890	8.2	21,077	18.5
住吉	4,833	10.2	34,272	14.1
西成	5,490	11.6	23,379	23.5
合計	47,532	100.0	345,178	13.8

資料：『大阪市統計書』第34回より作成。

阪は全国で最も失業者の多い地域となった。国は1925年（大正14年）失業救済土木事業を開始し，以後42年（昭和17年）まで継続するのである[31]。

失業救済事業を含む社会事業費は，1925，26年と急増するが，財政危機のはじまる27年以降，30年まで停滞し，再び32年に急増し，33，34年と高い水準を保っていることがわかる（図 2-21）。

社会事業費のうち，経常部歳出は各種の施設経営や人件費を中心とした社会事業費と低所得層の生活保障を行う救護費であるが，これは漸増している。この時期の社会事業費全体の歳出増減を左右しているのが住宅費と失業応急事業費である。失業救済事業は，1925，26年に拡大したが，27年以降は縮小していくのである。これには，関一の失業救済事業に対する批判的見解と，財政危機対策を優先させる事情が働いていたと考えることができる[32]。むしろ，この時期に特徴的なことは，住宅事業を拡大していることである。住宅費は財政危機の深まる1927年以降，最も深刻な29年に若干低下するが，32年までかなりの金

29）この時期の大阪市の社会事業の展開については，玉井金五〔1986〕参照。

30）この時期の工業化と都市問題を検討したものとして，岡田知弘〔1993〕196頁以下参照。

31）失業救済事業の展開とそれがはらむ内的矛盾を検討してものとして，加藤和俊〔1991〕，同〔1992〕がある。

32）関は，失業対策事業は，労働力のミスマッチを起こすので，むしろ職業紹介によって労働者の技能を生かせるようにするべきと主張している（「失業救済事業」『社會政策時報』第146号，1932年11月，関一〔1936〕所収）。

図 2-21　大阪市の社会事業費

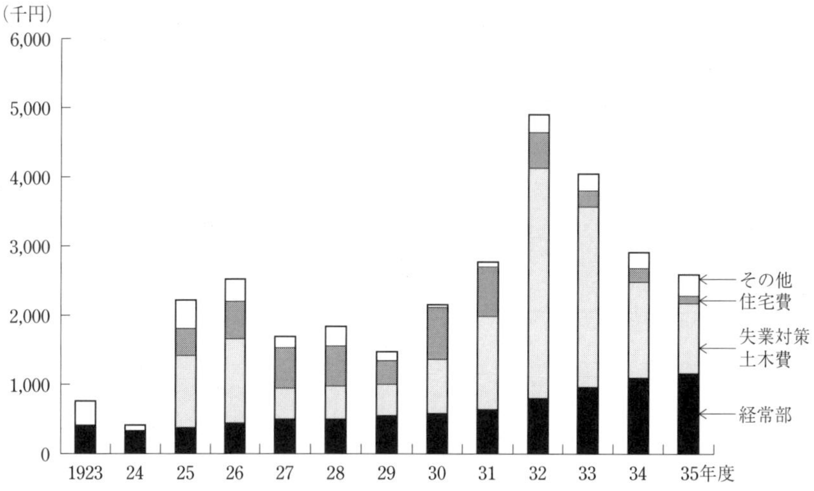

資料：『大阪市歳入出決算書』（各年版）より作成。

額にのぼっている[33]。都市政策としての住宅政策を重視していた関の姿勢を示すものかもしれない。同時に，この時期，民間借家の家賃問題が大きな社会問題となっており，議会でも無産者政党は，大阪市の住宅政策への取り組みを迫っていた[34]。各都市では，民政党浜口内閣の緊縮政策によって公共事業が抑制されるなかで，その穴埋めとして失業救済土木事業を拡大したのであるが，大阪市ではむしろ失業救済事業を縮小して財政抑制をはかるという政策を展開したことが注目される[35]。

（３）浜口内閣の緊縮政策と財政危機の深刻化

構造的な財政悪化に追い打ちをかけたのは，浜口内閣の緊縮政策であった。すなわち，29年７月２日に成立した浜口内閣は，金解禁政策に向けて７月29日，当初予算の５％削減を発表し，地方財政についても同様の方針を迫ったのである。

それが，大阪市財政にとっていかに深刻な問題であるかを，関は日記に記し

33）　加藤和俊〔1991〕207頁。
34）　大阪市会事務局調査課〔1978〕88頁。
35）　加藤和俊〔1992〕225頁。

ている。

「今朝都市計画実行予算ニ関シ協議会ヲ開ク　浜口内閣ハ極端ナル財政整理ヲ行ヒ中央・地方共ニ全ク募債ヲ中止シ新規事業ヲ承認セザル方針ヲ以テ進ム如シカカル極端政策ガ中途ニテ挫折セネハ奇蹟ナラン」(1929年7月13日，『関一日記』1986年，東京大学出版会，763頁)

ここで関は，まったく募債を中止し，新規事業を認めない浜口内閣の政策を厳しく批判し，このような政策は一日も早く破綻するべきであることを記している。

「予算会議　来年度予算編成ハ頗ル困難ナリ」(1929年11月30日，前掲『関一日記』783頁)

ここでは，この緊縮政策のもとで1930年度予算編成の見通しがたたなくなっていることを記している。すなわち公債発行によって市財政をコントロールする構造になっている大阪市財政にとって，緊縮＝公債発行抑制という政策は，そのメカニズムを止めること，すなわち財政破綻に直結することになるのである[36)]。そして，1929年には普通経済と都市計画事業を縮小させたにもかかわらず，収支は赤字という結果となったのである。

緊縮政策は，1931年までつづけられ，大阪市財政はさらに厳しい状況に追い込まれた。

「十時ヨリ明年度予算概算表ニ関シ協議　中央政府予算ト同様編成難ヲ感ズルコト頗ル大」(1930年8月5日，前掲『関一日記』794頁)

「予算査定会議ヲ催ス　明年度予算編成ハ曾テ経験セザル難事業ナリ」(1930年12月9日，前掲『関一日記』809頁)

では，大阪市はこの政策的危機をどのようにして乗り切ったのだろうか。それを，表2-3で見ていこう。

1928年と31年とを比較すると減少額は総額692万円である。その内容を見ると一般行政部門で1004万円，公企業部門で206万円減少しているが，公債元利払は528万円の増加となっている。減少額の大きいのは，都市計画事業568万円，

36)　政府は，「日本銀行に命じて金利を引き上げ気味にし，市中に資金がでにくいようにして，金融を引き締め気味に運営した」のである（中村隆英〔1986〕45頁）。

表 2-3　大阪市歳出決算　（単位：千円）

年度	1928	1931	1935	1928～31 増減額	1931～35 増減額
一般行政関係					
役所費	3,753	3,601	4,595	−152	994
土木費	2,946	2,904	4,608	−42	1,704
都市計画事業費	17,100	11,425	10,746	−5,675	−679
下水道費	4,279	2,853	6,784	−1,426	3,931
港湾費	933	3,046	6,758	2,113	3,712
教育費	16,708	13,010	16,470	−3,698	3,460
衛生費	3,178	2,742	3,957	−436	1,215
社会事業費	1,875	2,796	2,674	921	−122
産業費	2,936	1,027	1,253	−1,909	226
戦時特別費	—	—	50	0	50
雑費	1,387	1,649	3,117	262	1,468
小計	55,095	45,053	61,012	−10,042	15,959
公企業関係					
上水道費	4,777	3,986	8,231	−791	4,245
交通事業費	37,050	35,806	46,409	−1,244	10,603
その他	49	29	265	−20	236
小計	41,876	39,821	54,905	−2,055	15,084
公債費					
公債費（一般行政）	16,087	20,967	21,854	4,880	887
公債費（公企業）	15,227	15,624	14,760	397	−864
小計	31,314	36,591	36,614	5,277	23
総計	128,388	121,472	152,538	−6,916	31,066

資料：『大阪市財政要覧』（各年版）より作成。

教育費370万円，産業費191万円，下水道143万円，交通事業124万円などである。他方，港湾費は211万円，社会事業費は92万円増加している。

また，政府の緊縮・非募債政策だけでなく，金融恐慌，昭和恐慌とつづく不況によって税収と使用料収入も減少し，そのためにも歳出削減を行わざるをえなかった。

こうした結果，公債費未償還額は増加し，財政硬直が一段と進行しており，財政危機乗り切りのために事業・行政整理を行わざるをえない切迫した事態が進行していたのである[37]（図 2-22）。

その点で注目されるのは，都市計画事業費の減少と教育費の減少である。都

図 2-22　大阪市市債残高

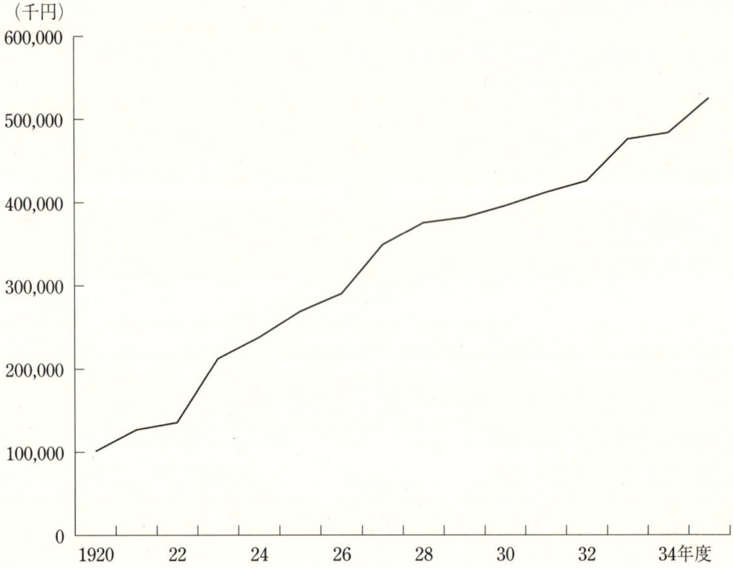

資料：『大阪市財政要覧』（各年版）より作成。

市計画事業は，大大阪市建設の基本計画として精力的に進められてきたのであるが，財政が好転する1933年以降も引きつづき減少するのである。その結果，街路事業は進捗するが，公園緑地事業，下水道事業，高速交通事業などは大幅に遅れるのである[38)]。

また，教育費の減少は学校建設を遅らせ，二部制授業は解消されるどころか，むしろ拡大したのである。

37）関と高橋財政との近親性については，芝村篤樹〔1989〕が指摘しているが，前述の失業対策事業等の公共土木事業に対する関の批判的姿勢からみると，慎重な検討が必要と思われる。持田は，独自の計算にもとづいて，東京，横浜を除く他の四大都市では緊縮政策にもかかわらず，財政の実質純支出は膨張しているとして，「都市財政は概して緊縮期に膨張するのである」というが，少なくともこの時期の大阪市財政に関しては，緊縮していると見るのが妥当ではないかと思われる（持田信樹〔1985〕165頁）。

38）大阪市〔1991〕79頁。

第５節　Ⅲ期――黒字財政への転換：高橋財政と大阪市財政

1931年（昭和６年）12月13日，犬養内閣が誕生し，蔵相に高橋是清が就任し，即日金輸出再禁止を断行した。そして，日銀信用を媒介にした大量の公債発行による軍事費拡大と時局匡救事業政策を展開し，景気回復をはかった。

（１）収支の動向と歳入

大阪市財政は，1932年も相変わらず緊縮方針で運営されていた。市長は現行の税制の制約と経済不況のもとでは「整理緊縮トイウヨリ外ニ方法ガナイ」という方針で当初予算を編成したと説明している[39]。

しかし，早くも日銀引受の公債発行制度ができた11月以降には，1929年以来抑えられてきた借替公債が発行され，政府の新方針に対応している。

財政の収支状況を見ると，1932年は借替公債の発行はあるものの，事業公債の発行は抑制され，市税収入も前年を下回っている状況のもとで，収支は赤字となっている。

財政収支が大きく好転するのは，1933年である。この年は，かつてない2803万円の黒字となり，34年は室戸台風被害のためと前年の借替公債未払分を支払ったため1890万円の単年度赤字となるが，35年には再び1707万円の黒字となり，以後も黒字財政をつづけるのである。

このような転換はどのようになされたのか，財政に即して見ていこう。

（２）歳入増加の要因

表2-4によって，最も財政運営の厳しかった1931年と財政が好転した35年を比較してみると次のようなことがいえる。

まず，市税収入の順調な伸びである。とくに景気の回復による国税付加税（営業税，所得税，地租付加税）が市税収入を増加させた。市営事業収入も景気回復とともに拡大した。しかし，最も財政収支の好転に寄与したのは，公債収入の増加である。増加額の５割を超えていることからみてもそれは明らかで

39）　大阪市会事務局調査課〔1978〕337頁。景気回復の時期については，大阪市〔1991〕288頁。

表 2-4　大阪市歳入　　(単位：千円)

年度	1928	1931	1935	1928～31 増減額	1931～35 増減額
市税収入	23,657	21,941	29,696	−1,716	7,755
使用料手数料収入	50,170	51,380	65,055	1,210	13,675
その他収入	21,001	19,580	22,044	−1,421	2,464
公債収入	34,134	29,560	57,072	−4,574	27,512
純収入合計	128,962	122,461	173,868	-6,501	51,407

出所：「明治22年以降歳計表」より作成。
注：純収入合計は全会計より重複分を引いたものである。

である。

とくに注目すべきことは，公債政策の積極化である。

まず，1933年に2億1254万円にのぼる巨額の借替公債を発行して財政収支を好転させた。1933年の公債残高は4億7836万円であるから，いかに巨額の借替であるかがわかる（図2-11）。

次いで，関は1933年の予算説明において，公債償還期間の延長という新たな公債政策を表明する。それは，増税ができないなかでは大阪市の発展を望みえない。しからば，その制約のなかで発展を考えるならば公債に頼るしかない。ところが現在の公債返済というものは，予測しうる確実な収入の範囲での元利償還であるから，確実ではあるが，必然的に短期の償還ということになる。これは確実な財政運営ではあるが，「コノ方針ガ今日ニ於テハ実際ニハ遂行ノ出来ナイヤウナ状態ニオチイッテ参ッタ」のである。そこで，鉄筋校舎のような事業で発行した公債の償還は，10年という短期間で償還するのでなくもっと延ばすというように「ソレゾレノ保存年限ヲ考ヘテソノ保存年限ノ中デ最モ確実ナ数字ヲ取リ」，それをもとに新しい償還期間を設定した公債発行をすることにしたのである[40]。

たしかに，施設の耐用年数を基準にした公債償還という方針は合理的であるが，同時に確実な収入から乖離した公債の発行は，いずれ財政を破綻させる危険性のあることも明らかである。しかし公債残高の累増と年々の公債利払費の

40）1933年（昭和8）2月の予算説明（大阪市会事務局調査課〔1978〕424-425頁）。

増加は，財政を硬直化させており，いつまでも歳出抑制をつづけることはできない事情のもとで，政府の低金利政策と公債発行による財政拡大政策を活用して，償還期間を延長し，毎年度の公債費を減少させるのは，やむをえない選択であったといえよう。

では，緊縮から拡張への転換は，歳出面ではどのような特徴をもっているのだろうか。

（３）公共事業の拡大と人件費抑制

この期間の歳出を1931年と35年で比較してみると，まず33年の借替債の大量発行によって公債費の増加が抑えられたことがわかる（表２-３）。

第二に，一般行政，公企業とも一転して歳出増加となっており，歳出抑制政策が転換されたことがわかる。最も増加したのは，交通事業であり，次いで上水道事業，下水道事業，港湾事業，教育事業，土木事業となっている。これらの事業の増加は歳入における公債収入の増加に呼応しているのである。

第三に，事業支出は拡大したが，人件費は抑制された。1930年と35年では，一般行政費から公債費を除いた額は，５年間で1.31倍となっているが，人員では1.25倍，人件費では1.12倍と経常経費が抑制されていることがわかる。

第四に，1934年９月，室戸台風の直撃による大きな被害を受けたため，港湾，学校など復旧事業が行われた。そのため，緊急を要する事業に財政投資が行われ，都市計画事業も街路整備などが中心となった。この時期の歳出は，経常経費については引きつづき抑制され，台風被害の修復と収益につながる市営事業への投資が行われたのである。

この時期は，歳出コントロールと先述の債務繰り延べという方法によって収支は好転するのであるが，関の死去した1936年には再び多額の借替債の発行に追い込まれ，財政危機に陥っていくのである。

第６節　第一次大戦後の財源確保の努力

このような不安定な財政運営を強いられてきた大阪市であるが，歳入の安定的確保のためにさまざまな独自の政策的努力や国への働きかけを行ってきた。これらは，都市財政の特質を踏まえた独創的なものであり，都市の本質につながるものもある。そこで，どのような独自の政策的努力がなされてきたかを整理してみる。

第一は，国に対する制度改革要求をとおして，市税の安定的確保をはかろうというものである。まず，特別市制の制定要求である。市議会における建議では特別市政の要求が幾度となく議決されており，1920年代から30年代前半において，大阪市の国への制度改革要求の中心課題であったことがわかる。それは，大都市として課税自主権を含む広範な自治権を確保し，そのもとで財源問題を解決しようとの意図と考えられる[41]。

次に具体的な税目に関する制度改革要求では，土地増価税の創設要求がある。これは地価上昇による地主のキャピタル・ゲインを租税として吸収しようというものであり，内務省も合意していたものであるが，結局実現されなかった[42]。

第二は，市営事業の独占による安定的な収入の確保である。

まず，市域内における公共交通を独占的に経営することによって得られる利益を財政資金として活用しようとするものである。市電経営は1920年代の財政に大きく寄与した。しかし，代替交通手段の発達や民営バスの進出によって，その独占は崩れ，逆に赤字を生みだし，財政的な重荷となっていく。

もう一つは，大阪電燈株式会社を買収することによって，電力供給を独占し，その利益を財政資金とするものである。実際は，市電の赤字補塡に利益を回していくのであるが，1920年代後半からの収益源となっていく。しかし，これも1938年，電力国家管理法，日本発送電株式会社法の制定と電力国家管理の戦時国家独占資本主義体制のなかで41年，市営電力供給事業は終止した[43]。

ガス事業については，たびたび市営事業として行うべきだとの意見が市議会でだされたが，報償金収入に終わった。

第三に，市営貯蓄銀行の設立構想と貯蓄銀行法の改正建議が行われた。この構想の背景は，1927年の金融恐慌によって中小銀行の倒産，預金の郵便貯金と

41） 芝村篤樹〔1976〕443頁以下参照。しかし，筆者の見るかぎり，1923年から35年までは，少なくとも市議会の建議では，地租・営業税の委譲決議はなされていない。

42） 大阪市役所〔1952〕315頁。土地増価税と受益者負担の関係を論じたものに，佐藤進〔1985〕（182頁）がある。

43） 大阪市〔1991〕179-184頁。

大銀行への集中が進み，中小商工業者の資金調達が困難になってきたことにある[44]。市営貯蓄銀行を設立することによって，市民は安心して預金ができ，その資金を中小商工業者に貸し出し，また公共事業の公債を引き受けさせることができるというものである。1927年6月，市会では，都市貯蓄銀行経営に関する内務大臣への意見書が建議された。関市政与党「更正会」幹事・海老沢友二郎は「大阪のように大資本を要する都市計画事業をはじめ電鉄，電燈，港湾，上下水道，教育，公設市場，共同宿泊所，職業紹介所，住宅等の諸施策を遂行するに非常に便利を得るとともに貯金者をして愛市の観念を涵養し，また政府の従来の方針である公債認可引き締めの不安を緩和し得るであろう」と建議の趣旨説明をした。これは，大阪市のみならず1924年頃には6大都市の要求にもなっていた[45]。

しかし，これも実現されなかった。むしろ金融恐慌のもとで郵便貯金が増加し，大蔵省預金部資金の増大となって，地方の預金部からの借入金の増加となっていくのである[46]。

第四は，独自税源の確保政策である。

深刻な財政危機にあった1930年6月，議会で，無産派議員から大商店，百貨店が盛んに発行している商品切手への課税を行い，小商業者の競争上の不利益を救い，財源を確保するべきという主張がなされた。1931年に商品切手発行税として市税独立税となった。税収としては1931年4万5000円，32年6万6000円と取引所営業税付加税並みの収入を得たが，33年に府税雑種税として商品切手発行税が創設されたため，付加税となった。1929年の市会選挙で大量進出を果たした無産派が，財源的には大きくはないが，大商店と零細業者の不公平を問題にし，実現させたことが注目される[47]。

しかし，安定的な財源確保のための大阪市の取り組みは，制度改革をともなうものについてはいずれも実現されなかった。その最大の原因は，都市財政，農村財政とも危機であったが，両税委譲が実現されても農村財政の危機は解消

44）迎由里男〔1982〕449-451頁。
45）大阪市会事務局調査課〔1973〕157-158頁。
46）預金部資金の増大については，宮本憲一〔1974〕参照。
47）大阪市会事務局調査課〔1978〕189頁。

できない状況にあり，税源委譲とともに財政調整システムが考えられなければならない段階にきていたこと[48]，都市財政をめぐって各社会層の利害対立が大戦後に明確になってきたにもかかわらず，都市財政改革に向けて，新しい世論の統合ができなかったことなどのためである[49]。

第7節　現代財政への転換と関一の財政論の評価

第1章で明らかにされた関の都市財政論を，彼の市長時代に展開された実際の大阪市財政が提起した問題とかかわらせて評価してみよう。

第一に，関の財源論は土地増価税に見られるように労働によらざる所得に対する土地所有者，地主に対する課税を一つの柱にしている。これは，都市化を踏まえた，不労所得の公共還元として近代的な内容をもつものであった。

もう一つは，電力，電車の独占という都市社会主義的な政策の採用である。市営独占によって得た利益を社会政策に回そうとしたのである[50]。

しかし，大阪市の財政過程の検討から明らかなように，大阪市内からの租税収入の大半は，所得税と営業税，消費税が大きな比重を占め，地租収入の比重は著しく低下しているのである。そして，資本主義の発展とともに伸張していく弾力性の高い税源の大半は，国税収入として吸収されている。すでに，都市の社会資本整備の利益は，それを活用して産業活動を行っている資本が吸収し，地主だけではなくなっているという段階にいたっていたのである。そして，企業活動による都市への労働者の集中が，深刻な都市問題を引き起こしているのである。そうした社会的費用が土地課税のみでまかなえないことは明らかである。

48）藤田武夫〔1949b〕444頁。

49）ブルジョアジーの改革後退については，宮本憲一〔1961〕260頁，参照。第一次大戦後の独占資本の地域離れについては，たとえば大阪市〔1991〕256頁，参照。

50）関は，大阪電燈株式会社の買収問題の責任者であった。また，大阪市は競合する市内のバス会社を買収もしている。関は，市民福祉のためには，市営事業を拡充すべきだと主張し，市営事業は「経営を合理化し，経済化し，事業の基礎を堅固ならしめ，累を普通経済に及ぼしたり，負債を子孫に残さざることを努むべきである」という（関一〔1936〕198頁）。

関の財源論には，経済活動とその所得の帰属問題への視点は弱い。たしかに，産業資本が勃興しつつある時期には，労働せずして所得を得る不労階級に対する土地課税は産業資本の支持を受けるのであるが，第一次大戦をへて独占が確立する段階になると，金融資本や産業資本が都市の集積と社会政策の利益享受者となるのであり，所得課税が問題となってくるのである。

関には，社会政策費用は応能課税によって国が行うという立場がうかがえるのであるが，実際問題として，都市社会政策を行うにあたって，応益課税と公営企業収入でまかなうということは，財政的に限界にぶつかったのである。

その点では，国の立場にいた池田宏が，都市計画財源としての累進所得税を考えていたことは，この時期の正当な財源論であった。

第二に，関の公営物の利益原則という理論である。

関は公共性の高い施設は，税によって建設し，その経常費は利益原則によるべきであり，放資すなわち資本投資による事業である市営事業のようなものは，すべて利益原則によって建設，運営されるべきものと考えている。その点で，利益原則を公共性の視点から整序しており合理的である。

しかし公営物の利益原則（応益原則）による使用料徴収原則にしても，実際には貫徹することが難しいのである。関のように施設を租税で建設するといっても，当時の財政の現実から難しくなってきたのである。たとえば，当時小学校も授業料を徴収していたのであるが，無産者の子弟が大量に学校に入学するようになってくるとともに，それが町村財政を破綻させ，合併後，学区財政から市財政に統合され，それが大阪市財政の破綻につながる，大きな歳出要因になったのである。

また，たとえば，学校や託児所などは租税で建設したとして，経常費は利益原則でまかなうことができたであろうか。現実には，経常費をまかなう使用料収入を得ることは，利用者の所得水準を考慮に入れれば，困難なのである[51)]。

都市の資本活動が発展し，大量の無産者が集中し，富の集中と貧困の集積が起こり，都市社会政策が必要になればなるほど，この理論では現実にあわなくなってくるのである。たしかに都市には中産者が多数であるというような状況

51）　大阪市〔1991〕908頁。

を想定するならば，あるいは，少なくともそのように想定が可能な第一次大戦前のような時代であれば，可能であったかもしれない。しかし，もはやそのような時代ではなく，結局市長としては現実を認めざるをえなかったのである。

関は，私益原則にもとづいて港湾使用料が無料であることはおかしいともいっている。だが，その批判は無産者も使う公営物も資本が営利として使う公営物も同列なのであり，営利的利用と生活的利用とはなんら区別されないのである。

つまり，この時代は利益原則だけでは解決できない問題が起こっているのであり，施設の経常費における租税支出と応能負担問題が起こってきているのである。

では，関の理論から1920年代央からの財政危機打開の方向はでてくるだろうか。たしかに，土地増価税や私益原則による収入が実現されたなら，都市の財源に相当寄与したことは明らかである。しかし，1920年代の都市を舞台にした資本の利益は，土地課税だけでは捉えられなくなってきていたのであり，法人利益への課税とそれの国，都市間の配分問題を生みだしてきていたのである。

また，この時期には特別市制運動もあるが，結局は内務省直轄というかたちでの府県からの独立論となってしまった。租税改革や財源獲得といった具体的な都市要求に比べれば，特別市制運動ははるかに抽象的であり，世論化するのが難しいのである。結局，大阪府からの独立という地域主義的要求での世論結集ということになってしまい，すでに大都市を抱えている府県と都市財源確保という具体的課題で協調して政府にあたるという道を，むしろ狭めることになるのである[52]。

結局，この間は都市財政にとって，なんら実のある改革は行われず，公債発行を繰り返し，行きづまると借替公債を発行し，財政の構造的危機を次第に深めながら，中央政府財政への依存を深めていったのである。

関市政のはじまる1923年（大正12年）から現役市長としての死去した35年（昭和10年）までの大阪市財政収支のファクト・ファインディングによって，その展開過程を分析してきた。そして，その分析結果にもとづいて，関一の財政

52） 大阪市〔1994b〕101頁。

論を検討した。

その結果を要約すれば，以下のようになる。

大阪市財政の危機は，すでに第一次大戦をはさむ都市経済の発展にともなう都市問題とそのための財政支出の膨張を市営事業収入と公債発行でまかなわざるをえない財政システムのなかにあったこと，そのようなシステムのもとで行われた市域拡張は学区財政の統合によって一気に大阪市財政の構造的危機を顕在化させたこと，その危機をしのぐために行われた借替債の大量発行と政府資金への依存の増大は，構造的危機をさらに深め，財政的に政府への依存を深めていったことである。第一次大戦後の大阪市財政は，それまでにあった都市財政の一定の自立システムが，崩壊していく過程でもあった。

また，この時期の大阪市財政危機の原因は，都市における資本の活動の果実が，国税として国家に吸収され，そしてその裏側で生起する都市問題の解決が都市に押しつけられ，都市はその費用をまかなうことはできなかったことにあった，ということである。大阪市は，1918年から25，26年にかけての財政膨張期の各種施策の展開を見るかぎり，都市政策のパイオニアといえるのであるが，市域拡張以後は財政危機が進行し，政策的にも著しい制約を受けているのである。したがって，都市における都市間競争や内発的発展のためには，税制改革が必要条件であった，といえる。

関の財政論は，積極的な面をもちながらも，すでに独占資本主義段階に入っている都市財政の課題が，資本の産業活動とその結果として起こってくる社会的費用を誰が負担するかという問題を捉えておらず，地主のキャピタル・ゲイン課税や公営物の利益課税を問題にしている点で，産業資本主義段階の財政理論であり，そのため独占期の財政危機を解決する理論足りえなかったといえよう。

補注

普通会計には，普通経済，港湾費経済，都市計画事業，下水道事業，中央市場，土地改良費経済，質舗費，商科大学費の各会計が含まれる。

公企業会計には，水道経済，電気軌道事業，電気供給事業経済，高速鉄道建設費経済が含まれる。

表 2-5　大阪市財政収支（西堀推計）

普通会計総括　　（単位：千円）

年度	1923	1924	1925	1926	1927	1928	1929	1930
純実収入額	25,475	26,104	27,962	29,028	36,748	40,631	41,429	44,616
公債収入	5,648	17,439	16,227	18,702	54,266	26,652	15,776	12,990
純実質収入	31,123	43,543	44,187	47,730	91,015	67,284	57,204	57,603
純歳出額	30,832	36,826	49,404	52,266	102,188	65,519	58,440	58,335
うち公債費	2,980	3,713	5,164	4,733	43,277	10,105	10,608	12,200
実質収支	291	6,717	−5,217	−4,536	−11,173	1,765	−1,236	−729

公企業会計総括

年度	1923	1924	1925	1926	1927	1928	1929	1930
純実収入額	30,655	41,972	44,009	47,065	48,396	51,403	52,667	51,873
公債収入	7,397	6,190	9,041	7,945	10,017	9,629	7,849	9,161
純実質収入	38,052	48,163	53,049	55,010	55,412	61,033	60,516	61,034
純歳出額	36,910	45,862	50,233	55,016	56,158	59,185	59,299	59,068
うち公債費	8,731	12,840	13,938	15,624	15,793	16,473	17,205	17,280
実質収支	1,142	2,301	2,816	−6	−746	1,848	1,217	1,966

総合収支

年度	1923	1924	1925	1926	1927	1928	1929	1930
純実収入額	56,130	68,076	71,971	76,093	85,144	92,034	94,096	96,489
公債収入	13,045	23,629	25,268	26,647	64,283	36,281	23,625	22,151
純実質収入	69,175	91,706	97,236	102,740	146,427	128,317	117,720	118,640
純歳出額	67,742	82,688	99,637	107,282	158,346	124,704	117,739	117,403
うち公債費	11,711	16,553	19,102	20,357	59,070	26,578	27,813	29,480
実質収支	1,433	9,018	−2,401	−4,542	−11,919	3,613	−19	1,237

出所：『大阪市財政要覧』14回（1931年），15集（1932年），「各経済歳入出累年比較」「2　科目別比較」より作成。
注：本表の作成方法は，各会計ごとの集計を行い，普通会計と公企業とに集約した。

公債特別会計の歳出における繰替金，歳入における繰入金は，各会計における公債収入，公債費として各会計に振り分け，各会計ごとに整理した。しかし，公債特別会計の歳出のうち，繰替金のみを各会計の公債収入として振り分け，他は計算しなかった。同様に公債特別会計の歳入において繰替金のみを各会計の公債費とした。それ以外に各会計ごとの実質収支を計算する方法がないためであるが，そのため全会計の収支計算とは合わないことになる。

大阪市役所〔1952〕『昭和大阪市史（行政篇）』「第3章　財政」では，「第4表　純歳出の費目別累年表」，「第10表　市歳入（一般行政・公企業別）累年表」においては，1928年（昭和3年）以降普通会計と公企業会計に分け，それぞれに「公債元利払」，

「市債」収入を記載するようになっている。「西堀推計」の普通会計，公企業会計への各会計の仕分けは，この『昭和大阪市史』の分類にならっている。ただ，公債特別会計の普通，公企業への割り振り方法については，どこにも示されていないので，「西堀推計」とするしかない。

純歳出歳入の計算方法は，大都市協定様式（『大阪市統計書第34回』1935年）を参考に，以下のように算出した。

純実収入額は，純実収入額＝実収入－組入金(繰入金)－繰越金，である。

純実質収入は，純実質収入＝純実収入額＋公債収入＝実収入－組入金(繰入金)－繰越金＋公債収入，である。

純歳出額は，純歳出額＝実支出－組替金(繰替金)，である。

実質収支は，実質収支＝純実質収入額－純歳出額，である。

参考文献

安藤春夫〔1957〕『封建財政の崩壊過程』(酒井書店)
池田宏〔1924〕『改訂 都市経営論』(都市研究會。復刻版：1988年，学陽書房)
池上惇〔1978〕『アメリカ資本主義の経済と財政』(大月書店)
池上惇〔1979〕『地方財政論』(同文舘)
石井寛治〔1976〕『日本経済史』(東京大学出版会)
石田頼房〔2004〕『日本近現代都市計画の展開』(自治体研究社)
江口圭一〔1976〕『都市小ブルジョア運動史の研究』(未来社)
大石嘉一郎〔1961〕『近代日本都市史研究序説』(御茶の水書房)
大石嘉一郎〔1990〕『近代日本の地方自治』(東京大学出版会)
大石嘉一郎・金澤史男編〔2003〕『近代日本都市史研究――地方都市からの再構成』(日本経済評論社)
大内兵衛〔1974〕「地方財政論」(『大内兵衛著作集』第１巻，1974年，岩波書店)
大島太郎〔1968〕『日本地方財政史序説』(未来社)
大阪市〔1934〕『明治大正大阪市史』第４巻 経済篇 下（日本評論社)
大阪市役所〔1952〕『昭和大阪市史（行政篇)』(大阪市)
大阪府〔1968〕『大阪百年史』(大阪府)
大阪市〔1991〕『新修 大阪市史』第５巻〈近代Ⅰ〉(大阪市)
大阪市〔1994a〕『新修 大阪市史』第６巻〈近代Ⅱ〉(大阪市)
大阪市〔1994b〕『新修 大阪市史』第７巻〈近代Ⅲ〉(大阪市)
大阪市会事務局調査課〔1973〕『大阪市議会史』第22巻
大阪市会事務局調査課〔1978〕『大阪市議会史』第23巻
大阪商工会議所〔1979〕『大阪商工会議所百年史（本編，資料編)』(大阪商工会議所)
大阪の歴史研究会〔1985〕『大阪近代史話』(東方出版)
岡田知弘〔1989〕『日本資本主義と農村開発』(法律文化社)

岡田知弘〔1993〕「重化学工業化と都市の膨張」(成田龍一編『都市と民衆』吉川弘文堂)
小川一太郎〔1923〕『大都市』(市民叢書刊行会)
加藤和俊〔1991〕〔1992〕「戦前日本における失業救済事業の展開過程」(『社会科学研究』第43巻第3号，第5号，同『戦前日本の失業対策——救済型公共土木事業の私的分析』1998年，日本経済評論社，所収)
金澤史男〔1984〕「両税委譲論の展開過程の研究」(『社会科学研究』第36巻第1号)
加茂利男〔1985〕「戦前日本の都市思想——関一の思想形成過程を手掛かりに」(柴田徳衛編『都市経済論』有斐閣)
川瀬光義〔1985a〕「第二次世界大戦前における大阪の都市形成過程」(『経済論叢』第135巻第1，2号)
川瀬光義〔1985b〕「都市計画行政と郊外開発——第2次世界大戦前の大阪における市域拡張政策を中心として」(『経済論叢』第136巻第5，6号)
神戸正雄〔1930〕『租税研究』(弘文堂)
K. H. ハンスマイヤー／広田司朗・池上惇監訳〔1990〕『自治体財政政策の理論と歴史』(同文舘)
北崎豊二編〔1973〕『大阪の産業と社会』(毎日放送
小路田泰直〔1991〕『日本近代都市史研究序説』(柏書房)
小山仁示・芝村篤樹〔1991〕『大阪府の百年』(山川出版社)
坂本忠次〔1989〕『日本における地方行財政の展開——大正デモクラシー期地方財政史の研究』(御茶の水書房)
佐藤進〔1973〕『地方財政・税制論』(税務経理協会)
佐藤進〔1985〕『地方財政総論』(税務経理協会)
重森曉編〔1983〕『日本財政論』(青木書店)
柴田徳衛〔1967〕『現代都市論』(東京大学出版会)
芝村篤樹〔1976〕「関一における都市政策の歴史的意義」(大阪歴史学会『近代大阪の歴史的展開』吉川弘文館)
芝村篤樹〔1989〕『関一——都市思想のパイオニア』(松籟社)
芝村篤樹〔1998〕『日本近代都市の成立』(松籟社)
芝村篤樹〔1993〕「巨大都市の形成——市区改正から都市計画へ」(成田龍一編『近代日本の軌跡9　都市と民衆』吉川弘文館)
島恭彦〔1958〕『町村合併と農村行政機構の展開』(有斐閣。『島恭彦著作集』第4巻，1983年，有斐閣，所収)
島恭彦・林栄夫編〔1964〕『財政学講座』第3巻(有斐閣)
島恭彦・宮本憲一編〔1968〕『日本の地方自治と地方財政』(有斐閣)
島恭彦・池上惇・遠藤晃編〔1979〕『現代の地方自治(自治体問題講座　第1巻)』(自治体研究社)
関一研究会編〔1986〕『関一日記』(東京大学出版会)
関一〔1911〕『工業政策』上(寶文舘)

関一〔1913〕『工業政策』下（寶文舘）
関一〔1936〕『都市政策の理論と実際』（三省堂。復刻版：1988年，学陽書房）
関野満夫〔1982a〕「関一の財政論」（『経済論叢』第129巻第1，2号）
関野満夫〔1982b〕「関一と大阪市営事業(1)(2)」（『経済論叢』第129巻第3号）
高橋誠〔1964〕『明治財政史研究』（青木書店）
武田隆夫〔1858〕「所得税についての一覚え書き――プロイセンにおけるミーケルの税制改革（1891-1893）を中心として」（楊井克巳編『帝国主義研究』東京大学出版会）
玉井金五〔1986〕「日本資本主義と〈都市〉社会政策――大阪市社会事業を中心に」（杉原薫・玉井金五編『大正・大阪・スラム――もうひとつの日本近代史』新評論）
東京都財政史研究会編〔1969-70〕『東京都財政史』上・中・下巻（東京都）
中村隆英〔1986〕『昭和経済史』（岩波書店）
日本統計研究所編〔1958〕「租税構成の推移」（『日本経済統計集 明治・大正・昭和』日本評論新社）
原晃編〔1986〕『近代日本の経済と財政』（山川出版社）
原田敬一〔1983a〕「都市支配の構造――地域秩序の担い手たち」（『歴史評論』第393号）
原田敬一〔1983b〕「都市支配の再編成――日露戦後大阪市政改革運動をめぐって」（『ヒストリア』第101号）
原田敬一〔1989〕「都市問題論から近代社会論へ――都市史研究の成果と課題」（『歴史評論』第471号）
原田政美〔1991〕『近代日本市場史の研究』（そしえて）
林建久〔1965〕『日本における租税国家の研究』（東京大学出版会）
藤田武夫〔1941〕『日本地方財政制度の成立』（岩波書店）
藤田武夫〔1949a〕『日本資本主義と財政』上・下（実業之日本社）
藤田武夫〔1949b〕『日本地方財政発展史』（河出書房）
藤田武夫〔1951〕『現代地方財政の理論』（広文社）
藤田武夫〔1955〕『全訂 日本地方財政論』（東洋経済新報社）
藤田武夫〔1959〕『日本の地方財政』（法律文化社）
藤田武夫〔1976〕『現代日本地方財政史』上（日本評論社）
藤田武夫〔1978〕『現代日本地方財政史』中（日本評論社）
藤田武夫〔1984〕『現代日本地方財政史』下（日本評論社）
藤谷謙二〔1944〕『地方財政論』（龍吟社）
黄完晟〔1992〕『日本都市中小工業史』（臨川書店）
松下孝昭〔1986〕「大阪市学区廃止問題の展開――近代都市史研究の一視角として」（『日本史研究』第291号）
宮本憲一〔1961〕「近代税制過程の研究」（『金沢大学法文学論集 法経篇』第8号）
宮本憲一〔1974〕「預金部改革前後――大正デモクラシーと国家資本再編成」（『経済論叢』第113巻第1号）
宮本憲一〔1977〕『財政改革』（岩波書店）

宮本憲一〔1980a〕『都市経済論』（筑摩書房）
宮本憲一〔1980b〕「第一次大戦後地域経済の変貌と地方行財政の危機——現代的日本地方財政の形成」（『大阪経大論集』第133号）
迎由里男〔1982〕「貯蓄銀行」（加藤俊彦編『日本金融論の史的研究』東京大学出版会）
持田信樹〔1984〕「日本における近代的都市財政の成立(1)」（『社会科学研究』第36巻第3号）
持田信樹〔1985〕「日本における近代的都市財政の成立(2)」（『社会科学研究』第36巻第6号）
持田信樹〔1993〕『都市財政の研究』（東京大学出版会）
吉岡健次〔1981〕『日本地方財政史』（東京大学出版会）
山田公平〔1991〕『近代日本の国民』（名古屋大学出版会）
渡辺俊一〔1993〕『「都市計画」の誕生——国際比較からみた日本近代都市計画』（柏書房）
渡辺徹・木村利男編〔1986〕『大阪社会労働運動史』第1巻 戦前編 上（有斐閣）
渡辺徹・木村利男編〔1989〕『大阪社会労働運動史』第2巻 戦前編 下（有斐閣）

第3章　阪神淡路大震災と神戸市都市経営型財政

はじめに

1995年の阪神淡路大震災は，これまでの日本の都市政策に大きな反省を迫るものであった。たしかに地震は自然による災害であるが，その災害を拡大したものは，これまでの日本の都市づくりに問題があったことを示している。

神戸市は，1980年以降，行政改革路線が進行するなかで「神戸市都市経営」と位置づけた都市行政運営を展開してきただけに，その被害の甚大さは，これまでの神戸市の都市政策と都市行政システムに対しても，あたらめてこれを見直すことを要請しているといえよう。

神戸市の「都市経営」が注目されるようになったのは，「山を削り，海を埋め立てる」開発方式やポートピア博覧会事業の成功などとともに，1975年以降の全国の大都市自治体が軒並み財政赤字に転落するなかで，黒字財政を維持してきた，その行財政運営にあったといえよう。

しかし，震災で神戸市内の被害がとくに大きかったのは，住工商の混在したインナー・シティであった。このことから見ると，神戸市の「都市経営」が一般的な防災行政の立ち遅れとともに，インナー・シティ対策が遅れていたことを示している[1)]。その点で，いわゆる神戸市都市経営の問題性を浮き彫りにしたのであるが，では，震災がなければ，神戸市都市経営はうまくいったのか。

この章では，阪神淡路大震災以前に神戸市都市経営は，すでに財政的に深刻な問題を抱えていたことを明らかにする。それは，神戸市都市経営が内在的に抱えていた問題であり，いわば震災の打撃は，その問題を悲劇的に明らかにし

---

1)　インナー・シティ問題は，人口減少が問題ではなく，人口減少にともなう質的劣化や活力低下が問題であり，インナー・シティ政策は，大都市への人口集中を復活させることを意図するものではなく，主として人口や雇用の構成をバランスあるものにすることを目標とするものである（成田孝三〔1991〕）。

たともいえる。また逆に，震災という自然災害がなかりせば，というかたちで都市経営の正当性論にも使われている。

そこで，震災以前の財政を検討し，都市経営型財政運営がどのような特質をもっており，その財政システムの限界はどこにあったのかを明らかにしてみたい。震災は，1995年１月17日に起こっており，災害対策などの経費は，1994年度補正予算として計上されているので，その影響を取り除いて検討するために，ここでは1994年３月末までの1993年度決算，およびそれ以前の決算数値を使うこととする。

第１節　神戸市財政のメカニズム

1　都市経営型財政の構造

一般に大都市財政は，その業務と規模から多様な会計を設置しており，各会計間で資金のやりとりが行われる。したがって，その全貌を把握することはかなり難しい。そのため，財政状況を把握するための統一的方法として一般会計と特別会計の一部を合算した普通会計決算を見ることになるが，そこには公営企業や出資法人（いわゆる第三セクター），各種基金会計は除かれており，全体像を把握することは困難である。とくに，1980年代初頭から政府の財政再建路線の一環として民間活力推進政策による第三セクターの活用が進み，その後のバブル経済崩壊とともに不良債権を抱え，普通会計にはあらわれない不良資産や隠れ債務が政治問題となった。そのため，公会計制度の改革がはかられているが，それはバランスシートの作成が中心であり，地域の公共政策と財政のあり方，市民の財政コントロールといった視点からの検討は，充分とはいえない。

神戸市の財政は，都市経営を自認するだけにきわめて特徴のある財政システムをつくりあげている。そこで，1993年度の決算資料を使って，その全体構図を作成してみた。

神戸市財政は，1993年度決算では，一般会計と，15の特別会計，８の公営企業会計，38の基金会計，資本金または基本財政の25％以上を市が出資する出資法人31会計が複雑に絡みあって運営されている。それらの会計間の財政関係を

図3-1　神戸市各会計相関図

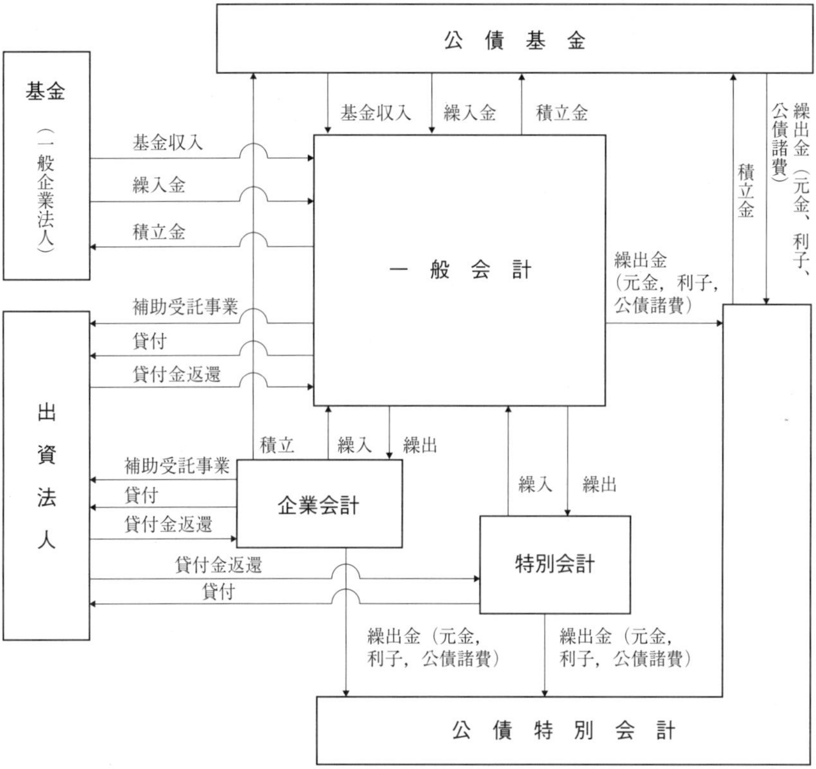

注：1）本図は1988年（昭和63年）度各会計決算，収支報告書をもとに作成した。
　　2）本図は1995年10月の日本財政学会第52回大会（岡山大学）において「阪神大震災と神戸市財政の検討」と題する報告に添付したものである。

一般会計を中心にして各会計の関係を見ると図3-1のようになっている。ただ，この図では，基金会計，特別会計のなかから公債基金会計，公債特別会計を独立させて表示しているが，これはそれらが資金管理を統一的に把握できる特別の位置にあるからである。

一般会計は，神戸市財政の中心的位置を占めており，基本的には租税および租税を基礎にした地方交付税，補助金，租税の先取りである地方債収入などが主な収入源である。

特別会計は，国民健康保険事業のような特定の歳入・歳出をともなう事業の会計であり，一般会計とは独立しているが，繰入金，繰出金というかたちで，一般会計と結びついている。

公営企業会計は，地下鉄や水道事業のように，企業会計原則を取り入れた経営の会計であるが，これも一般会計と繰入，繰出関係をもっている[2)]。

この特別会計の一つに公債管理特別会計があり，一般会計，各特別会計，各公営企業会計の公債元金，利子，借替債発行を一括して管理している資金管理センターともいうべき会計である。各会計で，事業計画が立てられ，その資金の一部に地方債収入が計上され，その元利償還金は毎年度計画的に返済されるのであるが，それをその会計から直接支払うのではなく，公債管理特別会計に繰出（公債管理特別会計から見れば，繰入），そこから支出されるというシステムになっている。地方自治体にとって，財政悪化によって起債制限措置がとられるということは，事実上の再建団体になることを意味していることからも明らかなように，借入金とその返済資金の管理は，きわめて重要な財務管理業務である。分節化された各会計を借入金とその返済という統一した視点で見ることができる点で資金管理センター機能をもっているといえるのである[3)]。

基金は，特定目的のために財産を維持したり，資金を積み立てたり，運用するための会計である。各会計から積み立てられた基金は，資金運用され，基金収入，財産収入として各会計に収入される。基金の積立は一般会計からだけでなく，特別会計，公営企業会計からも積み立てられ，またその運用益は各会計に入れられている。神戸市の場合，財政調整基金と公債基金が設けられている。財政調整基金は，借入金の元利払の調整のために地方自治体であれば一般的に設けられているが，公債基金は，財政余剰のストックともいうべき資金である。その内訳は，現金・預金，債権，有価証券となっており，そのなかでも有価証券が過半であり，資金運用会計であることがわかる。

出資法人は，独自の事業収入と一般会計，特別会計，公営企業会計からの受

2） 関の分類によれば，今日の一般会計は財サービスの使用者からなんらの料金も要求しないから不足経済，特別会計は料金を徴収するが必要経費の範囲であるから不足経済，公営企業会計は利益をだすことを目的としているので，余剰経済ということになろう（本書第1章第1節「関一の都市財政論」参照）。

3） 戦前以来，都市自治体にとって，公債管理は財務管理をするうえできわめて重要な業務であり，その点については第1章を参照されたい。

託事業収入を主要な財源として運営されている。さらに出資法人とその他の会計との財政関係は，出資法人への出資，貸付，委託と貸付金返済という関係である。

これを1993年度の一般会計決算と各会計の関係を金額ベースで見たものが，表3–1である。

まず，基金収入が98億円あること，そのなかで公債基金28億円，財政調整基金16億円，土地開発基金12億円で過半を占めていることがわかる。次に，繰入金は，特別会計からの繰入金が148億円，基金からの繰入金が503億円，計651億円となっている。特別会計繰入金は，開発事業会計から110億円，港湾事業会計から14億円で，8割を超えている。基金繰入金は，公債基金から185億円，財政調整基金から110億円，都市計画事業基金から94億円で，8割近くを占めている。ここでは，基金収入と基金繰入金という金融資産からの収入の大きいこと，とくに公債基金という金融資産からの収入が際だっていること，さらに特別会計繰入金を含めてみると，開発事業会計の財政寄与の大きさが際だっている。こうして，都市経営の歳入面での特徴が開発事業と金融資産運用にあることがわかる。

2　都市経営型財政運営

神戸市の財政関係の分析から，開発事業と基金収入に着目したが，ここでは「神戸市都市経営」といわれる神戸市財政がいかなる特質をもっているのかを，高寄の分析も参考にしながら整理していこう[4)]。

表3–2，3–3は，神戸市財政の歳入構造の特徴を他の政令市との比較で見たものである。

表3–2は，各都市の普通会計決算の人口1人当たり金額を比較したものである。ここでは，地方税，地方交付税，国・道府県支出金，地方債，その他に整理している[5)]。各都市の財政構造を見るには，構成比を比較するのが便利であ

---

4) 宮崎市政時代の神戸市財政を都市経営の視点から積極的に理論化してきたのが高寄である。多数の著作があるが，理論的なものとしては高寄昇三〔1985〕『現代都市経営論』，宮崎市政を包括的に論じたものとして同『宮崎市政の研究』（第1巻～第4巻）があるが，神戸市財政については〔1993b〕「第2章 都市経営と財政運営」（170–496頁）で展開されている。

表 3-1　神戸市一般会計と他会計の関連　（単位：100万円，％）

款	項	目	金額	構成比	説明
14 財産収入			40,364		
	3 基金収入		9,825	100.0	
		1 市街地活性化事業資金	103	1.0	預金利子
		2 用品調達基金	35	0.4	運用益
		3 財政調達基金	1,612	16.4	預金利子等
		4 公債基金	2,847	29.0	預金利子等
		5 被災てん補基金	219	2.2	預金利子等
		6 西北神地域開発基金	264	2.7	預金利子等
		7 土地開発基金	1,155	11.8	預金利子等
		8 市民文化振興基金	185	1.9	預金利子等
		9 勤労者福祉事業基金	89	0.9	預金利子
		10 消費者訴訟援助資金貸付基金	0	0.0	預金利子
		11 心身障害者保険扶養基金	0	0.0	預金利子
		12 同和更正資金貸付基金	0	0.0	預金利子
		13 民間社会福祉事業従事職員福利厚生基金	5	0.1	預金利子
		14 市民福祉振興基金	168	1.7	預金利子等
		15 しあわせの村運営基金	777	7.9	預金利子等
		16 長寿社会対策基金	692	7.0	預金利子等
		17 墓園管理基金	28	0.3	預金利子
		18 地域医療振興基金	5	0.1	預金利子
		19 環境保全基金	12	0.1	預金利子
		20 リサイクル基金	0	0.0	預金利子
		21 留学生支援基金	90	0.9	預金利子
		22 産業育成基金	12	0.1	預金利子
		23 野菜契約栽培事業基金	11	0.1	預金利子
		24 農地保有合理化基金	23	0.2	預金利子等
		25 土地改良事業基金	3	0.0	預金利子
		26 公園緑地事業基金	249	2.5	預金利子等
		27 都市計画事業基金	747	7.6	預金利子等
		28 ハーバーランド運営基金	116	1.2	預金利子
		29 ふれあい景観基金	8	0.1	預金利子
		30 市営住宅等資金積立基金	101	1.0	預金利子等
		31 川崎奨学金基金	3	0.0	預金利子
		32 体育事業振興基金	191	1.9	預金利子
		33 原口奨学金基金	3	0.0	預金利子
		34 篤志者奨学金基金	5	0.1	預金利子
		35 美術品取得基金	60	0.6	預金利子
		36 市庁舎整備基金	5	0.1	

款	項	目	金額	構成比	説明
繰入金			65,114		
	1 特別会計繰入金		14,764	100.0	
		1 国民健康保険事業費	67	0.5	共通事務費負担繰入
		2 勤労者福祉共済事業費	8	0.1	
		3 農業共済事業費	3	0.0	
		4 母子寡婦福祉資金貸付事業費	1	0.0	
		5 住宅新築資金等貸付事業費	1	0.0	
		6 住宅造成事業費	45	0.3	
		7 駐車場事業費	454	3.1	
		8 下水道事業会計	487	3.3	
		9 港湾事業会計	1,405	9.5	
		10 開発事業会計	11,004	74.5	
		11 病院事業会計	607	4.1	
		12 自動車事業会計	358	2.4	
		13 水道事業会計	323	2.2	
	2 基金繰入金		50,350	100.0	
		1 財政調整基金	11,000	21.8	基金取崩し，運用
		2 被災てん補基金	31	0.1	
		3 西北神地域等開発基金	2,500	5.0	
		4 公債基金	18,538	36.8	
		5 市民文化振興基金	2,470	4.9	
		6 勤労者福祉事業基金	422	0.8	
		7 心身障害者保険扶養基金	2	0.0	
		8 同和更正資金貸付基金	10	0.0	
		9 長寿社会対策基金	3,300	6.6	
		10 野菜契約栽培事業基金	19	0.0	
		11 土地改良事業基金	29	0.1	
		12 都市計画事業基金	9,375	18.6	
		13 ハーバーランド運営基金	149	0.3	
		14 市営住宅等敷金積立基金	89	0.2	
		15 体育事業振興基金	1,934	3.8	
		16 市庁舎整備基金	193	0.4	
		17 ふれあい景観基金	5	0.0	
		18 美術品取得基金	283	0.6	

〔歳出〕

款	項	目	金額	構成比	説明
15 諸支出金			167,317		
	1 繰出金		157,376	100.0	
		1 市場事業費	953	0.6	
		2 食肉センター事業費	360	0.2	
		3 国民健康保険事業費	9,269	5.9	
		4 老人保険医療事業費	4,441	2.8	
		5 勤労者福祉共済事業費	110	0.1	
		6 農業共済事業費	45	0.0	
		7 母子福祉資金貸付事業費	8	0.0	
		8 寡婦福祉資金貸付事業費	0	0.0	
		9 住宅新築資金等貸付事業費	67	0.0	
		10 宅地造成事業費	36	0.0	
		11 土地先行取得事業費	1,169	0.7	
		12 駐車場事業費	1,009	0.6	
		13 農業集落排水事業費	325	0.2	
		14 海岸環境整備事業費	188	0.1	
		15 公債費	96,067	61.0	
		16 下水道事業会計	14,895	9.5	
		17 港湾事業会計	5,794	3.7	
		18 病院事業会計	8,180	5.2	
		19 自動車事業会計	2,928	1.9	
		20 高速鉄道事業会計	7,907	5.0	
		21 水道事業会計	3,624	2.3	
	3 雑出	諸費	8,129		貸付金，償還金利子及び割引料，積立金

出所：『神戸市決算書』（1993年度）より作成。
注：諸支出金の２過年度支出は表から除いた。

るが，財政規模，財政構造の違いを同時に比較するには，１人当たり人口規模に還元して比較するほうが適切である。神戸市の人口は，1990年には147万人で，11都市中８番目，京都市の146万人を若干上回る規模であるが，財政規模

5） 地方税は，地方税，地方譲与税，利子割り交付金，ゴルフ場利用税交付金，自動車取得税交付金，軽油引取税交付金，交通安全対策特別交付金，国有提供施設等所在市町村助成交付金の合計額，国・道府県支出金は，国庫支出金，道府県支出金の合計額，その他は，分担金および負担金，使用料，手数料，寄附金，繰入金，繰越金，諸収入の合計額である。この分類は，高寄昇三〔1993b〕230頁の方法によるが，データは変えた。

表 3-2　指定都市普通会計歳入比較（1990年度，人口1人当たり）　（単位：千円）

	人口（万人）	総額（億円）	地方税	地方交付税	支出金	地方債	その他	総額
神戸市	148	7,696	198	40	53	55	175	521
札幌市	167	6,222	165	55	50	32	70	372
仙台市	92	3,029	184	23	31	45	47	330
川崎市	117	4,102	233	1	30	16	70	350
横浜市	322	11,189	213	13	27	41	55	347
名古屋市	215	8,126	240	3	36	25	73	377
京都市	146	5,530	188	40	50	30	70	379
大阪市	262	14,885	309	1	68	50	140	568
広島市	109	4,349	197	31	62	40	71	401
北九市	103	4,301	162	83	65	24	86	419
福岡市	124	5,004	188	48	51	43	74	405

出所：大都市統計協議会『大都市比較統計年表 平成2年』（1992年）より作成。

表 3-3　指定都市普通会計中「その他収入」内訳（1990年度，人口1人当たり）

（単位：千円）

	分担金負担金	使用料	手数料	財産収入	寄付金	繰入金	繰越金	諸収入	「その他収入」計
神戸市	8	22	3	30	1	22	9	80	175
札幌市	2	7	2	10	1	15	1	32	70
仙台市	2	7	2	9	2	8	5	13	47
川崎市	5	9	1	9	0	6	8	32	70
横浜市	3	9	2	13	1	3	3	21	55
名古屋市	1	15	2	5	0	4	3	43	73
京都市	5	9	2	9	1	0	7	37	70
大阪市	4	17	2	25	1	32	1	59	140
広島市	3	10	2	7	1	7	6	36	71
北九州市	5	12	2	8	1	11	5	43	86
福岡市	4	10	2	8	1	1	7	42	74

出所：大都市統計協議会『大都市比較統計年表 平成2年』（1992年）より作成。

では大阪，横浜，名古屋に次ぐ4番目の規模，人口的にはほぼ同規模の京都市の1.4倍となっている。これを人口1人当たり金額にしてみると，神戸市は52万円となり，最高の大阪市の57万円に次ぐ規模となり，神戸市財政が人口規模に比較して相対的に大きな財政であることが確認できる[6)]。

---

6)　東京都は，都制を敷いているので，ここでは除いたが，東京都区部の人口1人当たり財政規模は80万円であり，バブル経済下の財源集中を示している。

歳入構成を比較すると，地方税は19.8万円，5位の水準である。財政規模で大阪市に次いでいるが税収水準では，最高の大阪市30.9万円の6割となっている。地方税収が小さいために，地方交付税は，交付額の一番多い北九州市から，札幌市，福岡市に次ぎ，京都市と並んで4番目に位置している。交付税は，基本的に財政力に応じて配分されることを踏まえてみると，仙台市，広島市より交付税額が大きいということは，神戸市財政力の弱さをあらわしている。

では，財政規模は大阪に次いでいるのに，税収の小ささをどのように埋めているのか。それは，地方債とその他による収入によってカヴァーしているのである。地方債収入は，神戸市が1位の5.5万円，2位大阪市5.0万円，3位仙台市4.5万円，11都市平均では3.7万円であるから，神戸市は平均値の1.5倍，京都市の1.8倍もの公債発行を行っている。

さらに神戸の歳入構造を際だたせているのが，「その他収入」の大きさである（表3–3）。神戸市は，17.5万円で1位，2位は大阪市の14.0万円，3位は北九州市の8.6万円で，11都市の平均は8.5万円であり，神戸市が突出している。この金額は，神戸市の地方税収に匹敵する金額であり，その大きさと依存度の高さがわかる。人口規模の近い京都市7.0万円の2.5倍である。つまり，神戸市の大きな財政は，大きなその他収入と地方債によって支えられているということであり，それなくして神戸市財政は成り立たないともいえるのである。

巨額のその他収入の構成を見ると諸収入が突出しており，財産収入，繰入金，使用料も高い水準にある。

財産収入は，この年494億円あり，その主なものは財産売却収入307億円（うち土地売却収入282億円）である。繰入金は289億円で，表3–1で説明したように，基金からの繰入と特別会計からの繰入が289億円，その主なものは，公債特別会計（102億円），開発会計（67億円），都市計画（42億円）が中心である。諸収入1457億円の主なものは，貸付金の元利収入が977億円で，都市整備公社（269億円），土地開発公社（174億円），中小企業貸付（162億円），住宅供給公社（158億円）等である。中小企業貸付，住宅公社は，他都市でもあるが，都市整備公社，土地開発公社の大きいのが神戸市の特徴である。つまり，大きな財政収入は，開発投資を軸にした，公債収入とその開発投資の果実収入を循環させているためである。高寄は，財政力の弱さを事業的収入の操作によってカ

表 3-4　指定都市普通会計目的別歳出比較（1990年度，人口１人当たり）　　（単位：千円）

	総　額	総務費	民生費	衛生費	土木費	教育費	公債費	その他
神戸市	511	45	80	32	177	61	59	57
札幌市	370	33	81	26	113	49	31	37
仙台市	321	56	38	26	87	47	27	39
川崎市	341	40	62	40	96	47	29	27
横浜市	343	25	43	34	140	47	28	26
名古屋市	375	37	62	30	107	48	32	57
京都市	372	32	81	28	100	39	38	54
大阪市	566	65	94	47	197	60	55	48
広島市	395	34	46	52	135	64	32	31
北九州市	412	55	84	31	120	39	41	43
福岡市	398	41	66	36	119	45	43	42

出所：大都市統計協議会『大都市比較統計年表 平成２年』（1992年）より作成。

表 3-5　指定都市普通会計性質別歳出比較（1990年度，人口１人当たり）　　（単位：千円）

	総額	人件費	扶助費	普通建設	公債費	積立金	投資及び出資金	貸付金	その他
神戸市	511	82	42	136	59	39	4	66	83
札幌市	370	57	43	100	31	11	2	27	100
仙台市	321	56	19	121	27	16	4	4	75
川崎市	341	92	25	85	28	4	4	19	83
横浜市	343	56	22	120	28	5	4	14	94
名古屋市	375	76	36	93	32	10	5	23	100
京都市	372	78	53	63	37	24	8	31	77
大阪市	566	105	64	147	55	40	7	24	125
広島市	395	63	49	129	32	12	5	28	77
北九州市	412	77	60	96	40	26	4	32	76
福岡市	398	54	45	112	42	22	5	22	96

出所：大都市統計協議会『大都市比較統計年表 平成２年』（1992年）より作成。

ヴァーしていること，それは「神戸市財政の企業的性格」の濃さであるという[7]。

表3-4，3-5は，神戸市財政の特徴をみるため，人口１人当たりの歳出額を目的別と性質別で都市比較したものである。

すでに見てきたように都市規模に比べて大きな歳入規模をもち，しかも歳入を企業経営的に調達して神戸市は，その歳出をどこに向けているかということ

7)　高寄昇三〔1993b〕233頁参照。

である。

表3–4は，目的別歳出を見たものであるが，歳入同様，歳出総額は大阪市と並んで，群を抜く規模であることが確認できる。そのうえで，公債費の大きさが都市中1位であり，公共デベロッパーとして積極的な開発を行ってきた結果，その元利払が大きな支出額となっているわけである。次に突出しているのは土木費で，大阪市の19.7万円に次いで，神戸市17.7万円，横浜市14万となっている。一方民生費は，大阪市9.4万円，北九州市8.4万円，札幌市と京都市8.1万円，神戸市8.0万円となっており，相対的には，上位の水準であるが，神戸市が際だっているというほどではない。教育費は，6.1万円で，広島の6.4万円に次ぐ水準である。神戸市の目的別歳出の際だった特徴は，公債費，土木費の大きさにある。

この点について，高寄は目的別歳出構成比を比較して，「神戸市の特色は公共デベロッパーといわれるが特に土木費が高いことはない。むしろ人口急増市の横浜市の高さが目立つ」[8]というが，表3–4からは，人口急増期でもない神戸市が土木費の他都市に比べた大きさから，依然として公共デベロッパーの特徴を示していること，しかも過去の開発の公債費の重圧があるということを示している。むしろ，開発と企業的に運営されている神戸市財政の果実を振り向けるべき民生費，教育費への支出は，必ずしも高くはないという事実が注目されるのである。

広原は，原口，宮崎とつづく神戸市政を「開発主義」と規定しているが，歳出構成を見ると，その指摘が裏づけられる[9]。

表3–5は，性質別歳出を見たものである。ここでも普通建設事業費の大きさが際だっており，たとえば類似の人口規模の京都市の倍以上であるし，人口急増の横浜市を上回っている。旺盛な建設投資が行われていることを示している。また，積立金も大阪市と並んで際だって大きいが，これは，基金等への支出であり，将来の財政需要に対するストックである。あとで述べるような神戸市財政のメカニズムにもとづいているのである。貸付金の大きさも際だっており，

8） 高寄昇三〔1993b〕233頁。

9） 広原盛明〔1996〕，同編著〔2001〕第1章「神戸型開発主義と都市計画」，第2章「開発主義とテクノクラシー」参照。

その貸付先は，開発，都市整備関連第三セクターおよび中小企業貸付金などに向けられている。その貸付金元利収入が表3-3のその他収入の諸収入に対応している。

さらに，人件費は大阪市が突出しているが，神戸市は川崎市に次ぐ大きさであり，決して小さいとはいえない水準である。扶助費は，財政規模に比べてそれほど大きくはなく，11市中7位の水準である。表3-4の民生費の規模と照らし合わせると，民生費から扶助費部分を引いた民生費部分は，相対的に大きいといえる。しかし，企業的経営の果実を福祉に回しているというほどの水準とはいえない。

以上，神戸市財政の特徴を見てきたが，このような特徴をもつ神戸市財政は，どのような方法によって運営されてきたのかを整理しておこう。

その第一は，企業会計方式によって運営される開発事業会計からの開発利益の吸収である。神戸市が公共デベロッパーとして山を削り，海を埋め立て，社会資本を整備し，時価に近い価格で売却し，開発利益をあげ，一般会計への繰入を行ってきたことである。神戸市は戦後一貫して「大神戸」をめざし，広域合併を行い，大規模開発を進めてきた。開発の手法は，時代とともに変化してきたが，公共デベロッパーとして大規模開発と開発利益の追求は，神戸市財政の核心である。

山田の計算によれば[10)]，1971年から1991年までの20年間で，開発局からの繰入金の累計額は349億円にのぼっている。ただ，この開発利益は，福祉や教育などに回されてきたというより，再び開発資金として開発，都市建設，建築関連部門に再投資されるという開発の循環構造を形成してきたということである。

第二は，起債主義である。神戸市は，開発資金の調達手段として，また開発利益の獲得を前提として，積極的に公債発行による財源調達を行ってきた。宮崎市政は，より積極的にしかも限度一杯まで起債主義を追求していったこと，一般会計よりも企業会計にあってその政策方針が強く反映されたといえるである[11)]。

表3-6は，1965年以降の市債発行額とその構成比であるが，1967年から1985

10）　山田明〔1992〕。

表 3-6　神戸市市債発行額構成比（会計別）　　　　（単位：%）

年度	全　会　計			一般会計	企　業　会　計							特別会計
	（億円）	伸び率				下水	港湾	開発	交通	水道	病院	
1965	150		100.0	48.0	46.0	8.0	11.3	9.3	1.3	15.3	0.7	6.0
1967	217	145	100.0	41.5	50.2	7.4	6.5	9.2	18.0	7.8	1.4	8.3
1969	322	148	100.0	27.6	62.4	9.3	10.2	34.5	0.9	5.3	2.2	9.9
1971	495	154	100.0	23.8	59.7	13.4	7.5	14.3	16.9	7.4	0.3	16.5
1973	770	156	100.0	23.8	59.7	13.4	7.5	14.3	16.9	7.4	0.3	16.5
1975	1,150	149	100.0	28.2	61.1	12.9	7.4	16.3	15.6	7.7	1.3	10.7
1977	1,248	109	100.0	38.1	48.2	9.8	8.9	16.9	3.7	7.1	1.8	13.8
1979	1,672	134	100.0	34.6	55.7	12.7	9.6	18.2	6.7	4.4	4.0	9.7
1981	1,345	80	100.0	32.9	60.0	11.0	8.6	19.5	16.8	3.1	1.0	7.1
1983	1,535	114	100.0	30.1	51.9	6.2	10.0	18.8	14.0	2.7	0.2	18.0
1985	1,421	93	100.0	29.6	42.8	6.8	4.1	16.3	12.9	2.4	0.4	27.7
1987	1,564	110	100.0	40.2	37.0	6.6	10.2	14.0	4.2	1.5	0.4	22.8
1989	1,739	111	100.0	33.1	37.2	5.4	11.2	15.6	3.5	1.0	0.6	29.7
1991	1,973	113	100.0	46.3	37.2	4.8	12.5	15.5	2.4	0.6	1.4	16.5

出所：高寄昇三〔1993b〕285頁より作成。
注：1967年以前の開発事業会計の欄には，海面埋立事業費を記入している。

年まで一貫して企業会計の発行額が一般会計を上回っており，企業会計を中心に進められたことを示している。また，企業会計ごとの起債発行額を見ると，1970年代に下水道整備を積極化している[12]。また，交通事業も1971年から1985年まで高い水準を保ってきた。ただ，注目すべき点は，港湾，開発会計は，1980年代以降も高い水準を維持しており，開発主義の軸ともいうべき両部門の事業が継続していることを示している。

表3-7は，1990年度現在の地方債現在高を各都市の人口1人当たりで比較したものである。ここからいくつかの興味ある特徴を見て取ることができる。人口1人当たりで見ると，負債総額では福岡市と神戸市が際だっていることである。福岡市は，企業会計部門の負債が大きく（61.8万円），地下鉄建設，下水道，水道への投資が大きかったことを示している。ところが，神戸市の負債残高の大きさを見ると，企業会計は小さくはないが，札幌市，名古屋市，京都市，大阪市などと同水準であり，一般会計債の残高が42.2万円と都市中1位で突出

11）　高寄昇三〔1993b〕285頁参照。
12）　高寄は，神戸市政の起債主義が昭和40年代後半に一般会計より制度的制約の弱い公企業，ことに下水・開発事業を中心におこなわれたと証言している（高寄昇三〔1993〕286頁）。

表 3-7　地方債現在高（1990年度現在，人口1人当たり）　（単位：千円）

	人口（千人）	総額	一般	企業会計							特別会計
					下水道	港湾	開発	交通	水道	病院	
神戸市	1,477	1,030	422	563	123	111	141	133	41	14	46
札幌市	1,672	863	294	564	168	0	0	290	104	3	5
仙台市	918	762	267	427	131	0	0	203	88	4	80
川崎市	1,174	609	249	331	275	0	8	2	42	5	29
横浜市	3,220	813	267	509	321	2	31	103	48	3	37
名古屋市	2,155	867	281	557	184	0	0	322	48	3	28
京都市	1,461	870	316	536	295	0	0	161	77	3	18
大阪市	2,624	932	312	532	132	27	0	300	66	8	87
広島市	1,086	679	347	312	208	0	0	4	89	11	21
北九州市	1,026	667	298	351	208	64	0	0	62	18	18
福岡市	1,237	1,079	378	618	251	35	0	216	107	9	35

出所：大都市統計協議会『大都市比較統計年表 平成2年』（1992年）より作成。
注：一般は普通会計，転貸の合計，交通は交通事業，高速電車事業の合計，下水道は下水道，工業用水事業の合計，特別会計は母子福祉貸付資金，中小企業近代化資金助成，と場，中央卸売市場，その他の合計。

した水準にあることが目を引く。その原因は，表3-6に見られるように1985年以降の一般会計債の発行増加によるものである。この一般会計債の償還には税を充てるのであるから，公債費比率の上昇という財政硬直化現象を引き起こすことになる。もちろん神戸市の場合は，財産収入，基金収入などの税以外の収入によって公債費をファイナンスするというメカニズムで運営していることは，さきの歳出分析で見たとおりである。また，公営企業債の残高を見ると他都市に比べて，開発，港湾といった開発事業の負債残高が突出しており，この点でも神戸市の開発ポテンシャルの高さが見て取れるのである。

第三は，資産蓄積とその積極的な活用である。

高寄によれば，神戸市は主に土地取得，基金蓄積，出資金・貸付金などによって資産を蓄積し，それを運用するという方法をとっている。この基金活用による財政運営を「殖産財政」と呼び，借金財政による破綻回避のための「プラスのストック主義ともいうべき資産蓄積」と位置づけている[13]。

そのなかでも中心となる基金は，景気循環による市税の多少による財政運営の激変を緩和したり，将来的な事業のために積み立てるものであるが，神戸市

13）　高寄昇三〔1993b〕208頁。

表 3-8 指定都市基金の状況（1990年度末，人口1人当たり）　（単位：%）

	人口（千人）	財政調整基金	減債基金	都市開発基金	その他の基金	合　計（千円）	対普通会計	対市税	対一般会計市債残高
神戸市	1,477	5	42	12	108	167	35.0	94.0	40.0
札幌市	1,672	12	20	30	20	81	21.0	55.0	28.0
川崎市	1,174	26	6	5	11	47	14.0	22.0	19.0
横浜市	3,220	8	4	48	14	74	22.0	38.0	28.0
名古屋市	2,155	4	9	3	26	42	11.0	20.0	15.0
京都市	1,461	10	15	5	40	69	19.0	41.0	22.0
大阪市	2,624	0	36	6	132	174	31.0	62.0	56.0
広島市	1,086	10	12	6	43	71	18.0	40.0	20.0
北九州市	1,026	17	36	11	16	79	19.0	56.0	27.0
福岡市	1,237	14	37	3	24	78	20.0	47.0	21.0

出所：高寄昇三〔1993b〕265頁より作成。

の場合はそれ以上に開発利益を基金に積み立て，巨額の基金の運用益を恒常的な財政収入源として運用していることが注目される。とくに，財政調整基金とは別に公債基金を設け，運用益をあげている。

表3-8は，指定都市の基金状況を人口1人当たりで比較して各市における財政的ウェイトを見たものである。基金の1人当たり金額を見ると神戸市は大阪市と並んで際だって大きいことがわかる。また，財政におけるウェイトを対普通会計，対市税，対一般会計市債残高との比較で見るとそれぞれ35%，94%，40%とそのストックの大きさがわかる。

高寄は，これは神戸市財政のストック重視という歴史的伝統であり，とりわけ宮崎市長の経営センスが利子が利子を産むという殖産財政のメカニズムに，財政をのせることに成功したもの，と描いている[14)]。

第四は，出資法人の積極的活用である。

出資法人は株式会社や財団などの形態をとっているが，その役割は混合財の供給を公共的に行う形態として積極的に設立され，企業的経営マインドを養うものとして位置づけられてきた。とりわけ市場価格によるサービスの提供が市職員でなく，外郭団体職員によって行われることは，財政の硬直化を防ぐだけ

14）　高寄昇三〔1993b〕305-306頁。

表 3-9　外郭団体の職員数・役員数の推移　（単位：人）

年度	団体数	職員数				役員数うち（常勤）				
			市派遣	市OB	プロパー等		市派遣	市OB	市兼務	その他
1985年	51	3,398	736	318	2,344	822(132)	30(30)	101(69)	281	404(33)
1986年	50	3,515	793	352	2,370	787(134)	29(29)	106(71)	270	382(34)
1987年	51	3,653	903	369	2,381	822(136)	32(32)	107(67)	271	422(37)
1988年	52	3,884	951	408	2,525	845(136)	35(35)	103(64)	286	421(37)
1989年	52	4,110	1,001	447	2,662	850(135)	37(37)	99(58)	289	425(40)
1990年	54	4,175	1,030	529	2,616	868(151)	44(44)	106(64)	299	419(43)
1991年	57	4,422	1,140	505	2,777	919(155)	53(53)	109(65)	325	432(37)
1992年	59	4,891	1,264	531	3,096	955(168)	61(61)	116(69)	336	442(38)
1993年	62	5,331	1,428	590	3,313	990(178)	63(63)	122(77)	352	453(38)
1994年	64	5,754	1,546	598	3,610	1,029(178)	61(61)	124(79)	375	469(38)

出所：神戸市「神戸市行財政調査委員会資料」No.22（1994年 8 月）より作成。
注：各年度，7 月 1 日現在。

でなく，市職員の外郭団体への派遣によって会計への人件費圧力を緩和する役割を果たしてきた。また，外郭団体は，一般会計などと異なり市長の裁量の余地が大きく，議会や市民の関与が少なく，資金調達をはじめその経営的自由度を生かすことができる。高寄は，外郭団体が，神戸市の企業的都市経営の万能薬的機能を発揮し都市経営の推進力となった，と高い評価を与えている[15]。

表 3-9 は，1985年から1994年までの外郭団体の職員数，役員数の推移を見たものである。1994年の団体数は64，職員数は5754人で，10年間で団体数は25%，職員数は69%増加している。同年の神戸市職員定数は 1 万9894人であるから，その 3 割の規模になる。外郭団体職員のうち，1546人が市派遣職員であり，3610人が外郭団体雇用職員（プロパー）であるが，10年間で市派遣が2.1倍，プロパーが1.5倍と市派遣の伸びが大きい。これは，都市経営の学校としての機能という面もあるが，職員のポスト配分を含む人事政策のためでもある。外郭団体を含めた神戸市の職員数は，他都市に比べてきわめて多く，外郭団体は企業的経営の万能薬ともいえるが，他面では大きな自治体という実態をあらわすものでもある。

15）　出資法人は神戸市の都市経営の重要な手法といわれているが，その考え方と問題点については，本書第 5 章を参照されたい。神戸市の第三セクターに焦点を当てて包括的に研究されたものとして宮本憲一・自治体問題研究所第三セクター研究会編〔1992〕がある。

3　都市経営型財政運営の背景

このような特色をもつ神戸市の財政システムを生みだした背景は，どこにあるのだろうか。

第一は，神戸市の市税収入が少ないために，多様な財源調達をはからざるをえなかった事実である。

表 3–10 は，各都市の市民 1 人当たりの市税収入である。財政収入に占める市税収入額は，神戸市のように税収以外の財政収入の大きな自治体とそうでない自治体とを比較してみても特徴がでないため，人口 1 人当たりの金額で比較したほうが，都市財政の基盤の違いをより的確に比較できるからである。すでに表 3–2 によって，神戸市の税収が指定都市のなかでも低い水準にあることが示されているが，神戸市の 1 人当たり市税総額は，大都市のなかでは 5 位の水準にあり，都市の平均額を下回っている。所得課税である市民税は 8 位と下がり，北九州市，札幌市，仙台市に次ぐ低さで，福岡市を下回っている。市民税のうち個人の所得課税である個人市民税は，横浜市，川崎市，名古屋市，京都市に次いで 5 位ではあるが，都市の平均値を下回っている。法人の所得課税である法人市民税は 7 位であり，平均を下回っている。固定資産税は土地需要を反映するが 4 位であり，大阪市，川崎市，名古屋市に次いで高い。

このように個人と企業の所得を基礎とする個人，法人所得税収が低い原因は，重厚長大型産業やケミカル・シューズ等の製造業の衰退にあるが，それに替わる新しい産業が見いだせずにいるためである。

こうしたなかで「大

表 3–10　指定都市市税収入比較（1990年度，人口 1 人当たり）

（単位：千円）

	人口（千人）	市税総額	市民税			固定資産税
				個人市民税	法人市民税	
神戸市	1,477	176	90	61	29	59
札幌市	1,672	147	76	50	26	47
仙台市	918	160	84	52	32	53
川崎市	1,174	209	108	80	28	72
横浜市	3,220	192	108	84	24	58
名古屋市	2,155	211	124	68	56	60
京都市	1,461	167	97	63	33	46
大阪市	2,624	275	143	56	86	90
広島市	1,086	176	91	56	35	59
北九州市	1,026	141	60	36	24	57
福岡市	1,237	167	92	53	39	51
都市平均	18,050	193	104	63	41	61

出所：大都市統計協議会『大都市比較統計年表 平成 2 年』（1992年）。

神戸」建設のための財源調達を行おうとすれば，公債を発行し，開発利益を確保し，市税収入の小ささを補う財政運営が必要となってくるのである。財政基盤の弱いもとで積極的な行政を展開しようとすれば，都市経営型の財源調達と財政運営を生みださざるをえないのである[16)]。しかし，都市開発を進めても，それによって産業の高度化や創造が進むわけではない。開発地への企業集積が高まるか，企業本社機能の集積が進まなければ，これまでの日本の自治体が行ってきた地域開発の失敗と基本的に同じ轍を踏むことになる[17)]。その点で，長年にわたる宮崎市政の開発型，企業経営型財政は，指定都市の税収で比較するかぎり，法人市民税や個人市民税を充分に増加させたとはいえない，という事実こそ注目されるべきである。

第二は，宮崎市政（1969～89年，5期）のなかで，このような財源調達と開発手法が積極的に位置づけられ展開されたことである。とくに，1975年の全国的な地方財政の赤字のなかで，それまで赤字をつづけていた神戸市を逆に黒字に転換させたことで，国，全国の地方自治体行政担当者から注目されることとなった。積極的な公債発行による下水道建設，ポートアイランドの建設とポートピア博覧会の成功など，開発利益の公共還元と財政黒字を達成したのである。シビルミニマムを掲げた革新的大都市自治体とも，新自由主義的な減量経営型の自治体とも異なるものとして，神戸市都市経営は自信を深めたのである[18)]。

4　神戸市都市経営の実現条件

さきに特徴づけたような神戸市の財政システムが実現するためには，それを許容するような客観的な条件が必要である。

---

16)　神戸市の元助役・安好匠は神戸市による都市経営の動機として「神戸市が財政的に貧しかったこと」をあげている（安好匠「神戸市の外郭団体と都市経営」宮本憲一・自治体問題研究所第三セクター研究会編〔1992〕183頁）。広原は神戸市政が日本型開発主義国家の地方自治体版であり，開発主義のモデルと位置づけ，神戸市の開発主義は戦前からの「大神戸市構想」にあるとしている（広原盛明編著〔1996〕，同編著〔2001〕）。

17)　宮本は，地方都市における産業誘致のための土地開発，基盤整備が，なぜ失敗するのかを鮮やかに論じているが，この論理は地方都市だけでなく，大都市における公共部門による空間開発にも大切な示唆を与えるものである（宮本憲一〔1973〕）。

18)　1970年代の革新的自治体と神戸都市経営がいかに違うのかについての高寄氏の認識とその批判的検討については，本書第5章を参照のこと。

神戸市が公共デベロッパーとして開発利益を生みだしていくことは，神戸市財政の脆弱性をカヴァーし，積極的な行財政運営を展開していくうえで，不可欠の条件である。産業構造がただちには変わらないとすれば，その間絶えず開発を行っていかなければならないことになる。それは，公債をはじめ民間の資金をも調達して，積極的な開発投資を行い，その後の土地需要と地価上昇によって投資が吸収できるということを前提としている。ところが，その条件が崩れたときには，これは逆に財政の重荷になってくるのである。また，積極的な公債発行は，インフレのもとでは負担を軽くするが，不況のもとでは逆に負担を増大させることになる。基金の運用は，金利や株価が上昇しているときには財源調達の効果があるが，金利が低下し，株価が低迷しているもとではその役割を果たせなくなる。

こうして，バブル経済の崩壊とともに神戸市財政は，1994年から2000年までの6年間に一般会計で4500億円の財源不足を生じるという事態になったのである。地方債の発行が制限される起債制限比率（公債費比率が3ヵ年平均で20.0を超えると公債発行が制限され，事実上再建団体となる）が，2002年には19.2と予想されたのである。それゆえ，市は財政再建に向けた「神戸市行財政調査委員会」を立ち上げ，厳しい内容の「中間報告（案)」を震災前の1994年10月に公表したのである。

表3–11は，神戸市行財政調査委員会が1994年までの財政収支実態を明らかにしたものである。バブル経済が崩壊した1991年以降，92年から94年までの神戸市財政がおかれた厳しい状況を示している。1992年には，それまでほぼ100億円台で推移してきた財源対策額が，一気に358億円に増加し，その後も448億円，568億円へと増加していくのである。その主な原資は，1992年は財源対策債の発行と基金取り崩しによるが，93年，94年は蓄積した基金の取り崩しを行って，収支不足をファイナンスしたのである。

しかし，このような方法では，収支改善を見込めないと見た神戸市は，神戸市行財政調査会を立ち上げ，歳出削減を含む財政再建案をつくることになるのである。

表3–11は神戸市行財政調査委員会の初期の現状認識であるが，表3–12は委員会が一定の検討を行ったうえでだした今後の見通しを示した中間報告である。

表 3-11　神戸市一般会計決算収支の推移　（単位：億円）

年度	1985	1986	1987	1988	1989	1990	1991	1992	1993	1994
実質収支	10	18	26	27	7	5	4	3	—	—
単年度収支	−24	8	8	1	−20	−2	−1	−1	—	—
標準財政規模	2,244	2,384	2,459	2,599	3,033	3,027	3,142	3,403	—	—
実質収支比率	0.4	0.8	1.1	1.0	0.2	0.2	0.1	0.1	—	—
財源対策	175	166	217	144	143	148	196	358	448	568
基金取崩	80	20	0	0	60	30	90	155	240	439
土地売却	25	52	108	69	29	51	44	25	71	51
開発繰入	20	20	20	20	20	30	30	35	55	35
特例債	50	74	89	55	34	37	32	143	82	43

出所：神戸市「神戸市行財政調査委員会資料」No.1（1994年）。
注：1）1985～1992年度までは決算，1993，1994年度は当初予算ベース。
2）年度表記は西暦になおした。
3）以下の用語は資料のまま掲載した。
①実質収支：歳入歳出差引額から翌年度へ繰り越すべき財源を控除した場合の決算収支。
②単年度収支：当該年度の実質収支から前年度の実質収支を差し引いた額。
③標準財政規模：標準的な行政活動を行うために必要な経常的一般財源の総額。
④実質収支比率：標準財政規模に対する実質収支の割合。

表 3-12　神戸市一般会計財政収支試算（震災前）　（単位：億円）

年度	1994	1995	1996	1997	1998	1999	2000
歳入合計 A	8,966	8,977	9,333	9,700	10,024	10,289	10,659
歳出合計 B	9,534	9,591	10,111	10,493	10,783	11,087	11,461
差引額 A−B	(0)						
(財源不足額)	△368	△614	△778	△793	△759	△798	△802
財源不足額累計	—	△614	△1,392	△2,185	△2,944	△3,742	△4,544

出所：神戸市「神戸市行財政調査委員会中間報告（案）」（1994年10月）より作成。
原資料注：1）1994年は当初予算ベースであり，A−B欄の（　）内は財源対策額を含めたものである。
2）市税，譲与税・交付金，地方交付税は名目成長率×弾性値（1.0，1.1，1.2）とした。
3）名目成長率は1995年度が２％，95年度以降は５％とした。
4）その他は原則として，対応する歳出の伸びに合わせた。
5）人件費はベースアップ，定期昇給，新陳代謝を含めて伸び率を３％とした。
6）物件費は伸び率を２％とし新規完成予定施設の運営費を加算した。
7）扶助費は伸び率を５％とした。
8）投資的経費は伸び率を３％とした。
9）公債費，繰出金は積み上げの額である。

表 3-11 の1994年の段階ですでに予算計上された568億円の基金取り崩しなどの財源対策を手当てしているが，表 3-12 では，そうした財源対策を行わない場合の見通しを示している。それによれば，1994年以降毎年度の源不足額は94年368億円，95年614億円，96年778億円，97年793億円，98年759億円，99年798億円，2000年802億円となり，2000年度での累計額は4544億円で財政破綻となる

表 3–13　震災の影響を反映しない場合の起債制限比率推移　（単位：%）

年度	1993	1994	1995	1996	1997	1998	1999	2000	2001	2002	2003	2004
通常事業分（単年度）	16.9	19.2	17.3	18.2	18.8	17.8	18.7	18.9	19.6	19.3	17.6	16.2
通常事業分（3ヵ年）	15.6	16.8	17.8	18.2	18.1	18.2	18.4	18.5	19.1	19.3	18.8	17.7

出所：神戸市「神戸市行財政調査委員会資料」N0.54（1995年8月）。
注：引用資料の年度表記を西暦に直した。

ことを予測しているのである。1993年度の神戸市の全45基金総額が5380億円（うち財政調整，公債基金が701億円）であるから，基金をほとんど食いつぶすことになる[19]。デフレ期の負債，利子の重圧，土地資産の減少は，開発型財政構造をもつ自治体にとって，きわめて厳しい財政状況となるのである。

さらに，神戸市の財政制約を公債費比率の面から見たものが，表3–13である。これは，震災後の1995年8月に震災前の94年の財政状況を前提に，起債制限措置の根拠となる公債元利償還金額が標準財政規模に占める割合を推計したものである。起債制限比率の3ヵ年平均が20.0を超えると，一般単独事業の起債が制限されるので，事実上再建団体となるというものである。1994年の段階での債務残高状況を前提にすると，元利償還額の水準は，2001年19.1，2002年19.3となり，きわめて厳しいことを示している。

もちろん，表3–11から表3–13までのデータは，財政再建のために厳しい緊縮をしなければ最悪の事態が訪れるという推計であるが，高寄のいうような「バブル崩壊とか不動産不況といった，最悪のシナリオを描くことを，未然に防ぐ都市経営システムが，神戸市財政にはすでに自動安定化装置として嵌めこまれていた」[20]という楽観的な見通しは成り立たないことは明らかであろう。

5　震災被害と企業的都市経営の転換

大震災は，これまで神戸市型都市経営に大きな見直しを迫るものである。

第一は，これまでの開発型都市経営路線の転換である。

19）　基金の数値は，高寄昇三〔1993b〕「第63表　神戸市基金の推移（前会計）」301頁による。
20）　高寄昇三〔1993b〕315頁。

今回の震災で大きな被害を受けたのは長田区や灘，東灘区などのインナー・シティである。開発利益を得るためには，公有水面を埋め立て，山林を開発し，キャピタル・ゲインを生みだすことが最も効率的である。そのため，住工混在地域や戦災をまぬがれたインナー・シティのような複雑な権利関係やコミュニティのある地域の再開発は，不効率な投資となるのである。しかも，神戸市のニュータウン開発や開発行政はこうしたインナー・シティから経済的余裕のある住民や若者を新開発地に脱出させ，インナー・シティ問題を引き起こすのである[21)]。

こうして，インナー・シティは，密集，老朽化した低質の住宅と高齢者，零細業者の集中するところとして残り，今回の震災で最も大きな被害を受けたばかりでなく，復興にも大きな困難を抱えているのである。

宮本は，宮崎市政の都市デベロッパー型都市経営の都市政策上の問題として，開発にともなう環境破壊とともに，「スクラップ・アンド・ビルド型の神戸方式は必ず，旧市街地の衰退すなわちインナー・シティ問題を引き起こす欠陥をもっている。インナー・シティ問題は宮崎市政の第4期から政治課題になっているが，基本的解決がすすまない。それは公共デベロッパーとしての神戸市のもつ必然的な欠陥なのではないだろうか」と指摘していた[22)]。

神戸市はインナー・シティ問題にまったく対処してこなかったわけではない。長田区の真野地域などでは，住民参加による共同建替事業が進められ，今回の震災でもその効果が証明されたのであるが，それはまことに小規模であり，インナー・シティは都市経営のなかで相対的な比重を低下させていったのである。広原は，神戸市が老朽長屋密集街区の改善事業の「あまりの重さ」から，1980年代末に真野型まちづくりから，「行政先導・拠点開発型まちづくり」「プロジ

21)　広原盛明〔1996〕。

22)　宮本憲一〔1989〕13頁。神戸市元助役の安好匠は，インナー・シティ問題は，都市のライフサイクルのなかから発生したと考えるべきであると言っているが，そうだとすれば，神戸市の都市政策や都市経営とは，一体なんのためのものなのかが問われることになる（安好匠「神戸市の外郭団体と都市経営」宮本憲一・自治体問題研究所第三セクター研究会編〔1992〕188頁）。このような震災の総括を戦後の都市開発政策と神戸市都市経営と結びつけて教訓化しようとする議論に対して，むしろ神戸市の都市経営を労働組合の立場から積極的に評価する議論として，大森光則〔2001〕がある。

表 3-14　政令指定都市区長権限

都市名	札幌	仙台	千葉	川崎	横浜	名古屋	京都	大阪	神戸	広島	北九州	福岡
福祉	○	○	○		○	○		○		○	○	○
保健所					○						○	
土木	○	}○								○		○
建築		}		○	○					○		
農政		○				○				○		○

出所：神戸市「神戸市行財政調査委員会資料」No. 37（1994年11月）「政令市区役所機構図」より。
注：○が区長権限下。データは1994年 7 月現在のもの。

ェクト・リンクモデル」と，「市街地活性化型まちづくり」「下町活性化モデル」の 2 方向に転換したと分析し，それが都市の根本的治療法に位置すべき戦略課題であるインナー・シティにおける住宅，住環境整備を遅らせ，住民の自発性の後退と行政依存を高めるものになったと批判している[23]。

第二は，コミュニティを基礎とした行政システムの確立である。

従来の神戸市の企業的都市経営は，外郭団体を中心に事業の収益性，効率性を追求せざるをえず，それが一般行政にも反映し，区行政の自治性の拡大や住民参加は行政効率を低下させるという認識を広めていくことになる。神戸市の抜擢された行政エリートは，都市経営の学校と位置づけられた外郭団体において経営感覚を勉強し，それが評価されるのである。

しかし，阪神淡路大震災で明らかになったことは，住民の救助，救援活動にとどまらず，復旧，復興活動においても，コミュニティの重要性が確認されたことである。ところが，大都市において，コミュニティを一定の区域で統括する区行政（あるいは区政）のあり方については，未だ自治組織として位置づける視点が弱いのが現実である。東京都の区は，長年の自治権確立の運動のなかで，自治体（自治区政）として確立しているが，政令市においては，行政の末端組織としての位置しかもっていない（行政区）。行政区には，区長がおかれているが，その行政権限は小さく，行政機構内の地位も低い。

表 3-14 は，政令指定都市における区役所で行われている業務分野と，その分野における区長の権限を整理したものである。

23） 広原盛明〔1996〕第10，11章。

ここで丸印がついているのは，区役所業務に区長の権限が及んでいることを表している。神戸市では，9区役所があり，各区役所では，総務課，まちづくり推進課，地域福祉課，市民課，福利課，市税課，課税課，収税課，会計室がおかれている。ところが，これらの課は，本庁の各局のもとにあって，その指示のもとで業務が展開されており，区長にはそれらに対する業務権限がないことを表している。また，土木，農政は業務そのものが区役所におかれていないことを示している。その意味で，神戸市の区役所は縦割り行政の出先組織の集合であって，なんらかのコミュニティを統括する行政単位とはなっていないのである。

しかし，同じ行政区をもつ都市である広島市や仙台市では，区長の区役所内行政部門に対する独自の権限を強め，区の統括機能を高めていることが見て取れる。

神戸市は住民参加型行政の先進自治体といわれてきたにもかかわらず，区長にはなんの権限もなく，きわめて集権的な行政システムであることが示されている[24)]。神戸市の住民参加が，コミュニティレベルの住民参加ではなく，集権的な行政に対応した全市的な巨大な市民運動や行政関連団体との関係を築くという意味で，コーポラティズム型と呼ばれる参加であることを端的に示している[25)]。

しかし，震災の経験は，コミュニティや具体的な地域づくりにおける地域個性の重要性と，それらを統括する区の自治機能の強化が必要となってきている

24）コミュニティの重要性については阪神復興NPO編〔1995〕，および本書第7，8章を参照されたい。真野についてはさまざまな研究があるが，広原盛明「先進的まちづくり運動と町内会――神戸市丸山，真野，藤沢市辻堂南部の比較研究」（岩崎信彦・鯵坂学・上田惟一・高木正朗・広原盛明・吉原直樹編〔1989〕），今野裕昭〔2001〕が代表的なものである。また，福祉についても，基金の運用と外郭団体活用による供給は，有償福祉行政が進められているために，外郭団体の収益が課題となり，基本的な福祉行政が政府の基準内に押しとどめられがちになる。たとえば，学童保育は，政府の法的な未整備もあるが，神戸市は父母の共同に依存している度合いが大きい。学童保育の実施は児童館（市営）89ヵ所，法人2ヵ所，共同保育所36ヵ所となっている（1994年現在）。

25）広原は，神戸市のテクノクラートによる行政が，議会・労働組合・消費団体・女性団体など各種団体の主流派の同意と協力を取り付けた「コーポラティズム行政」でもある，と位置づけている（広原盛明編著〔2001〕80頁）。

ことを鮮やかに示した。

実際，震災後神戸市民は，救助を求めて区役所に駆けつけたのであるが，区役所には地域の共同組織としての権限がなく，機能や訓練も不足しており，広域同時災害への対応に多くの問題を残した。また，復旧，復興過程でも，コミュニティが重要になっており，それらを縦型の部局が個別に対応することは，住民や地域の力を機能的に分化させることになり，住民生活や地域の総合性や住民のエネルギーを低下させることになる。

こうした視点は，これまでの企業経営の論理では原理的に欠落するものであり，公共部門の経営という場合，コミュニティを基礎にした市民の参加，都市内分権，狭域自治の政策論が必要なのである。

すでに検討してきたように，神戸市の都市経営型行財政システムは，震災がなくても転機に遭遇していたのであるが，震災はそれをより深刻なかたちであらわにした。それゆえ，震災からの復旧，復興には，従来のデベロッパー型，企業型都市経営の論理の延長上ではなく，市民の参加をベースにした，分権・自治を軸にした，インナー・シティの都市生活スタイルを生かした都市政策と行政運営への転換が必要である[26)]。

第2節　宮崎神戸市政の都市経営論[27)]

1　減量経営型都市経営批判の論理

神戸市の都市経営は従来の自治体運営論とどこが違うのであろうか。

1960年代末から1970年代初頭にかけての革新自治体の誕生とその積極的な政策展開は，日本における革新的中央政府の誕生を予感させるものがあった。しかし，その後の全国的地方財政危機のなかで，政府は革新自治体の福祉行政による財政赤字論，統治能力の欠如論を展開し，1970年代後半に都市経営論を新

26)　大震災と地方自治研究会「大震災と地方自治にかんする第一次提言」（1995年6月，自治体問題研究所），同研究会「大震災と地方自治にかんする第二次提言」（1995年10月，自治体問題研究所）では，たとえば長田区の復旧，復興については，住・工・商・自然のととのったまちづくりと産業復興，区行政への分権を提言している。それらを集約した著書として，大震災と地方自治研究会編〔1996〕。

しい自治体政策として打ちだしてきた[28)]。この都市経営論は，自治体の政策の基準を投資効率と受益・負担関係の明確化に求めるものであって，福祉行政の見直しと，産業活性化を求める保守自治体に大きな理論的武器を与えるものとなった。また，国家財政の赤字を自治体に負担転嫁しようとする国にとって，自治体の枠内で問題を解決するという視点にたった理論は，まことに都合のよいものであった。

このような都市経営論を減量経営論として，宮崎神戸市政の都市経営論の立場から独自の批判を展開したのが，神戸市都市問題研究所の都市経営研究会であった。そこで展開される神戸都市経営論とは，「政府の伝統的ともいうべき減量的管理思想に対して，積極的都市財政による企業的都市経営によって地方自治の独自性，かつ優越性を実証していこうとした」というものである。そして，「政府と対立することはない。ある意味においては政府の政策にどの自治体よりも忠実にしたがっているが，その財政運営の戦略は政府の模範生というにはあまりにも逸脱していた。しかし，中央官僚のテクノロジーよりはるかに

---

27) 都市経営論という言葉は，多様な使われ方をしている。戦前欧米の都市社会主義や都市社会政策の影響のもとに展開された片山潜，関一，池田宏などの理論，1980年代に日本都市センター〔1978〕の報告以降隆盛となった都市経営論，1990年代末になるとニュー・パブリック・マネジメント（NPM）や三重県の行政評価システム改革の取り組み，地方自治体の財務会計制度の改革など政府改革の一環として地方自治体経営論の新しい波が起こっている。

神戸の都市経営論という場合，神戸市の行政自体を都市経営体として捉えるのか，特殊宮崎市政を指すのか，あるいは神戸市の行政運営をモデル化した高寄の理論を指すのかもあまりはっきりしてはいない。宮崎辰雄の理念や理論と高寄の理論との異同も十分解明されているとはいえない。今後の課題である。

ここでは，宮本憲一を代表とした「第三セクター研究会」の一員として神戸市の外郭団体を調査したことを踏まえて，それにかかわった神戸市都市経営論に関する論文，著書を検討することに限定している。

本節は，もともと宮本憲一・自治体問題研究所第三セクター研究会編〔1992〕に掲載する予定で書かれたものであるが，個人的事情で掲載しなかった論文を若干修正したものである。

28) 代表的なものとして日本都市センター〔1978〕がある。この報告書は1977年5月，日本都市センターの委嘱を受けるかたちで，元自治省次官，当時公営企業金融公庫総裁，のちの東京都知事（1979年当選）である鈴木俊一を委員長に，自治省官僚と研究者，知事などを網羅した陣容で都市行財政研究委員会が組織され，新しい都市財政戦略を打ちだしたものである。

高水準のテクノロジーで，地方自治のすべてが管理能力が欠如しているのではないという強烈な実証であった」こと，政府の減量経営型都市経営が人件費抑制，福祉打ち切り，民間委託，使用料引き上げであるのに対して，「外郭団体活用，有償福祉導入，基金制度の創設による企業・市民の民間パワーの公共参加など，より公共経済的，より企業経営的な手法に基づくシステム（政策）経営を提示していった」という。つまり，政府の都市経営論に対して自治体経営のより高度な経営手法を開発し，実践してきたというのである[29]。そこには，政府の減量経営型都市経営の枠組みである自治体の枠内での財政問題解決という考えに対しては争わず，むしろ「自治体の枠内での運営」という政府の論理を逆手に取って，政府の考える減量経営手法を超えた都市経営を行うことによって自治の能力を示すという，内在的批判ともいうべき手法が見て取れるのである。

2　政策経営論と民主経営批判[30]

では，神戸都市経営の論者は，革新自治体の自治体運営をどう見ているか。革新自治体が，なぜ減量経営型都市経営論に批判の論拠を与えたかといえば，革新自治体の自治体運営に弱点があったからだ，というのである。「これまで地方自治体は政治闘争や財源争奪といった対中央との政治関係，行財政制度にあまりにも精力を費やし過ぎたのではなかろうか」「たしかに配分の問題は都市財政の社会化という点からみて基本理念である。しかし理念も理念を活かす技術，理念を支える精神がなければ砂上の楼閣でいつかは崩壊に見舞われかねないのである」「まず足元と内輪を固めなければ外部に対しても戦えないのではないだろうか」と革新自治体の自治体運営能力の欠如を指摘する。

たとえば，当時の都市経営論に対する批判を展開した，民主的経営論に対する批判に神戸市都市経営論の特徴があらわれている。「民主的経営論は，制度論に傾斜しながら何ら政治的には有効な改革を達成することができない観念論であり，またいたずらに伝統的な行政管理論を信奉し，公務労働者のみを権利

29）神戸都市経営研究会〔1990〕106–107頁。

30）民主経営論についての代表的な文献は，自治体問題研究所〔1979〕，遠藤晃・成瀬龍夫・横田茂〔1980〕を参照。

擁護することは,却って市民福祉の供給量を削減する官庁エゴに過ぎなかった」と。つまり，制度論や公務員の権利を主張しても「減量経営論が行政コストの単価比較で攻勢をかけているのに，労働者の基本的権利とかシビルミニマムの維持とかいう観念論で反論しても，相手にダメージを与えることはできない。より高次のコスト比較としてのシステム的経営論によって短絡的な単価比較でなく，市民ニーズの充足というより経済的合理的な価値基準を設定することによってコスト論争に挑むべきであった」「財政を守ることこそ地方自治の必須条件であることを知るべきだ」というのである[31)]。

1970年代の革新自治体は，それまでの大企業を中心とした産業開発に自治体財政を動員し，その結果，公害や都市問題を生みだしてきたことに対して，環境と福祉の方向に行財政政策を転換してきた。そして，低成長経済への転換のなかで国も地方自治体も財政危機を迎えたのである。そこでの政策スタンスは，政府の経済政策や地方財政制度の転換を求めつつ，自らの自治体財政を再建していく政策が求められたのである。そして，民主的経営派は「民主的効率的行政運営」という政策を掲げて，内部運営の民主制と効率性を追求してきた。それは，神戸都市経営研究会が批判するような自治体財政赤字の解消を国の制度改革のみで行おうとすることを主張していたのではない[32)]。しかし，革新自治体が現実に赤字に転落し，危機に陥っている現実の前では，神戸市の財政黒字の実際からする革新自治体行政批判は，一定の「説得力」をもっていた。

また，自治体労働者の権利のみを主張しているという点に関しても，自治体職員が公務員としてどう自発的に力を発揮するかについて論じているのであり，彼らの権利のみを擁護しているのではない。しかし，それを行政システムとして具体化し，実践してきた自治体がモデル的にあったかという点では，そこまではいってはいなかったということも，そのとおりであろう。

それに対して，神戸市の自治体経営が実際の「経営努力」によって，財政黒字を生みだしたという事実は，政府をはじめ保守，革新を問わず地方行政当局の政策に広く影響を与えたのである。その意味で，それが独自の都市経営理論

31）　神戸都市経営研究会〔1990〕117頁。

32）　この時期の革新自治体の財政改革の取り組みとして宮本憲一〔1977〕，自治体労働者の財政再建，地域づくり運動について自治体問題研究所編〔1977〕がある。

に支えられているとするならば，その理論とその基礎となっている神戸市都市経営の実際を検討することが必要なのである[33)]。

そこで次に，神戸市都市経営の理論と実際を見ていこう。

第3節　宮崎神戸市政の都市経営の手法

減量経営でもなく，また民主的経営でもないとする企業的都市経営は，都市開発を中心とした外部経営と行政運営の効率化を目指す内部経営の組み合わせを特徴としている。

高寄の整理によれば，外部経営はその地域がもつ資源（人材，土地，エネルギー，資本，情報など）をいかに組み合わせ活用していくかである。その内容は，一つは地域開発（地域経営）で，いわゆる公共投資・行政サービスによる経済規模の拡大をはかろうとするものであり，もう一つは都市政策（政策経営）として，経済・社会・空間構造を組み変えることによって市民福祉の極大化をはかるための方策を講じていこうとするものである。つまり，地域の経済を成長，拡大させるための地域開発が地域経営であり，その成果の配分をコントロールするのが政策経営ということである。

一方，内部経営は，行政管理（行政処理）と政策管理（政策選択）を柱としている。政策管理は投資システム，サービス形態，費用負担，人事・給与体系を決定することであり，それをどう実施するかが行政管理である[34)]。

宮崎市政は，「収益化」にあっては十二分にその実績を誇ってよいし，その利益配分にあっても開発事業利益の一般会計への繰入に見られるように「社会

33) 自治体労働者を単なる受動的な業務の執行者と見るのか，公務の担い手として見るのかによって，その位置づけは大きく変わる。たとえば政府のエイジェンシー論によれば，少数の政治家と政策決定者を除いては，業務の執行者となるのであり，そこから政府業務の民営化論が論拠づけられる。それは政府の規模が大きくなればなるほど管理と労働の分離がはじまり，住民と自治体職員の疎遠な関係は拡大する。都市経営論は現代官僚制を市場原理と顧客主義によって改革ができるとするものである。しかし，住民の発達，参加による公務労働との統一による官僚制克服という方向も検討されるべきである。今日の公務労働論の課題を展開している重森暁〔2001〕「インフラストラクチャーと公務労働」参照。

34) 高寄昇三〔1990〕28頁。

化」をはかっていった，と外部経営の成果を評価している[35]。

それに対して，内部経営の核心は，システム経営ともいわれ，公共経済論を基礎に，市民ニーズの充足のために，限られた財源，組織，人材の利用を，外郭団体の活用によって実際に内部経営に注入してきたところに特徴がある。

では，公共経済論にもとづく神戸市のシステム経営は，どのような特徴をもっているのであろうか。以下では，都市の主要論点に関するシステム経営論の政策認識を見ていく。

第一は，職員の給与，勤務条件についてである。サービスの内容に応じてそれにふさわしい給与体系，勤務条件をもった供給形態が選択されるべきであり，ラスパイレス抑制一辺倒は，かえって歪みを拡大してマイナス効果を及ぼしかねないという。

第二は，公共料金政策である。費用負担に関して，公共料金の値上げは，極端に低いケースは値上げすべきであると考える。しかし，受益者負担のもとに一律的な負担の強要は公共性に反するので，サービスの性格・質に対応して料金は設定されるべきである。ことに，公共セクターで公共サービスを担当するとどうしても格安となり，かえって社会的不公平をもたらす。そこで，供給形態の選択によってサービス水準・費用などの適正化をはかっていくべきである，という。

第三は，自治体福祉政策である。福祉の抑制についても，バラマキ福祉は抑制すべきだが，福祉は，パイの配分方法の問題でありパイの総量を削減することは間違っている。それは，福祉のもつ公共性の高さからみても，公共経済学の判断基準からもいえるのである。

問題は，増殖する福祉ニーズに対してはたして公共メカニズムだけで対応できるのか，有償福祉を含めて，いかに最適の供給体制を創造していくべきか，ということである。

第四は，公共業務の民間委託政策である。民間委託は，たしかに官庁の非効率を克服する手段として認められるが，間接経営方式は民間委託だけでなく，外郭団体委託も含めて多様である。その自治体の公務生産性の水準もからめて

35）　神戸都市経営研究会〔1991b〕131頁。

サービス供給形態の最適化をはかるという政策感覚をベースとすべきで，官民コストの比較から短絡的に民間委託を進めると，公共的サービスの非貨幣的価値が欠落し，総合効果として疑わしい。

以上のように，公共経済論にもとづくシステム経営の特徴は，一方では，国の画一的，民間依存，効率一辺倒の減量政策を批判し，他方で，革新自治体の平等主義，公務主義の非能率を批判しつつ，都市自治体（経営者）の主体的で，柔軟な経営政策によって，効率性と公共利益の最適性を実現するという主張である。

そして，システム経営の重要な担い手としての位置を与えられているのが，外郭団体の存在とその活用である[36]。この外郭団体は，神戸市都市経営の鍵ともいえるものであるから，この外郭団体と神戸市都市経営の関係について検討しよう。

第４節　外郭団体活用による都市経営のメリット

神戸市における外郭団体の効用について，行政管理の側面からの外郭団体の位置づけを整理してみよう。

第一は，都市経営の学校としての機能である。宮崎市政のもとで，長年にわたり助役を勤めてきた安好は，外郭団体の意義を一言でいえば「都市経営の学校」であると述べ，神戸市都市経営の担い手養成の場と位置づけている[37]。ドラッカーは，経営の要素として事業の経営，経営担当者の管理，働く人間とその管理をあげ，経営にとっての「人」の要素の重要性を指摘しているが，神戸市は，そうした経営の担い手の育成を外郭団体によって行おうとしているといってよいだろう[38]。

都市経営の学校ともいうべき外郭団体で学ぶべき具体的内容は，以下のよう

36）神戸都市経営研究会〔1991b〕133頁。

37）安好は「外郭団体へは，抜擢された人が出向しており，外郭団体で経営感覚を勉強して市へ帰ってくる。外郭団体は人材育成の場であり，都市経営の学校といえる」と位置づけている（安好匠〔1992〕191頁）。

38）P・F・ドラッカー〔1987〕７頁。

なものである。

一つは，トップの経営感覚の刺激，発揮である。外郭団体の多くには，民間企業出身の役員も経営陣として参加している。そのため，そこではさまざまな情報が交流され，行政の枠を越えた発想やアイデア，地域情報が自治体の幹部に吸収され，そうした自治体幹部によって自治体運営の幅の広い展開が可能となる。

二つ目は，職員の意識変革をもたらすことである。「都市経営の学校」というのは，幹部職員よりも，一般職員が外郭団体を経験することによって，官僚意識を払拭することができるようになる，ということである。外郭団体での経験は，行政との異質の“文化的衝撃”を与えられる。そこでは，地方公務員として欠けているコスト意識，事業選択，PR 技術などが，広い範囲にわたって求められる。外郭団体での仕事は，原価意識をはじめとする企業経営的感覚である。一般会計は収入・支出が分離されている部分が多いため，一体としてとらえる面が弱いところがある。しかし外郭団体は独立会計として，収入・支出は職員の意識のなかでドッキングしており，可能なかぎり収入増を追求し，支出は抑制し，そのバランスをはかろうとする。このような会計システムの違いからくる経費面での洗脳効果は大きく，自分の人件費を稼ぐことがいかに大変なことであるかを身にしみてわかるようになる。

また，サービスは，市民のニーズに密着して提供しなければならないという意識へ，これまでの主客を転倒させる効果が，生じることである。これまで，行政サービスは，行政がしてやるというかたちになっており，市民が行政のニーズにあわせてきた。しかし，外郭団体では，市民ニーズにあわさなければ，そもそも収入があがらない市場サービスである。そこでは，「お上」という意識を払拭して，お辞儀もし，お世辞もいわなければならないし，PR・販売戦略も立案・展開しなければならない。このような外郭団体の経営戦略の，システム・意識をそのまま一般会計に持ち込んで，行政を展開することが求められているといえよう[39)]。

第二に，現実的な人事政策上の効用があげられる。都市経営の学校というよ

39)　山下彰啓〔1989〕245-246頁。

り，この現実主義的な意図のほうがリアリティがある。

一つは，市役所の職員ポストの受け皿としての外郭団体活用であり，もう一つは，人件費の節減のための外郭団体の利用である。神戸市都市経営論は，職員ポストの受け皿としての，外郭団体活用という点についてどのように考えているのだろうか。

都市自治体は，かつての高度成長とその結果としての都市問題の爆発，その解決のための自治体行政施策の拡大によって，大量の職員採用を行ってきた。しかし，高度成長政策の破綻と自治体財政危機，その後の行政改革政策のもとで，極端な人員削減政策が進められてきた。その結果，自治体の職員構成は，いわゆる団塊の世代問題といわれる，年代構成の歪みを生じ，その世代の昇任昇格問題，いわゆるポストレス問題としてあらわれてきた。「事務事業はふえず，機械化，行政改革などでかえって人員削減がすすむと，ますます中高年層の肥大化が顕在してくるようになる」。しかし，ポスト不足の解消のために，行政内で中間管理職を乱設しても，組織の重層化をまねき，結果的には人件費の無駄と組織の硬直化をきたすことになる。したがって，外郭団体をとおして，肥大化する中間管理職を活用していけば，組織全体としての回復がはかれるというのである。「限られた資金を有効に活用し，中間サービスに進出していくことは，組織の実質的拡大となり，中間管理職を本来の仕事に応じた職に発令させることができ，組織・職員の活性化に寄与するという隠れたる効用は無視できない」。つまり，外郭団体によって，行政市場を拡大し，実質的なポストを拡大して，矛盾を吸収していくというのである。

しかし，外郭団体を使って，行政市場を拡大しても，そこで従来の行政と同じ原理で事業が行われているならば，それは組織の硬直化と人件費の肥大化をもたらすだけである。そこで，それを避けるために，外郭団体事業のコスト管理が重要性をもってくるのである。このコスト管理では事業の収益性とともに，人的管理が重要な課題となってくる。事業の収益性の問題では「都市経営の学校」の項でふれたが，人的管理の側面をみると，それは一人一人の競争の組織化による「生産性の向上」と，人件費の削減である。一人一人の競争組織という点では，「出先の成績次第でいいポストに帰すので目の色が違う」といわれるように，管理職をめざす職員にとって，外郭団体での働きぶりが評価の対象になっており，それだけにそこでの競争による「生産性」をあげるようなシステムとなっている[40]。

もう一つは，外郭団体での人件費負担をどのように軽減していくかということである。もし，外郭団体の業務がすべて公務員によって行われるとすれば，それは人件費についてみればなんらメリットはない。「施設管理型，行政サービス補完型外郭団体は，市からの委託が中心であり，一般会計で直接分担するより，安いコストで行政サービスを供給」できるようコストの安い労働者を活用することによって，人件費の負担を抑えようとするのである。さきにふれたように，公共経済学にもとづいて，サービスの内容に応じてそれにふさわしい給与体系，勤務条件をもった供給形態が選択されるべきであり，年功序列式の賃金体系は，サービス行政が本来重装備であるだけに，コストとともに問題となる[41]。

つまり，外郭団体によって，コストの安い労働力を調達して事業を拡大し，その拡大された事業に管理職を派遣することができれば，ポストレスの対策にもなるし，そこでの競争によってさらに行政の生産性をあげることができ，望ましい循環が成り立つというのである。

第三に，公共性と行政によるコントロールを確保しておくために，外郭団体という経営形態をとっていることである。

この点に関しては，民間委託に比べてその統制がまだしも確保できること，事業の性格から見て民間委託になじまないケースへの対応が，外郭団体方式を選択する理由であるという。また，地方自治体の業務はいかに単純機械的なものであっても公共的要素がそのなかに含まれており，自治体の統制を少しでも多く残しておきたいとすると，外郭団体方式となるのである[42]。

行政によるコントロールという視点からみて，民間委託では行政のコントロールを利かせにくい，さりとて行政が直接事業の主体となれば，コントロールという面では問題はないが，経済性や効率性といった問題が起こるので，両方

40）　山下彰啓〔1989〕239頁。こうした行政現場の現実主義的効率論とは別に，第三セクターに焦点を当てて，自治体の効率性と公共性を検討したものとして重森曉〔2001〕がある。

41）　山下彰啓〔1989〕243頁，高寄昇三〔1985〕205頁。

42）　高寄昇三〔1985〕204頁。

の弊害を避ける現実的な組織として外郭団体を生みだしたというように，読み取れるのである。

第5節　外郭団体運営の実際から見た神戸市型都市経営

以上のような論拠から，神戸市行政（都市経営）の重要な手段として外郭団体の活用がなされているのであるが，次に実際の外郭団体の運営が経営と労働という視点から見てどのようになっているのかを検討してみよう[43)]。

1　外郭団体と行政との関係

外郭団体への行政コントロールはさまざまな方法をとおして行われている。

第一の特徴は，原局主義によるコントロールである。市役所の局が，対応する各外郭団体の事業，人事，財政について掌握し，政策を立案し，事業運営を行なっている。コントロールというより，原局と外郭団体は一体のものとして運営されている。原局から派遣された職員は外郭団体で行う業務も原局と同じという意識をもち，原局，外郭団体というような区別を意識せず仕事をしている。

また，外郭団体の管理部門および各部門の管理職の多くは派遣職員が占め，外郭団体の経営と原局との整合性を保証している。たとえば，財団法人神戸市園芸振興基金協会は，農業公園の経営や神戸牛の飼育と販売，ぶどうを使ったワインの製造販売など内発的な都市農業の展開をしている中核組織である。理

---

43)　神戸市の外郭団体調査は自治体問題研究所第三セクター研究会として，1991年8月6日から8日まで3日間にわたり，のべ13名のメンバーで行った。筆者はこの調査の事務局を担当した。聞き取り調査をした部局・団体は神戸市企画調整局，神戸市理財局，神戸市開発局，神戸市衛生局，神戸市都市整備公社，神戸市道路公社，財団法人神戸市スポーツ公社，財団法人神戸市園芸振興基金協会，財団法人神戸国際交流協会，財団法人こうべ市民福祉振興協会（しあわせの村），財団法人神戸在宅ケア研究所，神戸市新交通株式会社，株式会社神戸ハーバーランド情報センター，神戸市都市整備公社労働組合，神戸市職員組合病院支部，兵庫県障害者団体協議会，日本共産党神戸市議会議員団である。また，調査のはじめに元神戸市収入役・安好匠氏から神戸市外郭団体にかんする概括的なレクチャーをしていただいた。この調査の成果は宮本憲一・自治体問題研究所第三セクター研究会編〔1992〕で報告されている。

事長は助役，専務理事には農水局長が非常勤で座り，協会の常勤職員は総数68名であるが，そのうちの17名が派遣職員で，派遣職員比率は25％である。管理職のうち，事務局長は派遣職員，総務，経理，営業，製造，栽培管理，園芸の6課中，栽培管理，園芸といった，専門的技術を要する課を除いて，あとはすべて派遣職員が課長となっている。他の外郭団体もおおむねこうした構成になっており，外郭団体では業務執行体制の面からも原局と一体となった運営が保持されているのである。

第二は，セクショナリズムに陥らないための総合的コントロールを制度化していることである。往々にして，局を単位にした外郭団体経営はセクショナリズムを生むのであるが，それを避けるためにはそうした局の利害を超えた調整の機能がなければならない。そこで一つは，そうした局に拘束されない企画，総務（人事），理財（財政）の各局がそれぞれの範囲で全外郭団体の経営を掌握し，コントロールすることになる。

企画は，自治体の業務をどのような主体で行うのが適切か，また外郭団体が行う事業そのものが適切であるかどうかといった側面から関与している。

また，人事では，外郭団体への派遣職員の定数，派遣職員の決定，派遣職員の労働条件に関する決定を行い，人の面から外郭団体のコントロールを行っている。

理財は，財政面から外郭団体への委託費や補助金など予算をとおした一般的なコントロールを行っているが，外郭団体の経営に対する直接的な関与の権限は与えられていない。しかし，外郭団体の監査は理財局が担当し，財政課のスタッフが加わるので，財政面からの各外郭団体の経営状態に関する情報を得，市の財政全体の立場からこれを評価することができるようにしている。

このように市全体の立場から各外郭団体の状況を把握することができ，それらの局は外郭団体をも神戸市行政という枠組みのなかでコントロールしているのである。

もう一つは，日常の業務で上記のようなシステムの上に，外郭団体のトップを集めた経営会議が設けられていることである。各外郭団体のトップは市長，助役，局長が占めており，外郭団体の意志決定は，原局と外郭団体が一体のものとなるようになっているが，その上に市長を中心とした，各外郭団体のトップによる経営会議が設けられており，総合的に外郭団体の経営問題が検討される仕組みとなっている。

こうして見ると，民間企業の事業部制とほとんど変わらない経営システムがとられていることがわかるのである。

第三に，外郭団体の経営に関する政治的責任は，市長にあるということを明確にしていることである。

市幹部からのヒアリングで最も印象に残った点は，市長の政治責任は一般行政だけでなく，外郭団体の経営を含めてのものであるということが強調されていたことである。つまり，外郭団体も含めてオール神戸市政と捉えており，したがって市長はすべてに政治的責任をもっているという立場を明確にしている。

2　事業部門におけるプロパー職員，嘱託職員，パート・アルバイトの活用

（1）プロパー職員の労働

外郭団体を労働の担い手の面から見た場合，最も特徴的なことは，外郭団体固有職員（一般的にプロパー職員と呼ぶ）の存在である。すでに内部経営論の特徴のところで，その政策的含意については指摘しておいたので，ここではプロパー職員の問題を見ておこう。

外郭団体には常勤の職員として，派遣職員，プロパー職員がいる。しかし外郭団体にはそれ以外に事業の性格にもとづいて，アルバイト，パート職員も雇用されている。プロパー職員の内容は，正職員と嘱託職員，民間企業からの出向職員（たとえばハーバーランド情報センターのような第三セクター）に分けることができるが，それらを含めてプロパー職員として扱われている。

どのような職員構成をとるかということは外郭団体の事業の性格によって決定されているので，団体ごとに相当異なっている。たとえば，有料道路公社では，有料道路の料金徴収部門では市役所のOB（退職職員）が嘱託として働いている。しかし，次第に人件費負担の軽減や24時間勤務という労働のローテーション体制の維持と管理効率化のために，人材派遣会社に依存する割合が拡大してきている。また，海浜管理公社のように，埋立にともなう漁民の雇用問題や釣り公園の経営という事業の特性から，元漁民を雇用するというような場合もある。(財)神戸市園芸振興基金協会では有名なワイン城を経営しており，そ

こではさまざまなイベントやサービス事業があり，かなり多くの女子学生アルバイトを活用している。また，園芸公園の維持管理などは地元の農民を季節的にパート労働力として雇用したりしている。

このように，各外郭団体の労働力の組み合わせは，事業の採算性とともに事業の性格や団体の歴史，設立のいきさつなどによって実にさまざまであり，これらを総合的にコントロールしている点では，企業的経営というにふさわしいといえる。

外郭団体の職員は1990年現在で3158人であるが，そのうちプロパー職員は2159人で，全体の68%を占めている。神戸市の職員総数は約2万名であるから，外郭団体のプロパー職員はその10%に当たるといってよいであろう。一面では，神戸市は市の総定数は行政改革のなかで抑制しつつ，外郭団体への派遣職員は漸増させてきたのであるが，国から，派遣職員を含めた総定員管理の指導も強まってきている[44)]。

（2）プロパー職員の労働条件

プロパー職員は，外郭団体が独自に雇用した職員であり，地方公務員法上の職員ではない。したがって，雇用者は各外郭団体である。派遣職員の定数や人事については市の人事局が決定しているが，プロパー職員の人事については各外郭団体が決定している。とはいえ，さきに述べたように基本的には市のコントロールシステムが働いているので，そのかぎりで矛盾なく進められている。

プロパー職員の昇任昇格は，派遣職員とのかねあいがあり，限界がある。外郭団体の政策決定権は人的にも基本的に原局が握っているので，そうしたポストに昇進することはできない。この点で，プロパー職員を多く抱えている外郭団体では，処遇問題が大きくなっているとの認識をもっている。また，プロパー職員からは，外郭団体の自立性を高めて，昇任昇格の道をつけてほしいとの意見もでてきている。

賃金で見ると，建設関係では市職員と同一であるが，福祉関係では1号俸下位に位置づけられている。外郭団体ごとに，市職員の給与および民間の相場を

---

44)　本章第1節「表3-9 外郭団体の職員数・役員数の推移」では，1990年4175人，プロパー職員2616人となっているが，ここでは当時のヒアリングにもとづく数字を使っている。

勘案した給料表をもっているが，基本的には横並びとなっているようである。ちなみに福祉関連の外郭団体では３本の給与表をもっている。

その他の労働条件は，市として側面援助はするが，団体独自の問題であるとしている。市からの派遣職員は，市職員の身分を有したまま派遣されており，共済などの福利厚生サービスは市の職員としての権利を有している。しかし，外郭団体職員は市の職員でないから，そうした権利はない。市としては，市が行っている中小企業向けの「勤労者共済制度」に外郭団体職員もできるだけ加入してもらうようにしているとのことである。全体としては，福利厚生面では市職員よりかなり劣っている。

また，労働組合のあるなしによっても労働条件は異なっている。たとえば，土地開発公社労働組合は解雇，派遣職員との給与格差，健康保険などの労働条件整備などの改善を求めて，比較的早く組織され，労働協約が結ばれるなど，調査時（1991年）では，ほぼ所期の目標を達成している。

（３）プロパー職員と労働組合

市からの派遣職員は，身分的には市役所職員であるので，市役所労働組合に所属している。したがって，原局単位の支部をとおして，神戸市との交渉ルートが開かれている。しかし，調査を行った1991年時点での外郭団体職員の労働組合組織率は，きわめて低い。神戸市外郭団体等労働組合共闘会議に加入している組合をみると神戸市土地開発公社労働組合（1976年結成，30名），(株)神戸ニュータウン開発センター職員労働組合（1981年結成，18名），全国福祉保育労働組合兵庫支部神戸市社会福祉協議会分会（1966年結成，103名），阪神外貿埠頭労働組合神戸支部（1980年結成，25名）となっている。これら以外にも(財)神戸国際観光協会，都市開発公社の経営する索道（ロープウエイ）労働者のつくっている索道労働組合，駐車場管理の労働者組合，(株)神戸市新交通（私鉄労連加盟）などがある。

しかし全体としてプロパー職員は，35団体，2159名であるから，これを基礎とすると，労働組合への加入者がいかに少ないかがわかる[45)]。

神戸市外郭団体等労働組合共闘会議に参加している組合は，日常的に市職員

---

45) ここでのプロパー職員数のなかには，社会福祉協議会職員数はカウントしていない。

労働組合と協力関係にある。これらの組合は基本的には外郭団体の経営者と交渉をするが，該当する支部と協力しながら進めている。社会福祉協議会分会のように市との関連が深く，行政と交渉をする場合には関連支部と共同して交渉することもある。しかし，派遣職員は神戸市職員労働組合に組織されており，基本的な交渉相手は市であるが，プロパー職員の交渉相手は外郭団体の経営者（市の幹部であるにしても）であり，外郭団体労働者の労働条件面から見ると，決定権は二重になっている。つまり外郭団体は全面的な当事者能力をもってはいないのである。その点では，さきにふれたように外郭団体は市の総合的なコントロール下にあり，都市経営としては一元化しているのであるから，これを前提とすれば外郭団体職員の真の交渉相手は神戸市ということになるであろう。こうした事情はプロパー職員から見れば，外郭団体には当事者能力がないというように評価されることになる。

3　採算性の重視

神戸市の外郭団体の経営で注目されるのは，採算性が重視されていることである。外郭団体は，市の委託事業をかなり引き受けているのであるが，委託事業だけでなく，外郭団体としての独自事業をかなり行っている。神戸市の外郭団体が，複合的事業を行っているのは，各外郭団体がトータルに収支を黒字にするためである。それらは，外郭団体が，主体的に事業を拡大しているのではなく，市のコントロールのもとに事業の割り振りが決定されていることはいうまでもない。不採算事業と採算事業が組み合わされている。安好は「努力したら成果があがるように，採算のあがるものと，あがらないものとを組み合わせている」と述べている[46]。

また，ある外郭団体が発足し，プロパー職員が採用された場合，当初の事業が拡大していく場合はプロパー職員の継続的採用は可能であるが，必ずしもそのような事業であるとはかぎらない。そこでプロパー職員の処遇や構成を考えると子会社をつくったり，新規の事業を開拓するということが必要になってく

46）　安好氏へのヒアリングによる。同様の趣旨を外郭団体運営の留意点として「外郭団体には，採算事業と非採算事業，楽しい仕事と苦しい仕事，のバランスを考えて事業を分担させ，独立採算性をとること」と述べている（安好匠〔1992〕197頁）。

るのである。それは同時に人件費等の固定経費が高まるのを抑えていくためにも必要なのである。こうして，採算性のとれる事業の展開は，内部的要因からも必要になるのである。

たとえば，(財)神戸市園芸振興基金協会では，一般会計と特別会計をもち，一般会計では主として市からの委託事業を会計し，特別会計では収益的事業を会計している。特別会計で扱われる事業は神戸ワイン事業とその他の収益事業である。神戸ワイン事業ではワインの製造と販売，ぶどうの栽培，神戸牛増殖館の経営，ブランデー開発といった事業を行っている。その他の収益事業としては，ワイン城でのレストランの経営，バーベキュー材料の販売，ワインパブの経営，椎茸の栽培と販売，サイクリングスポットの経営といった事業である。こうした特別会計での売上は1990年度で16億8000万円にものぼるのである。

もちろん，単に採算性という角度だけではなく，事業の総合性という視点から複合経営というものも見なくてはならないことはいうまでもない。上記の(財)神戸市園芸振興基金協会は，都市農業を農業・工業・商業・知識（農工商知）を結合させ総合的に発展させる中核的な組織として構想されたものである。

しかし，外郭団体どうしの事業の競合という問題もでてきている。たとえば，駐車場の経営では，(財)神戸市都市整備公社，神戸地下街株式会社，(財)神戸市公園緑化協会，ハーバーランド(株)といった外郭団体が行っている。駐車場の経営は，収益性が高いので外郭団体の収益という面で有利な事業なのである。このような事業の競合は，コストをめぐる競争を生み，賃金引き上げの抑制という意識をもたらしたりする。

4　職員の意欲を引きだす

さきに，外郭団体活用の経営サイドのメリットを述べたが，ここでは職員の労働意欲の側面から実態を見てみよう。

第一に，中央省庁からの天下り職員がいないという行政姿勢は，市の一般行政，外郭団体を問わず職員の意欲を引きだす政策の第一要因といってよいであろう。ある管理職は，われわれのヒアリングに答えて，神戸市は自分の努力次第で助役までなれる可能性があるということで頑張ってきた，と述べていた。同時に，天下り職員がいないことは，中央とのパイプに依存するのでなく自治体としての自己の努力によって行政を進めることであり，中央省庁，県庁にも従属することなく独自の行政を進めるという意識をもたなければならないことであり，いい意味で中央省庁の政策を相対化する力量を生みだしている[47]。

第二に，神戸市の管理職員養成の重要な場として外郭団体が活用されていることである。具体的には，係長試験を通過し，昇任昇格した者の多くは外郭団体に派遣される。そして，2～3年の期間で，出先の成績次第でいいポストに帰される。そのため，外郭団体での仕事も目の色が違うということになる。よくある外郭団体に飛ばされたという意識より，むしろそこでの評価が重要な要素になってくるので，チャンスの場として捉えられ，意欲をもって仕事をするのである。そういう点で，外郭団体はエリートの養成所といってもよいであろう。「外郭団体は管理職試験に合格した人の都市経営の学校」なのである[48]。また，外郭団体への派遣が一般職員より役付職員のほうが多いのもこうした事情を物語っている[49]。

5　外郭団体の新たな問題

外郭団体の領域がかつての開発から福祉や医療，文化の領域に拡大するとともに新しい問題もでてきている。

第一に，同じ労働内容でありながら，市の職員と外郭団体職員が同じ職場で労働するといった問題がでてきている。

1991年に地域医療システムのための調査研究および運営，啓発，地域医療施設の設置運営をはかるために(財)神戸市地域医療振興財団が設立された。理事長は市長，副理事長は助役と医師会会長，常務以下の職員は市派遣職員である。その当面の事業は，神戸市西区に結核専門の市立玉津病院（100床）を建て替え，地域の総合病院（一般400床，結核100床，計500床）に機能転換し，運営することである（1994年開設)。神戸市には，これとは別に市立中央市民病院

47)　こうした国の官僚以上の行政技術による運営をしているという幹部職員の意識が，政府の論理を逆手にとって自治の成果をあげるという都市経営的発想を生みだしたといえよう。しかし，1995年の震災後神戸市は中央省庁から助役の天下りを受け入れた。

48)　安好匠〔1992〕190頁。

49)　山下彰啓〔1989〕239頁。

があるが，これにより外郭団体（市と医師会）が経営する病院ができることになる。1992年現在の計画では，医師は市職員とするが，看護師は外郭団体（第三セクター）雇用ということになる。結核病棟はこれまで市職員の医師，看護師と運営スタッフで運営されてきた。外郭団体の経営に移っても，結核病棟は一般病棟とは機能が違うので，市職員身分の看護師でということであるから，市職員としての看護師とプロパー職員としての看護師の存在する病院ということになる。この場合，どちらにも市として責任をもつとするならば，そこに同一の職種でありながら身分的には異なる看護師が存在することになるという問題が生じ，労働条件や労働組合の組織上，複雑な問題が起こってこよう。

こうしたことに対して「市民からみれば神戸市立というイメージなのに，看板と中身が違う看護師に一番しわ寄せがくることになる。神戸市の第三セクター方式は市民に批判されないように周りを先に詰めて，それから市職員のほうにいく」と現場の看護師は不安を募らせていた。

第二に，外郭団体の業務が高度化することにどのように対応していくかという問題がある。

たとえば，国際交流協会は貿易促進事業，国際交流事業，コンベンション事業などその多くが知識・経験など専門的知識や力量を必要とする。そうした事業では，行政職員よりも専門的なプロパー職員のほうが有効であるが，そのためには高い給与や労働条件が必要となり，これまでのコスト・メリットだけでは外郭団体を活用することはできなくなってくる。

第6節　神戸市における経営・労働の特質と課題

神戸市の都市経営は，現在の国の地方自治運営の枠組みを前提にし，地方自治体の主体性をもって開発を進め，その収益は市民に還元すること，公共の福祉サービスを提供するが，それを担う労働については極力効率化することによって，市場メカニズムと公共メカニズムのよいところを現実的に最大限活用しようというのである。かつて革新自治体が掲げていた，地方自治制度の改革，財界本位の開発政策からの転換，環境と福祉政策への行財政の転換，それを支える住民運動と住民参加といった明確さは，神戸市の都市経営からはうかがわれない。しかし，「臨調」行政改革路線のような企業サイドの開発や福祉削減の政策を進めているわけではない。その意味では，折衷的な行政ということもできる[50)]。

では，それを支える条件はいかなるところにあるのか，そこでクリアーしなければならない問題はどこにあるのか，を検討してみよう。

神戸市型都市経営の最も重要な要素は，自治体行財政の自立性である。原口から宮崎へとつづく地元財界と住民との利害を調整する政治的，技術的力量を蓄えた行政の存在である。自治体官僚の力量といってもよいかもしれない。それは，社会組織として財界，労働界，市民組織，政治的には自民党から共産党までを基盤にした自治体行政システムである[51)]。

それはまた，都市の成長を進めつつ，拡大されたパイを配分していくというシステムである。その点では福祉国家の自治体版ともいえるが，それはまた，福祉国家の問題点である集権性を自治体が内包するということでもある。神戸市はそれを避けるために市場性を有能な官僚と外郭団体を活用しつつ行おうとしているといえよう。その点では，これまでのところ全国的に見ても，他の追随を許さない独特の実績をつくりあげてきたことは，明らかであろう。

だが，外郭団体を活用して経済性を追求しているが，福祉国家の問題点はクリアーしていけるのだろうか[52)]。

第一に，外郭団体は隠された官僚機構ともいえるのであり，必ずしも福祉国家の官僚性と集権性を克服したものとはいえないのではないか。むしろ，外郭団体を含めれば巨大な行政組織になっているのであり，それを運営するエリート職員と一般職員，市職員と外郭団体職員といったピラミッド型の階層構造が

50)　宮本は，ハワードの田園都市論の事業主体構想が今日でいう第三セクターであり，そうした思想を「折衷主義」と位置づけ，思想としては十分評価されなかったが，その実際性がのちの政策家に深刻な影響を与えた，としている（宮本憲一・自治問題研究所第三セクター研究会編〔1992〕16-17頁)。

51)　ハーベイはこうした体制のことを成長同盟と表現している（D. ハーベイ〔1990〕616-617頁)。

52)　成瀬は神戸市宮崎市政の経営哲学を都市社会主義の側面とともに，財政政策的側面からみて「自治体ケインズ主義」という。その点で，神戸市の都市経営方式は都市社会主義の都市経営論の長所と短所の両面を反映していると同時に，ケインズ主義の長所と短所も抱き合わせているといってよい，と総括している（成瀬龍夫〔1992〕212頁)。

形成されている。「都市経営の学校」といっても，それは管理職をめざす職員にとってであり，必ずしも一般職員や外郭団体職員にとってではない。しかし，行政サービスの現場はこうした一般職員や外郭団体職員が担っているのであり，その担い手がどれだけ主体的な働きをするかということになるのではないか。これまでの開発による収益確保とその配分システムでは，集権的なシステムが効率的であったともいえるのであるが，環境やアメニティ，地域福祉といった問題ではそうしたシステムは不効率になるのであり，地域の特性を生かしたり，住民との協同を組織する行政システムが必要になってきているといえよう。

そして，そのような行政システムは，職員の参加を促進し，現場職員の行政力量を高めることなしには難しいであろう[53)]。

第二に，神戸市は有能な職員を抱え，住民に多様なサービスを提供しているが，住民参加をどう位置づけていくかという問題がある。企業的都市経営は，たしかに行政という非市場組織を市場組織になぞらえて，財政収支や利益システムを外郭団体を使って行うことによって，官僚制の非効率を克服する努力をしてきた。それは，行政サービスの効率的な提供である。

しかし，それは行政をサービスの提供者，住民をサービスの受益者，消費者としがちである。自治体は，やはり住民の自治組織であり，市場の欠陥と官僚制を克服するために住民の参加と学習が必要なのである。その点で，神戸市の外郭団体の事業にどう住民の参加を実現していくか，また住民参加型の事業をつくりあげていくのかという課題があるといえる[54)]。

参考文献

池上惇〔1989〕『福祉と協同の思想』（青木書店）
池上惇〔1990〕『財政学』（岩波書店）
岩崎信彦・鯵坂学・上田惟一・高木正朗・広原盛明・吉原直樹編〔1989〕『町内会の研究』御茶の水書房）

53） 宮本憲一・自治問題研究所第三セクター研究会編〔1992〕83–84頁，池上惇〔1990〕33–38頁，参照。

54） 宮本は，市民が学習によって地域の主体になっていく過程が地域開発であるというマンフォードの地域開発論を肯定的に紹介している（宮本憲一〔1992〕74–78頁）。池上は，現代資本主義国家の官僚制をいかに克服していくのかという視点から，地域の主体として住民と専門家との協同の重要性を指摘している（池上惇〔1989〕49頁）。

内橋克人〔1995〕「人間復興のまち・神戸をつくろう」(『世界』10月号)
遠藤晃・成瀬龍夫・横田茂〔1980〕『民主的行政改革――その理論と政策』(自治体研究社)
大森光則〔2001〕『神戸市都市経営はまちがっていたのか』(神戸新聞総合出版センター)
神戸都市経営研究会〔1990〕「宮崎神戸市政の研究――複合企業的都市経営の思想 Ⅰ」(神戸都市問題研究所『都市政策』No. 61, 10月)
神戸都市経営研究会〔1991a〕「宮崎神戸市政の研究――複合企業的都市経営の思想 Ⅱ」(神戸都市問題研究所『都市政策』No. 62, 1月)
神戸都市経営研究会〔1991b〕「宮崎神戸市政の研究――複合企業的都市経営の思想 Ⅲ」(神戸都市問題研究所『都市政策』No. 63, 4月)
神戸都市経営研究会〔1991c〕「宮崎神戸市政の研究――複合企業的都市経営の思想 Ⅳ」(神戸都市問題研究所『都市政策』No. 64, 7月)
神戸都市経営研究会〔1991d〕「宮崎神戸市政の研究――複合企業的都市経営の思想 Ⅴ」(神戸都市問題研究所『都市政策』No. 65, 10月)
今野裕昭〔2001〕『インナー・シティのコミュニティ形成――神戸市真野住民のまちづくり』(東信堂)
重森曉〔2001〕『分権社会の政策と財政――地域の世紀へ』(桜井書店)
自治体問題研究所編〔1977〕『行政の革新と自治体労働者』(自治体研究社)
自治体問題研究所編〔1979〕『都市経営論を批判する――80年代の自治体再編とのたたかい』(自治体研究社)
新修神戸市史編集委員会〔1994〕『新修 神戸市史(歴史編Ⅳ 近代・現代)』(神戸市)
大震災と地方自治研究会編〔1996〕『大震災と地方自治――復興への提言』(自治体研究社)
高寄昇三〔1985〕『現代都市経営論』(勁草書房)
高寄昇三編著〔1989〕『自治体職員と組織開発』(学陽書房)
高寄昇三〔1990〕『都市経営思想の系譜』(勁草書房)
高寄昇三〔1993a〕『宮崎神戸市政の研究(公共デベロッパー論)』第2巻(勁草書房)
高寄昇三〔1993b〕『宮崎神戸市政の研究(自治体経営論)』第3巻(勁草書房)
D. ハーベイ／水岡不二雄訳〔1990〕『空間編成の経済理論』下(大明堂)
成田孝三〔1991〕「インナー・シティ論の今日」(『都市政策』第63号, 4月)
成瀬龍夫〔1992〕「歴史と現状――神戸市における外郭団体・第三セクターの実際」(宮本憲一・自治問題研究所第三セクター研究会編〔1992〕)
日本都市センター〔1978〕『都市経営の現状と課題』(ぎょうせい)
阪神復興支援NPO編〔1995〕『真野まちづくりと震災からの復興』(自治体研究社)
P. F. ドラッカー／野田一夫監訳〔1987〕『現代の経営』上(ダイヤモンド社)
広原盛明〔1996〕『震災・神戸都市計画の検証――成長型都市計画とインナーシティ再生の課題』(自治体研究社)
広原盛明編著〔2001〕『開発主義神戸の思想と経営――都市計画とテクノクラシー』(日本経済評論社)
三重県〔2003〕『三重県の改革8年の軌跡』(政策開発研修センター)

宮崎辰雄〔1993〕『神戸を創る――港都50年の都市経営』(河出書房新社)
宮本憲一〔1973〕『地域開発はこれでよいか』(岩波新書)
宮本憲一〔1977〕『財政改革』(岩波書店)
宮本憲一〔1989〕「都市経営の総括」(神戸都市問題研究所『都市政策』第59号)
宮本憲一〔1991〕「「現代的都市社会主義」者としての宮崎さん」(「都市経営の軌跡」刊行会編『都市経営の軌跡――神戸に描いた夢』財団法人神戸都市問題研究所)
宮本憲一〔1992〕『環境と開発』(岩波書店)
宮本憲一・自治体問題研究所第三セクター研究会編〔1992〕『現代の地方自治と公私混合体(第三セクター)』(自治体研究社)
宮本憲一〔1995〕「都市経営から都市政策へ――震災の教訓と新しい街づくり」(『世界』4月号)
安好匠〔1992〕「神戸市の外郭団体と都市経営」(宮本憲一・自治体問題研究所第三セクター研究会編〔1992〕)
山下彰啓〔1989〕「自治体の組織活性化と外郭団体」(高寄昇三編著〔1989〕)
山田明〔1992〕「地域政策と財政――『神戸方式』の財政評価」(『名古屋市立女子短期大学研究紀要』第48集, 3月)
山田明〔1995〕「神戸市開発行政と大震災――都市経営の光と影」(日本住宅会議『阪神大震災・人間復興への提言』)

第4章　震災の危機を乗り越える力
――真野地区に見るコミュニティとボランティア――

はじめに

神戸市長田区真野地区は，その住民自治的なまちづくりで，全国的に知られている。筆者は，都市における内発的発展の先進的モデルの一つとして注目し，阪神淡路大震災以前から，真野を訪れたり，真野まちづくり協議会の毛利芳蔵[1)]会長を大阪にお招きして，勉強会を行ったりしてきた。

阪神淡路大震災後，真野地域に入り，救助ボランティアをしながら，コミュニティ・レベルから救助，復旧，復興がどのように行われ，どのような問題があるのかを観察することとした。コミュニティ・レベルでの震災問題が，現代都市政策や財政にいかなる課題を提起しているのかを，観察し，検討したかったからである。

コミュニティに着目したのは，震災後，テレビや新聞，雑誌では，都市の復興についてさまざまな動きが報じられたが，その目線の高さが気になったからである。とくに，震災後の首相官邸の対応と自衛隊の出動の遅れを取り上げて，政府の危機管理体制の強化と自衛隊の独自判断の強化への世論誘導が意図的になされた。長田区の火災や倒壊家屋のテレビ映像から，自衛隊の消火活動や倒壊家屋からの救出活動への「期待」感も生みだされていた。これらの議論に共通するのは，地震後の二次，三次災害がなぜ甚大なものになったのかという視点が欠けていることであった。これまでの都市づくりのあり方，住宅建設のあ

---

1)　毛利芳蔵（1909～1991年）は，神戸市兵庫区に生まれ，1950年代から真野地区で運送会社を経営し，1960年代からは自治会会長として公害反対運動を皮切りに，まちづくり，福祉運動を担い，今日の真野地域のまちづくりにつながる実績と伝統を残した（真野地区記念誌編集委員会〔2005〕39-74頁，第2章「真野まちづくり40年の原点――それは公害追放からはじまった」）。

り方，防災計画の問題や自治体のあり方など，住民の生命や生活を第一にした都市建設をないがしろにしてきたことが，被害を拡大してきたのである。

真野の震災後の活動は，コミュニティ・レベル，つまり現実の生活点での「危機管理」とはどのようなものかを示している。震災の一撃に，真野の人々がどのように対応したのかをフォローすることによって，危機管理とはなにかを明らかにし，都市におけるコミュニティの重要性を考察する[2)]。

第１節　真野地区の概況

真野地区は，神戸市長田区刈藻，尻池，池添の名称をもつ16町会を総称した地域である。真野小学校を校区としているので真野と呼ばれている。神戸市の中心地である，三宮駅から西に５キロのところにあり，阪神高速道路の南から海岸線までの，戦前からの木造家屋の密集する，約39ヘクタールの住工混在の典型的な下町である。人口は，約6000人ほどであり，かつて１万3000人を数えたが，減少をつづけてきた。若年層の地域外への流失は，地域の高齢化を進行させ，1985年の神戸市全体の60歳以上人口比率が14.5％であるのに対し，21.8％となっている。典型的なインナー・シティ問題を抱える地域である。住民の構成は，製造業従事者とゴム関連，金属，機械関連の下請け小零細事業経営者と関連従業者が多い。地域には，東証一部上場企業の三ツ星ベルトの本社と工場があり，地域の南部，東部には食品，機械などの工場群が展開している。

戦後，比較的良好な住宅地であったが，1960年代の高度成長政策のもとで，周辺に企業が進出し，激しい公害に襲われ，地域の居住環境は悪化していった。

2)　本章のもとになっているのは震災後1995年２月４日以降３月末まで，現地に滞在してのボランティア活動中の見聞，聞き取り活動にもとづいている。とくに宮本憲一教授を現地に案内して行った，宮西悠司氏からのヒアリングからは貴重な話を聞くことができた。また，現地滞在中，毎日各町会の代表者会議に参加させていただき，討議の様子を聞かせてもらったこと，まちづくり協議会の会合への参加，毎日宿泊していた真野小学校の放送室での，いまは亡き山花雅一さんとの会話，夜な夜な訪れる地域の人々と山花さんとの酒を飲みながらの会話，地域のみなさんとの活動などから多くを学んでいる。詳しくは阪神復興支援NPO 編〔1995〕参照。また，雑誌『住民と自治』（自治体研究社），1995年４月号，５月号に現地レポートを書いている。

自治会を中心にした公害反対運動のなかからまちづくり運動へと発展させ，公害防止協定から地域緑化運動，高齢者介護の取り組みを経て，20年先をめざしたまちづくり計画を住民の手でつくり，老朽住宅の共同建替と地域整備を進めてきたのであった[3)]。

第2節　震災の被害と復旧・復興への取り組み

1995年1月17日午前5時46分，地震が襲った。この第一撃で，約2700世帯のうち，3割が全壊，半壊の状態になった。また，建物の形はあるが，危険で住めない住宅が3割にのぼった。そのまま住める住宅は，約3割であった。地震後，町内の一角から火災が発生し，あとで述べるように町民の必死の消火作業の結果，50戸の消失でくい止め，延焼をまぬがれた。建物の倒壊と火災による死者は，17名であった。死者が比較的少なかったのは，住民同士による救出作業が迅速に行われたためである。怪我人も比較的少なかったが，これは大正期に建てられた，長屋建ての建物が，一階建てのため，「ぺしゃんこ」になることをまぬがれたからのようである。そのため，身体の不自由な老人が助かっている。

地震後30分以内に，真野小学校，三ツ星ベルトの体育館の鍵があけられ，住民の避難が行われた[4)]。これ以外に保育所，市営住宅集会所，地域のコミュニティセンターが開放され，避難所となったが，公園にテントを張る者，駐車場の車に避難する者もいた。地震直後の避難者は1800人にのぼった。やや落ちついた段階で，200～300人は家の状態を確かめ，帰宅した。その後，親戚への避難者や応急措置を施した自宅への帰宅者などもで，2月中旬の段階では，約1000人ほどが避難所生活をつづけていたが，2月28日に水道が復旧し，炊事がなんとかできるようになったので，自宅に帰る人もでたが，3月20日段階では，

3)　真野地区のまちづくりについては，運動の記録として真野地区記念誌編集委員会〔2005〕，社会学の視点からの詳細な研究として今野裕昭〔2001〕，都市計画の理論政策として広原盛明〔1996〕が詳しい。また，1995年3月6日から地域の動きを伝えるために発行されたニュース「真野っこガンバレ!!」の1号～90号の縮刷版がある（真野地区復興・まちづくり事務所編〔1997〕）。

4)　真野小学校の鍵は，神戸市の学校地域開放政策にもとづき，地元でも保管されていた。

避難所生活者は依然288名にのぼっていた。

第3節　震災への地域の対応

1　初期消火の成功

まず第一に，火災発生に対して，初期消火に成功したことである。さきにふれたように，地震後午前7時頃，地域の東南部，東尻池7丁目から火災が発生した。すぐさま地域の消防団と住民が駆けつけ，バケツによる消火活動をはじめた。ある者は，すぐさま町内の消化器と消火剤を集め，住民も持ち寄った。消防団のリーダーによれば，ともかく住民がなんとしても消そうという強い決意をもって集まり，消火作業に従事したことが，大火にせずにすんだ最大の要因ではないか，といっている。しかし，火勢は衰えず，一進一退を繰り返した。地域の三ツ星ベルト，ミヨシ樹脂，台糖などの企業内自主防火組織の応援を頼み，ポンプが出動し，ホースをつなぎ，近くの運河から水を引き，消火をした。

そして，50戸が消失したものの，それ以上の延焼を防いだのである。長田区の他地域が延々と燃えるにまかされているなかで，真野は最小限に火災をくい止めることに成功したのである。

消防団のリーダーは，この要因を三ツ星ベルトはじめ企業の消火隊の協力にあるという。日頃から企業との地域づくりの協力関係を築いてきていたことは大きい。三ツ星ベルトは，まちづくりへの協力によって，自治会から感謝状を受けているのである。また，このリーダーは，住民みんながまちを守るという気持ちで必死の消火活動に加わった熱意が消し止めたのでないかともいっている。東尻池7丁目以外の住民がすぐさま駆けつけたのは，まちづくりの若手組織である真野同志会[5)]のメンバーの話によれば，まず家族の安否を確かめ，次いで町会の安否を確かめると日頃まちづくりで町会を超えてともに活動している仲間のことが心配になり，駆けつけ，素人ではあるが消火活動に参加したということである。同志会のメンバーでもある消防団員は，バケツリレーのため，気がついたら中指が落ちかかっていたということである。しかし，もう少し水

5)　真野同志会については今野裕昭〔2001〕147頁の分析が詳しい。

があったら，10戸に押さえられたかもしれないとくやしがっていた。市の消防車が来たのは，鎮火後の午前11時であった。

2　迅速な体制づくり——弱い者のために

第二に，すぐさま16町会を束ねた対策本部を設置し，組織的な取り組みを開始したことである。

17日午後には町内７ヵ所で，炊き出しが行われ始めた。米は地元業者から調達し，飲料水は地元の銭湯の井戸から供給され，炊飯はまちづくり協議会の各種取り組み用の大鍋が使われた。ともかく握り飯が一人一個程度ずつ配られた。また，午後３時に連合町会として，区役所に緊急物資を取りにいく。区役所では，避難民が集まっており，物資の取り合いが始まっていた。これでは，障害者や高齢者などの弱い者は，はじき飛ばされると実感した。長田区役所街づくり推進課に，真野は一元的に避難活動を行うので，窓口を開くよう要求し，米，かんぱん，毛布などの物資を積んでまちに帰る。しかしこの時点では，各町や避難所から自然発生的に区役所への物資入手のトラックが出されていたようである。

２日目に避難所，町会長による代表者会議がもたれる。ここには，早くもまちづくりを一貫してサポートしてきたコンサルタント（真野まちづくり推進会相談役）の宮西悠司も駆けつけて復旧活動を開始する。宮西は次のような提案をする。一つは，みんなが勝手に動いていては，強い者はもてるが，弱い者にはあたらないことになるから，それはあかん。だから年寄りや障害者にも食料があたるようにするための分配の仕組みをつくること。二つ目は，これまで入手した物資を供出しよう，ということであった。ただちに物資は本部に集められ，避難所の住民１人１枚の毛布が徹夜の作業によって配られた。また，組織的な取り組みをするために，対策本部を設置することを決定し，本部長に岸野賢治（当時84歳）を，事務局長に山花雅一（同57歳）を選出し，各町会長（16町）による会長会議を毎日午後６時から開催し意志決定を行うことを決めた[6]。ま

6）　筆者が真野に入った２月４日以降，この会議に出席させてもらうことができた。当初会議の記録がとられておらず，混乱する場面があったので，筆者の提案で，筆者が会議の記録をとるようになった。その後，市の職員が会議に参加するようになり，引き継がれた。

た，住民の状況をつかむために町会のもとに班を編成し，住民の安否を確認し，名簿をつくり，住民の把握を行うことも決定した。こうして，本部⟷町会⟷班⟷家族の物資補給と問題解決のルートが編成されたのである。また，避難所の班は，物資の受け渡しや便所掃除などの自治的生活の単位として活動した。

3日目には長田区対策本部に，真野については，真野対策本部を窓口として対応するように承認させ，以後このシステムは本部解散までつづいた。当初，この方法によって，5000食の食料供給が行われていたが，徐々に商店が開き，事態が落ちつくとともに，2月中旬からは3000食に，3月2日からは商店も開きはじめたので，避難者と1人暮らし老人に限定して，500食へと減らした。

真野を外部から訪れた人は，一様にその落ちついた様子に驚くのであるが，それは比較的被害を小さく抑えたこととともに，その迅速な体制づくりのもとで，被災生活を送り始めていることによるのではないかと思われる。

3　地元企業の協力

第三に，地元企業の貢献をあげなくてはならない。

すでに，火災の初期消火への地元企業の協力をあげたが，三ツ星ベルトは自社の体育館を避難所に開放して，1000人を超える避難住民を収容した。地震後，ただちにそれは行われた。地域の公式の避難所は真野小学校であるが，この体育館の提供はまったく企業の善意によるものである。震災後，マスコミは企業が自社の社員のために，住宅や寮を手当したことを報道していたが，このような地域の住民に企業が協力していることは報道してはいなかった。企業メセナということで，企業の社会貢献が強調されて久しいが，こうしたときこそ企業の本当の姿勢があらわれているように思われる。

4　まちづくり活動の物理的成果

第四に，これまでのまちづくり活動の物理的成果がいたるところに，真価を発揮していることである。真野は公害反対運動からまちづくり運動へと活動を発展させてきた。そのなかで，工場跡地を市に買い上げさせて，公園をつくってきた。これらの公園は，今回の地震の避難場所として役立ったばかりでなく，被災物資の集積所としても，炊き出しやさまざまな活動拠点空間としてなくてはならないものとなっている。また，これまで共同建替事業やまちづくり運動のなかで建設されてきた市営住宅は，地震の被害をまぬがれた。共同建替事業に消極的であった住民も「本当に助かった」と認識を改めた。長田区の火災現場を見るといずれも公園が延焼を止める役割を果たしていることがわかる。また，真野公園はホタル園をつくっており，そのための地下水を汲み上げているが，それにヒントを得て，地域の企業で地下水を汲み上げているところから，それを提供してもらう交渉をし，生活用水として活用した。

5　コミュニティと住民の多様性の力

第五に，地域に多様な職業をもった住民が住んでいたことも，力を発揮した。苅藻通りのマンションが倒壊し19人が生き埋めになった。地元の解体業者は重機を提供し，町民は必死の救出作業を１月20日まで不眠不休でつづけ，10人を救出した。近所の工場経営者の古屋は，工場が倒壊したにもかかわらず，一睡もせず救助活動をつづけた。彼らの話では，町内会でお互いのつきあいがあるので，生き埋めになっても，誰がいないかがすぐわかり，探すことができたが，自衛隊のように地域を知らない場合は，かなり難しいだろうということであった[7]。

6　まちづくり活動の蓄積

このような迅速な対応ができた要因は，なによりもこれまで20年間にわたるまちづくりのなかでつくりあげられてきた，コミュニティの精神とそのなかで身についた実践の成果であるといえる。このような突発的な災害に，的確に行動できる地域社会，しかも絶えず弱い者に目配りしながら活動できることこそ，本来の危機管理であろう。自分たちが愛せるまで，まちづくりを主体的に進めてきたことが，信じられない力と智慧を生みだしてきたに違いない。そして，それは復興まちづくりへの新たな力となっていったのである。

7）大震災と地方自治研究会による淡路島北淡町での調査のヒアリングでも，地元の消防団が救出にさいして，誰がどこの部屋に就寝しているかを知っていることが，埋まった被災者の安否確認や救出に大きな力となったとの証言を得ている。

第4節　真野地区に見るボランティア活動の実際

1　ボランティアの提起したもの

阪神淡路大震災における震災救援の最も特徴的な動きはボランティアの活動であった。100万人ともいわれるボランティアの救援活動なしには，被災者への初期救援活動の成功はなかったといえる。また，戦時期の銃後の婦人会活動とは異なり，国家のコントロールとは無関係な市民の自発的な意志と行動であった点で，戦後民主主義の成熟を示しているように思われる。

さらに，初期の救援活動において，このようなボランティアの活動参加に対して，政府や自治体行政の対応が消極的であったことは，行政が市民生活を現場で支えるという志向の弱さであり，住民の参加に関するノウハウをもっていなかったことを示している。

その意味で，ボランティアという市民の自発的活動は，実は日常的な市民の自発的活動を地域社会や自治体がどのように組み込んだシステムをつくっていくのかという課題を提起したのである。それは，1980年代の民間活力導入や市場化原理による規制緩和政策とは異なる，市民に基礎をおいた住民の自発的活力の発揮やそのための規制緩和，公共部門の新たな機能の獲得である。

ここでは，真野の自治活動を基本にしながら，具体的なボランティア活動が救援活動のなかでどのように展開されてきたのかを素描してみよう。テレビに放映されるボランティアは点的であり，実際に地域でどのように展開されていたのかを見なくては，その役割と意義は十分には見えてこないからである。

2　ボランティアの構造

ボランティアといってもその構造は多元的である。それぞれが，その特性を生かしながら地域社会の救援に参加しており，それは各自のもっている力能によって果たすべき役割も異なってくるのである。

（1）地元ボランティア

ボランティアは一般に地域外の支援者というようにとられているが，真野では「地元ボランティア」という言い方で，地域の救援，復旧活動に参加する住民を表現している。これまで，地域で寝たきり老人に対する入浴や給食サービスを実施してきた経験からいえば，地域での住民による自覚的援助活動の延長線上にあるのである。

真野では，この地元ボランティアが活動の中心にすわっていることが，地域の諸活動をスムースに展開できた最も重要な要因である。

それは被災者自身と被災を受けなかった地元の住民との関係にかかわる問題である。被災者は避難所に居住しているが，避難した被災者はまたそれぞれの避難所において適切な分担を行うのである。非被災住民は，町内の物資の受け入れ，配給，夜間の見回りなどの活動を担っている。

こうした地域ボランティアには，町会の役員，婦人会などの従来の地域団体の役員だけでなく，役員でない住民や地元の青年などが活動の担い手になっている。

（2）外部からのボランティア

震災で最も注目されたのが地域外からのボランティアである。現地での観察によれば，これらもさまざまな組織的，階層的な特徴をもっている。

①飛び込みのボランティア

なんらのつてもなく，偶然真野にボランティアとして参加してきた人たちであり，個人もしくは数名で参加してきている。たいていは市や区の対策本部の紹介を受けて，たまたま真野に来たという場合が多い。勤労者である場合もあるし，学生である場合もある。ある静岡から来たボランティアは，休暇をとり，活動に参加していたが，10日ほどの休暇が終わり，会社からそれ以上の休暇は与えられないという連絡を受け，帰っていった。彼らは，初期の地元ボランティアの活動を支えた。

②組織的なボランティア

ボランティアの多くは，組織的に参加してくる場合が一般的であった。とくに，炊き出し活動は，その設備や食材などの調達，調理，給食など個人ではできない活動を担った。したがって，参加する個人は組織の一員として参加していることになる。

この場合も団体のリーダーが真野とつながりがある場合もあるし，そうでない場合もある。こうした団体は，労働組合，青年団体，医療団体，宗教団体，観光協会のような経済団体，地域団体などや，この震災救援のために組織されたものがある。

たとえば長野県松本市の炊き出しボランティアは，市も加わって組織されたものであるが，被災地を点々として回りながら炊き出しを行っていくというかたちであった。数日真野での炊き出しを行ったあと，また別の被災地に移動していった。

東京の工学院専門学校は，学校の教師が神戸に来て，区から真野を紹介され，地元対策本部と打ち合わせのうえ，学校に帰り，学生にボランティアの呼びかけを行い，100名を越える応募を得た。そして，春休みとなる３月に20人ずつ３班を編成し，１班10日間の日程で，活動を行った。彼らは，地区の集会所に合宿し，朝６時の物資の荷下ろし活動から始まって，トイレ掃除，給水，倒壊家屋住民の所在確認活動など地元活動の支援を行った。班には，教師が２人ずつ付き，活動をサポートしていたが，学生は明るく，きびきびとした生活態度で，救援活動を行った。東京に帰るにさいして，寄せ書きを残していったが，支援の満足感とともに彼らがむしろ学んだことに対する感謝の姿勢のほうが多かったようである。教育的な効果が達成されているともいえる。

こうした神戸外のボランティアとともにボランティア組織から継続的に派遣されてくるボランティアもある。これは，ボランティアの受け入れ組織が神戸レベルでつくられ，そこにボランティアとして登録し，そこの派遣で日帰りというかたちで支援に来るものである。この場合は，地元の被害の少なかった地域の人々が多かった。日帰りということもあり，物資の積み下ろし，仕分けや給水活動など即応的な活動に従事していた。

こうした，組織的なボランティアの場合，団体として支援内容をあらかじめ決めて支援するケースと，団体ではあるが，活動は地元の需要に応じて対応するケース，団体ではあるが，個々のボランティアをネットワークし，派遣するというようケースなどそれぞれの団体の性格や活動スタイルを反映している。

（３）専門ボランティア

事態が落ちつくとともに救援活動から復旧，復興活動のウエイトが高まってくるが，それとともに専門性をもったボランティアの必要性が増大していった。

真野の場合，まちづくり活動のなかで全国的な研究者，コンサルタントとの関係をもっており，彼らを通じた支援活動が展開されているというのが特徴である。

①医師のボランティア

従来から真野とのつながりがあったわけではないが，学校の保健室を拠点に泊まり込みの体制で医療活動に従事した。医療機関が崩壊しているなかでの診療機関として活動したが，地元の医院が再開されるとともに終了した。

②建築家のボランティア

阪神，淡路地域の建物被害調査には日本建築学会，都市計画学会の大規模なボランティアによる活動が知られているが，真野では地域復旧，復興に向けての独自の建物調査が行われた。これには，京都，大阪，兵庫などの地元建築関係者と新潟の建築士会のボランティアが組織され，建物全数調査が行われた。それにもとづき，できるだけ地元で生活できるような手だてを講じるために，建物修理，改築相談業務活動へと展開していった。

③研究者のボランティア

真野を研究対象として多くの研究者（都市計画，社会学，政治学，福祉，経済学）が調査に入っており，そうした研究者は，地元に張り付いている都市計画家の宮西悠司（コンサルタント）とともに，復興に向けての専門的な協力を行った。

④特殊な技能をもつボランティア

避難所生活が長引くとともに，避難所の生活を人間的なものにしていくことが重要になってきた。とくに，避難所での家族間のプライバシーをどう確保するのかということは深刻な問題となった。硬質段ボールを使って，さまざまな作品をつくっている工芸家のトンプーこと矢野淳一は，大量の段ボールを調達し，被災者とともに避難所の生活用具の作成活動を行った。

⑤真野を全国的に支援するためのネットワーカーとしてのボランティア

真野を支援するための全国的な活動を展開するために，機関誌『人町花』を発行し，財政的，組織的支援を展開した。

こうした，専門的なボランティアは，全国的な広がりをもっており，真野の特徴である。それは，真野が長いまちづくりの過程のなかで，そうした人々を引きつける地域づくりをしてきたことと無関係ではないが，また真野がそうした専門家の力も入れながらまちづくりを進めてきたからでもある。その意味で，真野は開かれたコミュニティという特徴をよく示している。

（4）学校教師のボランティア的活動

避難所となった真野小学校の教師は，自らの職場が避難所となり，教え子の教育，生活確保と避難所住民のために，教育の職務を超えた働きをした。毎日の泊まり込み体制，毎日の町会長会議への参加，物資の搬入，給水などの諸活動に参加した。狭義の教育活動を超えた活動を展開し，大半の住民が学んだ小学校は，再び地域のかけがえのない施設として再確認されたが，それは単に建物の効用だけでなく，こうした教師の活動によってなされたのである。

3　ボランティアが機能するために

真野では，コミュニティ自体がもつ復興の力とともに，それを支援したボランティアの活動が織りなす力がコミュニティの力を高めているという望ましい相互関係が形成されていた。

ボランティア活動がよりよく機能するための条件として，初期のボランティア活動の観察という制約はあるが，以下のように整理できる。

（1）対策本部を設置したこと

初期の危機段階で，いち早く地元に対策本部を組織したことを，危機対応のきわめて重要で有効な要因としてあげたが，ボランティアの受け入れにあたっても，ボランティアの意向と地元の要求を調整し，相互の満足を高める要因として作用した。

（2）地元ボランティア

多くの被災地でのボランティアと地元との関係では，ボランティアが引き揚げるときに地元でその活動を継続できるかどうかが大きな問題となった。それは，地域が外部ボランティアへの依存体質を高めてしまい，自立の力をつくることが難しくなるからである。真野の場合，地元ボランティアというかたちで，地元の自治的活動の必要性を絶えず力説し，地元の復興力を高める努力をしてきた。そうしないと被災者は受動的存在になってしまい，その後もつづく生活再建や地域の復旧，復興事業への対応する力，生活力や自治力を衰退させてしまうと捉えているのである[8)]。これは，外部からの支援を不必要とするものではなく，むしろ外部の支援活動が地元の自治力を補い，高めるものでなければならないことを示している。その意味で日常的な自治活動の延長線上に地元ボランティア概念が生まれ，また地元ボランティア活動はより新しい力を得て，日常的な自治活動に戻っていくことになっていくのである。

（3）時間の要素

震災直後から復旧，復興へと時間の経過とともにボランティアの役割は変化していく。初期の食料問題，水問題，医療問題，治安問題等から，次第に問題は復興と日常生活に向けての複雑な課題の解決に移っていく。それにともなって，ボランティアの提供する活動の質や継続性，専門性などへの要請が高まっていく。マスコミでは，震災直後から救援段階のボランティアにだけ注目しているきらいがあるが，むしろ重要なことは，さまざまな困難を抱える被災地の復興活動の地道な支援活動である。その意味では，ボランティアの役割が終わったのでなく，より本格的なボランティアが必要になってきているともいえるのである。

そのための長期的なボランティア活動の組織，たとえばNPOとその制度的な保障（税制，資金など）のようなものが必要になってきているのである[9)]。

（4）専門家とネットワーク

前述（3）で述べたように，専門家の必要性は時間の経過とともに高まっていく。しかし，専門家は全国に散らばっており，そうした力を現実のものとするには，ネットワークされているか，すぐさまネットワークがつくられることが必要である。またネットワークを組織し，実際に真野の支援活動に転化させるネットワーカーの存在がいる。たとえば真野では，宮西や延藤安弘（当時熊本大学教授）などをとおして，広がっていったのである。さらに，そうした専門家が継続的に活動するための事業組織（NPO）が必要となるだろう[10)]。

また，専門性の範囲をどのようなものと考えるかということは難しいが，組織化を助ける専門家も必要である。真野では地域の主体がすでに形成されていたことが大きな力を発揮していた。しかし，被災地の多くでは自治会が崩壊し

8）自治力については宮西悠司〔1986〕参照。

9）「特定非営利活動促進法」（法律第173号）が1998年3月19日成立し，同年12月1日より施行されNPOの法的位置づけが明確となった。

ていた。その点では，地域の主体を組織していく力量をもったボランティアも，専門性をもったボランティアといえるであろう。したがって，自治会・町内会活動のベテランや労働組合，住民運動組織のベテラン組織者のボランティアとしての活用をもっと考える必要があるだろう。

（5）情報発信

真野の場合，そのまちづくり活動自体が魅力ある研究対象でもあった。そこには，毛利芳蔵の時代から行われてきた積極的なまちづくり活動が，全国から学び，全国に返していくという姿勢を実践してきたという蓄積がある。ある意味では，日本の開発型都市政策が主流である状況のなかでは，ハンディキャップ地域である真野がこのような力をもったことに注目すべきであろう。真野だからというよりも，「真野でも」ということのほうが正確である。

（6）ボランティアの仕事を明確に

ボランティア参加者のさまざまな条件に応じて，現場において適切な仕事が割り振られ，その役割を発揮できるようにすることが，重要である。これも日頃の活動のなかで，力量がわかっている場合は一層的確迅速に活動力を発揮できる。一般に飛び込みや一時的ボランティアは，単純作業に従事するしかないが，支援業務の内容とレベルが明確であればあるほど，飛び込みでも適切な配置ができる。

（7）継続性とボランティア自身が学ぶこと

短期のボランティアの果たした役割は大きかったが，どうしても1日程度では効率という面ではロスが多いし，ボランティアにとっても学ぶものは少なくなる。その点では，ある程度の期間の継続性が求められる。それは，連続的に

10）救助，救援の段階から復旧，復興段階に入り，対策本部は1995年8月に解散の運びとなった。その後，全国からの支援金を有効に使うという趣旨で，まちづくり活動を推進する組織として，まちづくり協議会とは別に，NPO法制定前であったこともあり，組織形態としては会社組織のかたちをとったNPO「有限会社 真野っ子」を設立し「真野地区復興・まちづくり事務所」を運営した。阪神大震災復興まちづくりニュース『真野っこガンバレ!!』ニュースの発行，さまざまなまちづくりの相談活動などを進めた。その後，目的をほぼ達成したことと財政資金を使い切ったことから，2000年3月末をもって解散した。真野地区復興・まちづくり事務所編〔2000〕「ご支援ありがとうございました——復興・まちづくり事務所閉鎖のお知らせ」（『真野っこガンバレ!!』176号，4月1日）。

滞在するだけでなく，数日単位で継続的に通うことを含めて考えることができる。

そうしたなかで，ボランティア自身が，自分の生活とは異なる地域に対して単なる慈善だけでなく，地域からさまざまなことを学ぶことができるからである。また，その意味では，その地域がそれにふさわしいところであるかどうかも重要な要素である。したがって，被災地住民とボランティアの相互の学びあいということが現実の創造的な復興に欠かせない要素である[11]。

参考文献

今野裕昭〔1998〕「災害ボランティアに関する社会学的考察——阪神大震災の災害ボランティアを素材に」（『宇都宮大学教育学部紀要』第48号）

今野裕昭〔2001〕『インナーシティのコミュニティ形成——神戸市真野住民のまちづくり』（東信堂）

大震災と地方自治研究会編〔1996〕『大震災と地方自治——復興への提言』（自治体研究社）

阪神復興支援 NPO 編〔1995〕『真野まちづくりと震災からの復興』（自治体研究社）

広原盛明〔1996〕『震災・神戸都市計画の検証——成長型都市計画とインナーシティ再生の課題』（自治体研究社）

真野地区復興・まちづくり事務所編〔1997〕『震災の記憶と復興への歩み』（有限会社 真野っこ）

真野地区復興・まちづくり事務所〔2000〕『真野っこカンバレ !!』（176号，同事務所）

真野地区記念誌編集委員会編〔2005〕『日本最長・真野まちづくり——震災10年を記念して』（真野地区まちづくり推進会）

宮西悠司〔1986〕「地域力を高めることがまちづくり——住民の力と市街地整備」「『都市計画』No. 143，8月）。

11）その後，福岡西方沖地震，中越地震，中越沖地震の現地調査を行ったが，ボランティアの参加，受け入れ，活動など阪神淡路大震災の教訓がかなり生かされるようになっている。とくに行政の対応が前進し，ボランティアを救助，復旧活動の担い手として位置けて対応している。

第5章　震災とコミュニティ・ボランティア・自治

はじめに

前章で阪神淡路大震災後の真野という地域の危機対応力を具体的に検討し，コミュニティの重要性を検証してきた。それは都市におけるコミュニティの可能性を充分認識させるものであり，これまでのわれわれの都市認識を改めさせるものである。都市はバラバラの個人が集合しているにすぎず，コミュニティというものは成立しない，それを代替するのが都市の自治体であると考えられてきた。共同社会的条件としての社会資本の供給，およびその管理者としての都市自治体というところまでは明らかにされ，そこへの住民参加ということも大方承認されるところである。しかし，それを都市における住民主体の共同社会の形成という視点まで掘り下げる議論はようやくはじまったところである。

阪神淡路大震災の経験から，われわれは都市における住民主体の形態として都市コミュニティを都市自治の基盤として確認することができるようになったといえよう。これを行財政論に引きつけて考えれば，ポスト福祉国家への可能性としてコミュニティという自治の形態を認識する手がかりを得たということができる。そのような問題意識をもちながら，阪神淡路大震災をとおしてコミュニティの意義と可能性について検討する。

第1節　救援に力を発揮したコミュニティ

震災後の第一の問題は，救助活動をどうするかの問題である。

1995年1月17日の震災後の被災者の救援活動において迅速な対応をしたのは，地域のコミュニティであった。ここで，救助活動の内容を見ると，人命の救助を第一としながら，避難所の確保，火災の消火，飲料水の確保，怪我をした人の救助などである。最も重要な人命の救助を見ると，まず，被災者は自らの安全を確保したのち，家族の安否確認と救出を行う。家族の安全を確保したのち，近隣の住民の安否確認と救助を行っている。この場合，近隣の関係がどの程度濃密であるか，救助の力量がどの程度あるかが，成否を分けている。倒壊家屋のなかに埋まった場合，誰がどの部屋に寝ているかということまでわかっている場合とそうでない場合とでは，救出の成否は大きく分かれる。たとえば，北淡町の場合，誰がどの部屋に居たかがほぼ近所の住民が知っており，迅速な救出ができた。また，鋸，バール，カッター，小型のユンボなどの道具類とそれらを使いこなせる住民が居るかどうかも救出にとって重要であった。

この点で，震災後自衛隊の出動による危機管理の強化が強調されたが，救助の迅速性という点では，これだけ同時多発的に家屋の倒壊が起こり，そこからの救助をどれだけ速く行うかということから見れば，実際問題として，自衛隊がすべてをカヴァーすることは不可能である。つまり，救助活動ということで見れば，その迅速性が基本であり，それは，地域の状況をどれだけ把握し，行動できるかというコミュニティの力量に左右されるということである。そして，それを基本として，比較的地域を把握している消防団，消防署などが救出行動の第二戦力として位置づけられるのである。たしかに，マンションなどでは，コミュニティ・レベルの救助では，機械道具類の制約という問題が生じ，その場合には消防，自衛隊などの重機の役割が重要であるが，それをもって自衛隊などによる救助力に過大に依存することはできない。むしろ，今回の大震災で明らかになったのは，安否確認，救助でのコミュニティの力なのである。そして，この事実は防災活動の主体をどこにおくのかということにかかわるのである。

第二の問題は，震災後の火災とその消火にかかわる問題である。それは，日を追って重要な問題となってきた。家屋の倒壊に加えて火災は大量の住宅を消失させ，居住の基盤を奪い，大量の罹災難民を生みだした。そして，住民のいない地域は，人的力を失い，復旧・復興の力を著しく弱めているのである。同時多発的に起こる火災にいかに対応するか，初期消火をいかにするかが，救助活動の次に死活の問題である。

今回の震災にともなう火災は，長田区のようなインナー・シティが最も深刻な被害を被っており，その点では都市計画の問題が最も根本問題であることを示した。住工混在の密集した市街，公園，道路，公共施設などの防火空間の絶対的な少なさなどが延焼をもたらした。

さらに，消防力の問題もある。水の確保，消防車の火災現場への到着，消防体制の問題などである。

こうした問題とともに，同時多発的に火災が発生したときにどう初期消火を行ったかが，被害を拡大するか，押さえるかにとって重要な分岐点となった。同時多発的な火災の発生に対しては，やはりコミュニティの対応力が大きくものをいうのである。地域の消防組織，消火活動への住民の意志と参加，水源の確保，交通の規制などコミュニティの防災水準が問題となる。都市における火災は，日常的にはほとんど専門的な消防組織に依存しており，多くの地域は火災の発生に対して，消防組織の到着を待ったのであるが，同時多発的な火災発生はすべての火災現場への消防の対応を不可能にし，延焼を拡大したのである。この点で，真野では地元企業の消防組織の協力も含めて，地域に発生した火災への消火活動が，延焼を最小限にしたことは教訓的である[1)]。

震災後の対応として第三の問題は，避難所の確保である。多数の罹災者が発生し，第二次災害を避けるためには安全な地域への避難が必要になる。今回の震災が早朝であったこともあり，住民は，まず公園や駐車場などに避難したが，その後地域の公共施設としての学校や保育所，公民館，集会所などに避難した。これらは，第一次避難所ともいうべきものであるが，これらの公的施設が住民の避難行動範囲に適切に配置されているかどうか，その開放が迅速適切に行わ

---

1)　この点で「府民とともに大阪の躍進をはかる会」（豊崎実・庄司光代表，宮本憲一事務局長）が開催したシンポジウム「新しい大阪の都市づくり構想」（1978年12月9日）において防災論の大家，堀内三郎は「都市防災の前進のために」というコメントを行った。そのなかで「数学的モデルを作っていろいろな対策の評価をしてみましても，災害の被害程度が広域におよばない，局地的に留まるような方向というのが一番望ましいし，効率も高いし，信頼度も大きいという答えが返ってきます。ですから，例えば大阪市をとってみれば，大阪市全体に大避難所をあちこちに造って，ということも悪いことではありませんが，出来れば出来るだけ狭い地域，1キロならなら1キロ範囲ぐらいのところで安全が完結するようなやり方が一番望ましいわけです。1キロが難しいならはじめは，5キロでも3キロでもかまいませんし，大きな道路とか河川とかそういったもので防火帯を構成しておいて，さらにその中を細かく分けていって，それ以外のところへは逃げなくていい，安全はその中で完結するんだというかたちの防災計画が一番望ましいわけです」（堀内三郎〔1979〕51頁）と述べている。それらを踏まえ，同会では「防災まちづくり型公共投資」による経済再生を提言している（府民とともに大阪の躍進をはかる会〔1979〕）。

れるかどうかが問題となる。

施設の面でいえば，障害者，高齢者，寝たきり老人，乳幼児を抱える母子などに対応した施設の配置がコミュニティ・レベルで必要である。こうした社会的弱者は，一般的な避難所では，生活に困難をきたすのであり，専門的な介護者や生活条件が必要であり，コミュニティの不可欠の物的防災施設と考えるべきであろう。家を失い，避難所生活が長期にわたる場合，健常者を想定した避難所だけでは，社会的弱者には対応できないのであり，第一次避難所として活用できる専門家のいる公的施設が，コミュニティにとって必要なのである。

また，避難所のカヴァーする範囲の問題がある。広域的で，大規模な避難所ほど，そこにおける自治管理力の発揮は難しくなり，問題解決力は低下し，避難者の依存度やストレスが拡大する。非常時とはいえ，日頃のコミュニティの延長上に避難所が配置されていることが必要なのである。

真野のように企業が体育館などを開放したところもあるが，総じて企業の施設や空間を開放したところは少なかった。企業は，自社の社員の避難所の確保には迅速であったが，地域への避難所提供には消極的であった。企業は，生産再開や営業という側面から見ると，自社の社員の生活安定を優先するということは，経営の論理として当然のように考えられるが，企業と地域社会の関係という側面から見れば，検討すべき問題を含んでいる[2)]。

第2節　避難生活とコミュニティ

避難生活にとって最も重要なことは，生活手段を失った住民の生活をどのよ

---

2)　朝日新聞大阪本社経済部編〔1995〕は震災に対する企業の対応についてのレポートである。そこでは，もっぱら企業が社員をいかに救援したかについて書かれている。地域住民が，自分の家族だけでなく，地域住民の救援に大きな力を発揮したことからみれば，企業の会社本位主義は，日頃の自治体への発言力に比べ，公共心という点でははるかに劣っている。それは，社員から見れば，地域社会への市民的公共心よりも会社への求心力が強いことを示しているのであり，会社の生産性のために公害を発生させた論理とどれだけ違いがあるだろうか。

しかし前章で紹介したように，三ツ星ベルトのような震災後火災消火に協力し，避難所として企業施設を提供した企業もあることを見逃すべきではない。

うに支えていくかということである。水の確保，食料の確保と配給，避難所の毛布はじめ着のみ着のままの避難者の衣類の確保などの最低限の生活条件が必要になる。これらの条件確保のためには，基本的には政府，自治体の体制がどれだけ確立しているか，その作動がどれだけスムースにいくかということが重要であるが，コミュニティの力量が最も問われるのである。災害時には，社会的弱者ほど困難な状況におかれるからであり，そうした状況を把握しているのは，地域の住民であり，地域の民政委員などであり，それらの力が適切に発揮されるかどうかにかかっているのである。とくに災害時の情報と物資の補給面で社会的弱者は，不利な条件におかれる。

情報という点では，高齢者世帯や障害者には，ほとんど情報が届かず孤立してしまっていた[3]。

また，市役所や区役所で毛布や物資の配給が行われたが，運搬手段をもっていたりする人たちは確保できるが，そうした条件のない市民，とくに社会的弱者の多くは入手できなかった。また，被災者のなかには，乳飲み子を抱えた住民もおり，ミルクやおしめを確保することも困難であった。さらに，避難所へは水や生活物資が届いても，倒壊はまぬがれた家族でも電気，ガス，水道が途絶えたなかでは，水と食料の確保が死活問題であり，社会的弱者ほど情報と配給面で，困難を抱えるのである。

こうした人権にかかわるきめ細かい対応は，地域の実状を把握しているコミュニティ・レベルの組織でなければ難しいのである。また，自治会などの地域組織やリーダーは，こうした緊急事態に即応した組織体制がつくりあげられたかどうか，そのリーダーシップが発揮できたかどうか，という点で存在理由を問われたのである[4]。

3)　災害直後全国からのボランティアの申し出に対して，専門的な技術をもったボランティアに限るとした自治体があったが，素人であっても，広報紙の配布や社会的弱者への情報の伝達などの足による支援活動ができたはずである。

4)　この点をいち早く指摘したのは倉田和四生〔1996〕であった。今野は，倉田の取り上げた事例を整理して，「従前コミュニティの成熟度と災害対応」としてまとめている（今野裕昭〔2001〕6－9頁）。

第3節　ボランティアとコミュニティ

誰からも指示されず，自発的意志によって被災民の救援に全国から阪神・淡路地域に陸続と駆けつけたボランティアの数とその自発性は，その淵源は遠く関東大震災における賀川豊彦に発するとはいえ，そのスケールは比べようもなく大きく，その意味するところは，これからの日本社会の推移のなかで明らかとなるであろう。ここでは，震災後のボランティアの活動をコミュニティとのかかわりで整理してみる[5)]。

第一に，地域の救援復興という視点からボランティアを考えると，時間的経過とともにその期待される機能は変化していくということである。初期の物資の搬入・仕訳や給水，炊き出しなどの段階から次第に秩序が回復し，復興過程に入るとともにコミュニティの再建課題も変化していくのである。その方向は，技能やノウハウをもった専門家の支援が必要になってくること，短期的な支援から継続的な支援が必要になってくること，バラバラの支援から組織的な支援活動になってくることなどである。

第二に，ボランティアの支援とコミュニティの関係でいえば，地元ボランティアの組織がその後のコミュニティの復興過程にとってきわめて重要であるということである。ボランティアへの依存度を強めたために，被災者のコミュニティが自立できず，ボランティアとのトラブルが起こった避難所もあった。ボランティア，地域双方にとって，地元の自立（自治組織と活動の形成）をはかるという視点が，ボランティアのあり方にとって重要なのである。

第三に，ボランティアは支援を通じて自己実現をはかるという側面と，同時にそれを通じて学ぶという側面が大きいのであり，とくに若者の場合，適切なリーダーによる組織と地域での役割を与えることによって，その効果は大きくなる。

第四に，長期継続的なボランティアを派遣し，その役割を果たすためには，

5）具体的なボランティアのコミュニティでの活動については，西堀喜久夫〔1995a〕を参照。

全国的なバックアップ組織が必要である。これは難しい課題であるが，ボランティア活動を一過性のものにせず，ボランティアの過度の負担を避けながら，復興過程を支援していくためには，避けられない課題である。

第五に，公務労働者とボランティアと地元との協力関係をつくりあげていくことが必要である。公務労働者は，職務として派遣されているが，地域活動の経験がない場合が多く，その点で住民の自発性やボランティアとの協力関係をつくりあげながら職務を果たしていく点では，新しい課題が提起されたといえよう。筆者の観察では，労働組合活動経験者，住民と日頃接している部門の自治体労働者ほど柔軟な対応をし，地域との関係を適切にはかっていた。

第六に，地域の復旧・復興過程に入っていくとともに，ボランティア・レベルの活動のみでは対応できなくなってくるのであり，そうした活動の受け皿としてNPO（非営利公益組織）が必要になってくる。そのための行政的財政的制度が必要になってきている。

100万人を超えたといわれるボランティアの善意を今後の日本のコミュニティづくりの共通の資産として生かしていくとすれば，以上のような点について留意が必要であろう。

第4節　復旧・復興を左右するコミュニティ

救援から復旧・復興の段階に移るにつれてコミュニティの意義はますます重要性を増してきた。

その第一は，仮設住宅の建設問題である。仮設住宅は，コミュニティから離れた郊外や市外に建設された。たとえば神戸市では，最も被害の大きかった旧市街地は公共用地がないということから，西区や北区などに建設され，仮設住宅に入居しようとすれば，コミュニティから離れなければならないという事態となった。地元に仮設住宅建設の要求や民間の土地借り上げによる地元建設，地元住民優先入居などコミュニティを維持する方向での仮設住宅供給の提案があったにもかかわらず，郊外建設が進められた。これは，区画整理などの都市計画事業を優先する政策志向，機関委任事務による地元の裁量権のなさや多様な供給システムを採用できない画一的量的供給志向，入居判定の画一性などの結果である。

仮設住宅は，単なる物的な住居であり，コミュニティではない。そこに住むのは，それまでの地域関係を断たれたバラバラな家族の集合にすぎない。コミュニティは一朝一夕にはつくることはできない。コミュニティに依存して生活してきた障害者や高齢者ほど精神的物的に困難を抱えることになる。そして，仮設住宅に暮らす住民は，それまで暮らしてきた地域の復旧・復興への参加も困難となり，コミュニティから疎外されてしまうのである。

地域との関係で営業してきた商業者，住工一体で経営してきた零細工業経営者，職住接近のなかで生活してきた中小企業労働者，地域のネットワークのなかで支えられてきた障害者や高齢者などは，郊外に建設された仮設住宅では，生活することができないのである。しかも，最も被害の大きかったインナー・シティほどこうした住民が多く住んでいるにもかかわらず，地元にはほんのわずかしか建設されず，しかも画一的公平性のために地元住民が入居できたわけではないのである。

一方，被災地では，仮設住宅が地元に建設されないために，多くの住民が地域から去り，コミュニティが機能しなくなる。商店は，自らの店舗を建てても，住民が激減し，住民が地域に戻るのが遅れれば遅れるほど経営は困難になっていく。また，都市計画決定がされ，区画整理が計画されても，そうした計画に対して，地域から離れた住民の参加は難しく，事実上，計画から排除されてしまうのである。しかも都市計画決定から事業の完成までには，さまざまな利害調節が必要であり，短期間にはできない。その間多くの住民は地域から切り離された状態がつづくことになる。そのため，復興都市計画は，物的な計画として完成しても，住民の生活やコミュニティを再建するということにはならなくなるのである。

もし，今回の震災におけるコミュニティの重要性を認めるならば，このような被災地における復興計画の方法が矛盾を抱えていることは明らかだといえよう。物理的な耐震機能を強化しても，コミュニティは形成されず，総合的な防災力を低下させることになる。

以上からみて，被災地の復旧・復興にとって重要なことは，地域に住民が戻れ，これまで培ってきた生活関係を生かしながら，復旧＝街の再建に参加し，地域が自分たちがつくったものとして認識されていくような過程を生みだしていくことである。そのためには，まず住民が住んでいた地域に戻れるように仮設住宅を建設し，地域に住める住宅の建設を進めなければならない[6)]。

第５節　復興過程に見る神戸市と島原市のコミュニティ観の比較[7)]

1　災害の共通点と差異

阪神・淡路大震災と雲仙・普賢岳噴火災とは，災害の形態においても，その規模においても，また大都市と地方都市という点でも大きく異なっている。しかし，自然災害の発生後の地域社会の対応や，災害による社会，経済的被害のあらわれ方，防災政策や行財政制度などについては，むしろ共通点が多い。

たとえば，現地での長期にわたる調査と研究にたずさわってきた，宮入興一は「災害の都市化」という視点から，雲仙・普賢岳噴火災が今日の都市社会化したなかでの災害であることを明らかにした。長期にわたる避難所と仮設住宅生活，住宅問題，ライフラインなどのインフラの重要性，直接的被害と長期にわたる間接被害，復興政策の総合性の必要性，生活，営業の再建のための行財政制度の問題点など，阪神・淡路大震災などで浮き彫りになった問題は，すでにこの災害のなかにあらわれていたのである[8)]。

雲仙・普賢岳噴火災と阪神・淡路大震災では，噴火と突然の地震との違いか

---

6)　出口は，神戸市の復興再開発計画がコミュニティを再生するのでなく，破壊する計画であることを指摘している（出口俊和〔2002〕79頁）。また，塩崎は避難所問題から，仮設住宅，復興住宅問題について，コミュニティの視点から優れた研究成果を報告している（塩崎賢明〔1996〕，同〔2007〕）。この点で，区域の狭い芦屋市では，仮設住宅の建設地が近隣公園しかなく，結果的に旧居住地近くに建設され，被災者が復旧・復興まちづくりに参加できたのである。神戸市は，市域が広大であるがゆえに，コミュニティから離れた地域に仮設住宅用地が確保されたともいえるが，決して居住地近くに空地がなかったわけではない。北淡町では，仮設住宅の配置でも近隣関係を配慮して建設しており，雲仙・普賢岳噴火災害における仮設住宅建設の教訓が生かされていた。その後，新潟県中越地震（2004年10月23日）における仮設住宅は，旧集落から離れた地域に建設されたが，旧集落のまとまりを重視した建設，入居が行われた。

7)　コミュニティの重要性は，国際的にも関心をもたれている。Michiyo Nakamoto〔1996〕では，コミュニティの重要性についての言及にかなりのスペースをさいている。

8)　宮入興一〔1993〕。

ら避難の形態は異なっている。雲仙・普賢岳噴火災の場合は，避難に時間的余裕があり，あらかじめ避難所が設定され，誘導された。そのさい，町単位に避難場所が設定され，地域のコミュニティを保つようにされた[9)]。阪神・淡路大震災は，突然の災害であり，住民は，地域の学校を中心に公共施設などに自然発生的に緊急避難をし，結果的に身近なコミュニティでの避難行動が行われたといえる。しかし，避難所の秩序は，コミュニティの濃淡を反映してさまざまであり，日常のコミュニティを維持した避難所生活を行えた神戸市長田区真野地域のようなところは，むしろ例外的であった。

2　仮設住宅建設にみる比較

両者の違いが最もはっきりでたのが，仮設住宅対策であった。島原市の仮設住宅申込世帯は，1455世帯（約1万1000人）にのぼった。この数は，神戸市の仮設住宅市内3万3000戸（全県4万8000戸）に比べ絶対数としては少ないが，人口4万5000人の自治体としては，大変な数である。島原市の行った入居の方法は，できるだけ旧居住地の近隣を基本にし，町内単位，地区ごとに配分し，割当を行った。そのため，入居はトラブルもなくスムースに行われた。先行き不安，住宅のスペースや隣の物音など，ただでさえストレスのたまる仮設住宅生活であるが，それまでの近隣関係やコミュニティに配慮することによって，精神的な支えとなった。とくに，子供や老人にとっては，日常的なコミュニティが維持されるかどうかは，精神的肉体的安定を大きく左右する要因である。また，多世代世帯が多いため，仮設住宅での「嫁・姑」関係に配慮し，世帯分離しながら割り当てたり，病人のいる家族への配慮がなされた。また，市は仮設住宅を回りながら，さまざまな苦情や意見を聞き取り，具体的に解決していった。

一方，前述のごとく神戸市では，とくに被害の激しかった地元に仮設住宅を建設せず，もとの居住地から離れた郊外部に建設し，入居ももとのコミュニティへの配慮はなされず，機械的な抽選によって割当てを行った。そのため，被災地域でのコミュニティが崩れただけでなく，仮設住宅でのコミュニティもで

---

9)　高橋和雄〔1994〕85頁，参照。

きなかった。その結果，老人や障害者など，コミュニティのなかで支えられて暮らしてきた人々に精神的・肉体的ダメージを与え，多くの孤独死や自殺者を生みだした。また，被害の大きかった地域ほど，住民はバラバラになり，復興の力が結集できず，遠距離地域の仮設居住者は，地元の復興過程から阻害されてしまうのである。

この点について，島原市の関係者が，仮設住宅の建設は，災害救助法にもとづいて知事に機関委任され，それが市長・町長に再委任されているが，災害法という性格上かなり融通むげなところがあり，現場の裁量（事後折衝）が働く余地がある。ところが神戸市の場合にはかなり杓子定規で行われていたように見えた，と述べている[10]。

3　復興計画作成過程の比較

このようなコミュニティへの配慮の差は，復興計画策定にあたってもあらわれている。阪神・淡路大震災地域での復興計画上の最大の問題は，復興都市計画の決定が，ほとんど地元の意見を聞くこともなく決定されたことである。そのため，地元住民の異議申し立てが相次いだばかりでなく，事業段階でのさまざまな障害が生まれている。復興財源が，都市計画決定をしなければでてこないという現行法上の問題はあるが，なにをもって復興というかという根本的な行政姿勢の問題がある。道路や公園，土地区画整理，公営住宅などのハードウエアの計画と線引きをもって復興という発想であり，暮らしとコミュニティの復旧という視点が欠如している。

島原市や深江町での復興計画策定にあたっては，各種のアンケート調査，作文募集，地域団体の意見聴取，専門家の参加を得た勉強会などが重ねられ，それらを吸収しながら構想，計画が策定されている。そして，たとえば島原市では，1993年1月に基本構想の中間報告をもとに島原市災害復興シンポジュウム「興そう　拓こう　島原の未来」が開かれ，700人の市民が参加し，5時間にわたる討論が行われ，そのうえで市としての基本計画が決定されている[11]。

以上のように，神戸市と島原市を比較すると，コミュニティに対する姿勢に

---

10)　1996年の島原市の担当者からの聞き取りにもとづいている。

大きな差があることがわかる。このような差異は，なぜ生じてきたのであろうか。

島原市は地方都市であり，神戸市は大都市である，という見方も成り立つであろう。たしかに，大都市は，人口の流動性が高く，地域コミュニティが形成されにくいということはいえる。だが，事実は，神戸市での被災の中心地は下町であり，コミュニティが相対的に強い地域である。したがって，問題は復興の視点，都市政策のあり方と都市自治体としてのシステムの問題といわなければならない。

神戸市は，企業型都市経営論や都市間競争戦略にもとづき，公共デベロッパーとして山を削り，海を埋立て，開発を進めてきた。しかし，既存密集市街地の再開発は，相対的に手薄であった。こうした下町ほど高齢者や低所得者が多く，老朽住宅，狭小住宅が密集し，公園や空間が少なく，災害に脆い地域となっていたのである。そして，効率的な（収益力ある）開発は，時間と多様な対応を必要とするコミュニティの形成という戦略を後退させていったのである。

また，島原市でできて，神戸市でできなかったものに，都市行政規模の問題がある。現行の政令指定都市は，集権的になりやすく，コミュニティをベースにした参加のシステムを形成することは，不可能に近い。行政区は，自治の単位でなく，本庁の出先機関にすぎない。コミュニティを生かすには，地域と密着し決定できる，自治体のシステムが必要である。

もちろん，災害復旧・復興が，コミュニティの力だけでできるものではなく，国や県の財政支援，制度的整備が必要なことは，いうまでもない[12)]。しかし，災害への対応と復旧・復興が，市民の暮らしと自立を目的とするならば，コミュニティの視点を抜いてはありえないことを，両地域の経験は教えている。

11）高橋和雄〔1994〕95–96頁，参照。この点で，広原は神戸市の震災復興計画が，「まるで戦時下の経済政策のような官僚主導の復興計画を作り上げた」という，きわめて興味深い指摘をしている（広原盛明編著〔2001〕98–102頁）。

12）土石流と泥流に埋まった農地は，耕地整理が進められている。葉タバコ，茶，畜産を中心とした優良農業地域であっただけに，１日も早い農業再開が求められている。1996年３月に島原市が公表した「災害の長期化及び警戒区域等の設定に伴う生活実態把握調査報告書」によれば，農業を再開している世帯は20.5％にすぎず，43.1％が休止，22.6％が離農している状況となっている。

神戸市の場合，大量の仮設住宅を短時日で建設しなければならなかったことや，建設の主体が兵庫県にあったことなどの事情を考慮しても，コミュニティへの配慮が欠けていたことは，認めなくてはならないだろう。

第6節　コミュニティが機能する条件

では，震災に対してコミュニティの力が有効に発揮されるためには，どのような条件が必要であろうか。これまで，コミュニティの重要性を述べてきたが，ここではそのようなコミュニティはどのようなものであるかを検討する。

第一は，住民が，コミュニティを自分たちのものであると感じ，コミュニティを守るために積極的にかかわるような関係を日常的につくりあげてきているかどうかということである。地震のような危機にあって，家族や近隣の安否確認，救出活動からより広い地域での救出，消火活動，地域の救援組織とその諸活動へと参加していくのは，日常的に自分の生活と地域の活動が無理なくつなげられているからである。そのためには，個々の生活とコミュニティという個々の生活を超える空間的社会的関係が絶えず認識されているような状況がなければならない。そのためには，コミュニティの諸活動が，個々の生活と密接にかかわっているということが感じられる共同の事業が展開されていなければならない。それは，地域の環境の改善であったり，まちづくりの活動であったり，祭や地域の文化活動であったり，福祉活動であったりとさまざまであるが，それらは地域という固有の価値を高める取り組みであり，住民の共有資産としての地域を認識させるのである。だからこそ，危機のなかで，地域を守り，地域のために働くという活動が生まれるのである。どれだけ地域のポテンシャルが強いかは，そうしたコミュニティにおける活動がどれほど蓄積されてきたかに左右されることになる。

もう一つは，そのコミュニティの関係が民主主義的であるかどうかによって，コミュニティへの帰属意識は左右される。コミュニティの運営が民主主義的でないということは，住民の少なからぬ部分が，コミュニティの運営から疎外されているということであり，そういう人々にとっては，コミュニティは疎遠なものとなり，したがって危機のときには，コミュニティを守ろうとする行動にはでないのである。

真野地域が，町内会を中心にしながら素早く立ち上がることができたのは，町内会レベル，連合町内会レベルでの，長年の民主主義的運営が行われ，住民の自発的参加がかなりの程度保持されてきたからにほかならない[13)]。

第二に，コミュニティを支える物的な社会資本が配置されていることが必要である。今回の震災において，最も重要な役割を果たしたのは，地域の学校，保育所，集会所などの地域施設であり，病院であり，地域の公園であった。病院は，必ずしも公営とはかぎらないが，基本的にはこれらは，地域の社会資本である。とくに小学校は，避難所としても，地域のセンターとしても重要な役割を果たした。病院は，病人，怪我人を救助した。地域の公園は，避難場所としても，炊き出しやさまざまな活動の場所としても，テント村や仮設住宅建設場所としても重要な役割を果たした。

しかし，寝たきり老人や障害者のための社会資本は，コミュニティ・レベルでは整備が遅れており，そのためコミュニティを離れざるをえないという状況を生みだした。

こうした社会資本は，日常的な地域住民の生活施設としても不可欠なものであり，このような社会資本が災害時にも有効な物的，人的手段となるということが確認できるのである。

第三に，都市を構成する最も重要な基盤としてコミュニティを位置づける都市行政が展開されていることが必要である。都市コミュニティは，近世の農村地域とは違い，それ自体として自立しているわけではない。住民の地域社会生活の経験からコミュニティの必要性が自覚され，自発的に形成されたものであるとしても，社会資本投資や制度的保障のバックアップがあって，はじめて有効に機能するのである。

阪神淡路大震災において，倒壊したマンションの再建をめぐる困難は，その経済的側面が大きいにしても，コミュニティ形成の成熟度も深く関係している。また，震災後の救援・復旧活動で刮目すべき実践を行っている真野地域を見ると，長年にわたる住民の地域づくりの実践を踏まえて，公害企業の跡地を公園

---

13)　真野については多くの文献があるが，主なものは第4章，参照。

にしたり，狭小老朽家屋の共同建替事業を行ってきた。そうしたまちづくりを支える公的な組織としてまちづくり推進会が条例にもとづいて組織されていること，地域づくりをサポートするコンサルタントなど，コミュニティの力を生みだす行政のバックアップがあったことを確認することができる[14)]。

第7節　神戸市の都市経営とコミュニティ

阪神淡路大震災で，最も人的・物的被害の大きかった地域は，インナー・シティであった。インナー・シティは，古くからの長屋や住商工の混在したまちであるが，そこには歴史的に形成されてきた下町のコミュニティが息づいてきた。震災によって住宅を失い，経営に困難をきたし，コミュニティを成り立たせる住民の生活基盤が崩壊したことは，すでにふれた。

では，なぜインナー・シティの防災まちづくりが進展しなかったのであろうか。そこには二つの理由が見いだされる。一つは，日本の都市計画が，区画整理と都市再開発を柱に，道路整備と商業施設を中心とした開発による地価評価の上昇を前提にして公共用地を生みだそうとするため，住宅の建替を中心にしたインナー・シティの対策は制度的，財政的に不十分なものとなっている。インナー・シティの住宅更新事業は，政策補助が中心であり，その額もわずかであるため，自治体が取り組もうとしても財政的に持ちだしが多く，したがって消極的になるのである。

もう一つは，地方自治体の都市づくりが複雑な住民構成や権利関係をもつインナー・シティ問題の解決よりも，新しい地域の開発による都市づくりの方向

14）　この点で今野裕昭〔2001〕は真野についての詳細で，優れた研究であるが，神戸市行政とのかかわりについてほとんど分析されていない。真野地域の優れたリーダーである故毛利芳蔵が行政から自立しながら行政の公共機能を地域づくりに活用していたことは注目されるべきである。真野が公的施策（条例や財政）を活用せずに建替事業をはじめとするまちづくりを進めることはできなかった，ということは明らかである。また，政党から距離を保ちながら，議員の力を生かし，したたかにまちづくりを進めていたことも明らかであろう。真野のまちづくりは「神戸市のショーウィンドウ」にすぎないという否定的評価も，神戸市行政との関係の評価にかかわってでてきているのである。それゆえ，真野のまちづくり活動と神戸市との関係を抜きにして，真野をはじめ現代都市のコミュニティを論じることはできないのではないだろうか。

を重視してきたことである。そのような方向は，これまでの神戸市の都市経営に典型的に見られる。神戸市の都市経営の基本は，山を削り，海を埋め立て，これを住宅や商工業用地として売却し，キャピタル・ゲインを獲得し，さらなる開発を行うことによって大神戸を建設すること，第三セクターをつくり，行政の経営的性格を強め，効率的な行政を実現しようとすることにある。このような基本戦略のもとでは，投資の効率性が主要なメルクマールとなるのである。ところが，インナー・シティ問題の解決は，開発行政と異なり，複雑な権利関係やコミュニティ問題を一つひとつ解決しながら進めざるをえず，キャピタル・ゲインを得るどころか，膨大な財政投資を必要とするのである。都市経営を進めれば進めるほど，インナー・シティ問題の解決は後景に退いていくことになったのである。開発によるキャピタル・ゲインの獲得自体は責められるべきではないが，問題はそのキャピタル・ゲインが，インナー・シティ問題の解決に回されず，新たな開発投資の原資として無限の回転をはじめてしまったことにある。それは，都市経営論が自治体を経営体として擬制したことにある。経営体の最大の動機は資本蓄積にあり，いかに資本蓄積を行うかが経営の優劣をはかるメルクマールとなるのであるから，都市経営論に忠実であろうとすればするほど，キャピタル・ゲインの獲得につながらないインナー・シティ問題への取り組みは遅れるのである。

神戸市が，インナー・シティの問題にまったく対処してこなかったわけではない。長田区の真野地域などでは，住民参加による老朽，狭小住宅の共同建替事業が進められ，それが今回の震災においてもその成果が遺憾なく発揮されたのである。しかし，インナー・シティ問題を抱える地域全体から見れば，まことに小規模であり，都市経営のなかでその相対的な比重を低下させていったのである。

また，福祉や一般行政における経営主義は，住民を福祉サービス等の購買者，自治体を福祉サービス等の販売者とみなすため，住民の自立や参加のための費用は，不効率なものとみなされる。最大の福祉を最小の費用でという神戸市の福祉行政の考え方は，こうした経営理念を表したものといえよう。もちろん，こうした経営主義的理念は，慈恵的福祉行政や官僚的で非効率な福祉行政に対する一定の批判になってはいるが，住民参加や住民の共同といった自治の側面を見落とすことになるのである。

そして，このような経営主義が行政内の支配的な価値基準となると，分権よりも集中的な施設配置や行政運営が効率的なものとなり，縦割りの行政機構と集権的な意志決定が行われるようになってくる。そこでは財政資金の集中と広域的視点からの投資が行われ，コミュニティ・レベルの福祉行政や意志決定は軽視されてしまうのである[15)]。

政府の失敗と市場の失敗を超えるものとして，都市経営が注目されてきたのであるが，コミュニティや住民参加を欠落させたところで展開されるならば，行政自体が市場原理に捕われることになるのである。日本の都市経営の歴史から見ても，たとえば大正から昭和初期大阪市の池上・関市政に見られるように，基本的には市場原理の結果引き起こされた都市問題を解決する方法として，地主のキャピタル・ゲインに対する土地増価税の主張や産業基盤投資に対する受益者負担の徴収，地域の産業振興のための金融機関の設立などを構想し，そのために中央政府の集権主義と鋭く対立しつつ都市の課税権と自治を主張し，都市社会政策を実現しようとしたのである。当時の大阪市の大大阪構想と神戸市の大神戸構想とは，似て非なるものである。第一次大戦後の資本主義の発展は，大阪市周辺地域への企業と人口の拡大をもたらし，周辺農村地域における都市問題と教育行政需要のために財政破綻をもたらしたのであり，町村合併は都市計画と財政救済を動機としたものである。神戸市の大神戸構想は，産業と人口の拡大をめざし，そのことによって西日本の経済的中心たらんとして周辺町村の合併がはかられたのである。その点でも，大正，昭和初期の大阪市の都市経営と神戸市の都市経営には理念的にも実態的にも大きな違いがあるのである[16)]。

---

15)　この点の検討は本書第3，4章を参照のこと。

16)　これについては西堀喜久夫〔1995b〕，および第3回日本地方財政学会（1996年，金沢大学）での報告をもとにした同〔1996b〕，本書第1章，第3章を参照のこと。また，神戸市政を都市拡張政策とそのテクノクラシー支配として批判的に検討したものに広原盛明〔1996〕，同編著〔2001〕がある。

第8節　震災と自治システムの新展開

阪神淡路大震災のなかで，際だった問題としてコミュニティ問題とともに，自治体の規模とシステムの問題を指摘できる。

震災後，住民は最も身近な行政機関としての市にあっては市役所，町にあっては町役場，政令指定都市である神戸市にあっては区役所に，水，救援物資，避難所の確保をはじめとする救援を求めた。緊急の事態のなかでは，行政の意志決定が迅速に行われ，住民の安全確保のために必要な手だてが講じられることが最も重要なことである。その点からみると，住民と行政とが最も身近な関係として認識されたのは，町，市，区という順序であったが，区役所行政は充分な機能を果たすことができず，大都市行政システムのあり方に重要な問題を提起した。

第一に指摘しなくてはならないことは，政令指定都市の区役所は，制度的に自治行政機関ではなく，行政機構の一部分を担っているにすぎないのであり，区域住民の生活に政治的に責任をもってはいないことである。基本的に政令指定都市の行政区は，総合的な行政単位ではなく，福祉，土木，税，建築，保健所などの行政は，本庁のコントロールを受けて縦割り的に展開されているのである。しかも，神戸市の場合，他の政令指定都市と比べても，区長の行政権限は小さい。そのため，震災という地域の存立が総合的に問われる問題に対して，機能的にも縦割り的な対応しかできなかったのである。神戸市という単位では，総合的な意志決定がなされたとしても，具体的な区の単位では，総合性を担保するだけの行政的システムとなっていないのである。コミュニティ・レベルの災害対策本部ないし避難所では，住民の問題を総合的に扱っているにもかかわらず，それに対応するのは区役所ではなく，個々の行政部門であるという奇妙な状態が生まれてしまうのである。さらに，地域の復旧・復興過程でも明らかになってきているが，区画整理，住宅，福祉，土木など部門間の連携は不十分であり，地域を総合的に再生していくための調整機構が形成されにくい。そして，そうした地域の再建に区役所は役割を果たすだけの機能をもっていないのである。大都市行政機構は，広域的な社会資本の整備や広域的な開発には効率的な組織であるが，地域のコミュニティや生活を総合的に調整していくには欠陥をもっているのである。

第二に，区役所の職員数という量的側面を見ると，そのあまりの少なさからも，区役所が震災という非常時に地域の救援センターとして機能できないことが明らかであろう。たとえば，神戸市長田区と芦屋市を比較してみると，長田区の人口は12万9978人，芦屋市は8万5668人であるが，職員数は208人と1228人となっているのである。これでは，区役所が住民の期待にもかかわらず，また職員の必死の努力にもかかわらず，その期待を満たすことができないのは，当然といえよう。

こうして見ると，大都市行政は，経済的社会的に一体性を特徴とするがゆえに，単一の行政体として機能すべきであり，それが効率的だとする，これまでの大都市広域行政機能の必要性論は再検討してみなければならない。それは，たとえば神戸市の1人あたり公園面積は，政令指定都市中最高水準であるが，これを区単位でみると郊外区である北区の比率が高く，今回の被害を受けた長田区や灘区，東灘区などのインナー・シティにおいては驚くべき低さを示しているのである。また，仮設住宅の建設についても，神戸市地域全体では全壊・全焼家屋数は6万2010棟であり，それに対して2万9178戸の建設がなされたが，大半は西区，北区，垂水区などの周辺区に建設され，最も被害の大きかった長田区や灘区などにはわずかしか建設されず，さきに述べたようなコミュニティの崩壊問題を引き起こしているのである。ここにも，広域的には，あたかも充足可能に見えながら，地域的に見ればまったく問題が解決されないという事態があるのである。むしろ，ここには広域的行政体であるがゆえに，住民の生活やコミュニティという角度から見るとむしろ問題の解決を困難にするという非効率が生じているのである。そして，こうした広域行政体は，行財政権限をコントロールする官僚機構を強めるが，地域の住民と行政との関係で見れば，住民の力は部分化され，相対的に小さくなり，行政をコントロールするという意味での住民参加は困難になるのである。それは，住民の地域づくりへのポテンシャルを弱めることによって，総体的には都市行政の効率性を低下させることになるのである。

こうして見ると，震災と地方自治という問題は，国と地方関係における自治の主張だけでなく，地方自治体における分権と参加を保障する制度的政策的新展開が必要とされていることが確認できよう。

参考文献

朝日新聞大阪本社経済部編〔1995〕『大企業の企業防衛』（朝日新聞社）

岩崎信彦・鯵坂学・上田惟一・高木正朗・広原盛明・吉原直樹編〔1989〕『町内会の研究』（御茶の水書房）

雲仙火山災害長崎大学社会経済研究グループ／研究代表：高島忠〔1994〕『雲仙火山災害の社会経済的研究』（教育研究学内特別経費研究成果報告書）

倉田和四生〔1996〕「震災と地域住民の対応」（『地域開発』No. 337）

今野裕昭〔1986〕「都市の住民運動と住民組織――神戸市長田区真野地区の『まちづくり』運動－」（『東北大学教育学部研究年報』第34集）

今野裕昭〔2001〕『インナーシティのコミュニティ形成――神戸市真野住民のまちづくり』（東信堂）

塩崎賢明・安藤元夫・児玉善郎編著〔2002〕『現代都市再開発の検証』（日本経済評論社）

塩崎賢明〔1996〕「震災復興と住宅・まちづくり」（大震災と地方自治研究会〔1996〕）

塩崎賢明〔2007〕『民間自力活動とコミュニティ保全による震災住宅復興のあり方に関する研究』（日本建築学会賞論文）

大震災と地方自治研究会編〔1996〕『大震災と地方自治――復興への提言』（自治体研究社）

高橋和雄〔1994〕「雲仙・普賢岳の噴火災害をおって」（雲仙火山災害長崎大学社会経済研究グループ／研究代表：高島忠〔1994〕）

出口俊和〔2002〕「インナーシティ再生の課題」（塩崎・安藤・児玉編著〔2002〕）

西堀喜久夫〔1995a〕「震災の危機を乗り越える力――真野のコミュニティとボランティア」（阪神復興支援NPO編〔1995〕）

西堀喜久夫〔1995b〕『第一次大戦後の都市財政の変貌――関市政下の大阪市財政の転換過程』（京都大学修士論文）

西堀喜久夫〔1996a〕「大震災とコミュニティ・ボランティア・自治」（大震災と地方自治研究会編〔1996年〕）

西堀喜久夫〔1996b〕「第一次大戦後の都市財政システムの転換過程――関市政下の大阪市財政の変貌」（日本地方財政学会編『現代地方財政の構造転換』勁草書房，1996年）

阪神復興支援 NPO 編〔1995〕『真野まちづくりと震災からの復興』（自治体研究社）

広原盛明〔1989〕「先進的まちづくり運動と町内会――神戸市丸山，真野，藤沢市辻堂南部の比較考察」（岩崎・鯵坂・上田・高木・広原・吉原編〔1989〕）

広原盛明〔1996〕『震災・神戸都市計画の検証』（自治体研究社）

広原盛明編著〔2001〕『開発主義神戸の思想と経営――都市計画とテクノクラシー』（日本経済評論社）

府民とともに大阪の躍進をはかる会編〔1979〕『躍進大阪――府民長期構想の提言』（自治

体研究社）
堀内三郎〔1979〕「都市防災の前進のために」（府民とともに大阪の躍進をはかる会〔1979〕）
Michiyo Nakamoto〔1996〕"More than houses shaken: Community spirit showed up the shortcomings of a highly centralised government," *Financial Times*, September 13.
宮入興一〔1993〕「災害問題と地域・自治体」（『経営と経済』」第73巻第1号）

第6章　コミュニティ共同事業の新しい展開と課題

はじめに

本章は，1980年代の住民運動の課題と自治体公務労働運動に視点をあてて，1990年代から21世紀に向けた，地域・自治体運動の課題を展望しようとしたものである。

1960年代末から70年代に都市を中心に誕生した革新自治体は，深刻な公害や生活基盤の貧困を解決すべく登場した。そして産業優先から生活優先，企業から住民へと政策と政治姿勢を転換させ，労働組合や住民，市民運動を背景にしながら，都市政策の主体として積極的な行財政政策を展開していった。

しかし，産業，企業中心で，伝統的な官治的中央集権型地方行財政制度と革新自治体の行財政運営は，理念的にも，政治基盤においても，またなによりも制度的に矛盾を深めた。革新自治体は，自治体版福祉国家ともいうべきものであり，積極的な福祉政策や環境政策を進めれば進めるほど，伝統的な行財政制度との矛盾を深めた。革新自治体の政策と実践は，世論と政治的優位性を背景に国を追い込み，政策的譲歩を引きだしていった。

こうした流れを逆転させたのが，1973年のオイル・ショックと1974年不況であった。インフレはコストを上昇させ，不況は自治体の税収を減少させた。そのため，1975年になると都市自治体は財政赤字に陥った。財政危機に陥り，革新的政策が後退せざるをえなくなるとともに，革新自治体への住民の期待も低下した。しかも，オイル・ショックによる不況の結果として生じた税収減と財政危機は，革新自治体の責任だとするキャンペーンが政府・与党によって展開された。1970年代末から1980年代初頭には，福祉より開発，環境より産業というキャンペーンが功を奏し，政府・与党の選挙勝利によって革新自治体の時代は終わった。

1970年代は，世界的に福祉国家の財政危機と増税への批判が起こり，新自由主義，新保守主義による市場原理主義と小さな政府論が勢いを得ていた。日本での革新自治体批判は，必ずしも世界的な福祉国家批判の理論を背景にしていたわけではなく，多分に政党イデオロギー的なものがその中心にあったように思われる。しかし，1980年代に入り，財政再建がテーマとなるとともに，次第に小さな政府と「日本型福祉社会」を掲げる行政改革路線へと進んでいくのである。

日本は，世界と比較してもきわめて小さな政府，しかし産業基盤投資には大きな政府といえるが，決して福祉が大きいとはいえないにもかかわらず，小さな政府理念が選択されたのである。この点では，日本の小さな政府論は，多分にイデオロギー的な要素をもっているといえよう。

1980年代は，こうした小さな政府イデオロギーによる世論がつくられ，住民運動，市民運動，自治体労働運動は新しい対応を迫られたのである。そこで提起された地域にかかわる争点は，1990年代から21世紀初頭における地域自治体をめぐる行財政改革論の先行的な争点を形成していたのである。したがって，1980年代の地域をめぐる争点と住民運動が直面した課題を検討することによって，21世紀初頭の自治体改革の課題をも明らかすることができるといえよう。

第1節　住民運動発展の要因

住民運動が地域問題に対する住民の主体的な問題解決行動であるかぎり，地方行政の改革に向かうのは当然であり，その意味で1960年代末から70年代にかけて生みだされた革新自治体は，住民運動が誕生させたものであるということができる。もちろん，単に住民運動があれば即革新自治体が生みだされるものではなく，住民の運動と市民の共感を政治的力に転化させる政治のヘゲモニーがなければならない。だが，住民運動が発展していなければ革新の政治的ヘゲモニーも発揮できなかったであろう。そこでまず，1960年代の都市住民運動発展の要因を見てみよう。

革新的首長を生みだすにいたった，1970年代の前半までの住民運動が発展した最大の要因は，三つある。

第一は，1960年代の高度成長政策によって，都市に移入した大量の労働者が，住宅，環境，教育，福祉の劣悪さなどの現代的貧困にさらされたことである。

公害，とくに大気汚染は公害患者を生みだし，いのちの危機を引き起こした。大阪ではキンモクセイが花を咲かせないほどであり，直接の被害者だけでなく，多くの人々が運動に共感を寄せた。また，人口の都市集中と郊外の無秩序な開発は，地域の生活手段の著しい不足，生活条件の悪化をもたらし，住民の不満と運動を巻き起こした。生活道路の改修，保育所，遊び場，プレハブ校舎，交通安全，夜道の安全，浸水対策など基本的な都市生活条件が不足していたのである。公害反対と現代的福祉の確立は，都市住民の切実な要求となった。1967年の東京都知事選挙における社会党と共産党などの左翼陣営が擁立した美濃部都政の誕生，1971年の大阪府知事選挙における社会党，共産党のたてた「無名」に近い黒田了一氏が現職を破った黒田府政の誕生は，こうした深刻な都市問題の解決を求める運動と世論によって実現したものである。革新であるから勝利したというより，深刻な都市問題の解決はそれまでの自治体首長にはできない，と市民が認識したからである。

第二は，「自由」な住民の誕生と「遅れた」行政の存在である。

切実な生活要求をもった住民の多くは，地方のムラや家族から離れ，その意味では束縛されない「自由」な住民となっていたということである。「自由」を得た住民は切実な要求を実現してくれる運動があれば，それに参加しないまでも，選挙では支持するようになった。

同時に，こうした新しい地域の変化に対して，自治体行政はまったく対応力を失っていた。たとえば1960年代後半から70年代初頭，大阪の衛星都市では，わずか数年で人口が倍になってしまう状況であった。それまでの田園地帯は，都市計画も都市基盤も整わないまま，みるみる宅地化した。そこには無秩序な市街地形成にともなう土木や教育，福祉などの新しい行政需要が生まれ，増大する。職員も大量に採用しなくてはならない。そのような変動に，自治体行政は，政策意識，行政技術，政治意識，住民対応などあらゆる面で立ち遅れたのである。

たとえば，1970年に吹田市の住民が保育所建設を求めて市長交渉をしたのだが，交渉が加熱してしまって，市長は「勝手に産んでおいて何をいうか。交渉はできないから散れ，散れ」といった，というエピソードが伝えられている。

この「散れ，散れ」発言は，地域の現実と当時の行政の認識のギャップをみごとに示している。行政が前近代的なままであったことが，住民運動を一層広げたといえる。

このように，まず衛星都市の行政や政治に求められていたのは，行政運営への近代化や人権感覚が必要だということ，そうした近代化を担い，推進するのは革新勢力である，ということであった。それは一面で，行政の官僚化を進めるかもしれないが，官僚制度を整えないことには前に進めない以上，まずそれをつくることが先決だとさえ思えるものであった。

ともかく，「自由」な市民と「遅れた」行政のなかで，住民運動は，地方自治への「参加」を求めて自治体にその運動の矛先を向けたのである[1)]。

第三に，地域的な生活関連の公共財・サービスを求める住民の運動と労働運動や革新政治運動との結合がある。

1970年前後の公害企業への批判の高まりと1973年のオイル・ショックに便乗した企業の買い占め，売りおしみや投機的行動は，国民の企業や商社活動への大きな抗議を引き起こした。自治体，とくに東京都や大阪府などの革新自治体は，企業への規制を強めた。公害に苦しんできた大阪では，国の公害防止法令を超える全国一厳しい公害防止条例と環境管理計画を制定し，全国的な公害規制の契機をつくっていった。それは公害だけではなく，モノの売りおしみ・買い占め規制，土地投機，工場の新増設など独占企業の経済活動への規制を迫るものであった。

他方，日本経済は高度成長末期にあって，労働運動が国民春闘を掲げて1973年のオイル・ショックによるインフレ状況下，74年春闘では30％近くのベースアップをかちとるという成果をあげていた。それらが結びついて住民運動と革新勢力の上げ潮状況がかたちづくられたのである。

1）憲法や地方自治法上の戦後民主主義的な制度を運用できる主体がようやく都市の住民運動として登場してきたといえよう。戦後地方自治の反動化の進行を前に，西川は「実は基本的人権にしろ，国民の間では未だそれらに対応する実態を欠いていた」（西川清治〔1968〕93頁）と指摘しているが，池上は「ここに官治主義が復活したとはいえ，戦前の明治憲法下のそれとは，決定的に違う点がある」（池上惇〔1979〕16頁）と戦後憲法体制を住民が活用するという肯定的評価を与えている。1970年代革新自治体はそうした戦後憲法の民主主義を住民が行使したのである。

公害規制に対しては，当該企業の労働組合は企業サイドに立つというのが普通であったが，それらを超える世論と政治的圧力が形成され，個々の企業への規制というよりすべての企業に対する規制ルールが適用された。

第2節　大企業の巻き返しと地域戦略

大企業，財界がそれらへの巻き返し戦略を構想しはじめるのは，1970年に入ってからである。1972年に経済同友会「70年代の社会緊張の問題点とその対策試案」[2)]を，さらにその後，全国の公害反対運動の事例研究も総合研究開発機構からだされた。地に落ちた企業イメージの回復と巻き返し戦略がはじまったのである。企業は，社外重役制度や企業の社会的責任のアピールなどの一般消費者対策とともに，地域への施設の開放，地域への寄付，従業員の地域活動への参加，そして協調的な労働組合を使って「自主的」企業宣伝と企業サイドの議員を国政，地方政治に送り込むなどの政治活動を展開していった。こうした戦略は，経済状況の変化にも助けられて功を奏していくのである。

1973年の第一次オイル・ショックをきっかけに，1974年に，日本経済は深刻な不況に落ち込む。まさに日本経済の高度経済成長の歴史的な破綻に直面するのである。だが，不況，経済危機に陥ったそのときに，民間大企業を中心に，日本経済生き残り論，企業生き残り論，そして「経済・企業あっての社会あり」論の大合唱が起こるのである。石油依存の重厚長大型の産業構造のドラスチックな破綻は，財界や政府にとっても晴天の霹靂であったが，しかし，逆に企業主義と経済主義の風潮を強め，企業の消費者対策と地域対策を一層有効なものにした。1970年代初期の公害反対運動や消費者運動の洗礼を受けて，企業の「社会性」を自覚しはじめていたからこそ，企業が社会的な組織化能力を発揮

---

2)　経済同友会は，社会的緊張を解くための企業戦略として，コミュニティ形成を提起し，地域コミュニティの形成，〈ふるさと〉の再建，企業内コミュニティの再構成をあげた（経済同友会「70年代の社会緊張の問題点とその対策試案」1972年）。また，保守陣営が市民運動を展開するうえでの理論的展望を与えたものとして，自治省（現総務省）の外郭団体である財団法人日本都市センター〔1978〕がある。そこでは，都市自治体では，理事者，議会，労働組合が，経費削減の障害勢力と捉えられ，市民運動による新自由主義的な改革実現の必要性が提案されている。

しえたともいえる。その点で，企業はよく学んでいたというべきだろう。そして，労働組合と住民運動を切り離し，労働運動をむしろ地域社会における組織化の担い手としていくのである。

大阪における松下電器産業は，1973年にテレビの二重価格が暴露されて不買運動を起こされ，大きな企業イメージダウンに直面するが，それ以後，消費者対策と地域対策を積極的に展開しはじめるのである。労働組合は，「自主的」決定として地域活動を本社のある北河内地域（守口市，寝屋川市，枚方市，大東市，四条畷市，交野市）で進め，ナショナルのイメージを高めていく作戦を展開した。松下電器のある近隣駅の掃除作戦，障害者作業所づくり支援，地域での自治体への要求運動をはじめ，地方議員選挙への取り組みなどの地道な地域対策を進め，1980年には全国区ではあるが参議院議員，1983年には本社所在地で衆議院議員を当選させている。さらに，1979年の大阪府知事選挙においては，松下幸之助の個人的人気を活用して保守派の知事候補への支持を表明して，12万票差で革新現職を敗北に追い込む一因をつくりだしたのである。経済界代表が保守候補を推薦することはあるが，個別企業のトップが，それも家電販売という消費者依存度の高い企業のトップが政治的旗幟を鮮明にするというのは異例であった[3]。

以上のように，住民運動の前進の条件を主として三つの側面から見たのであるが，低成長期にその条件が失われるとともに住民運動の停滞状況が生まれた。住民運動を地域における生活とコミュニティや自治体改革の自覚的な大衆運動として見るならば，それは地域の変化，したがって課題の変化と政治的戦略組み直しの必要を捉えきれないところからくる停滞であったと考えられる。

3）1979年の大阪府知事選挙では，1978年の第二次オイル・ショックと不況のなかで公共事業による景気回復を求める世論のもとで，大阪財界，労働界を中心に関西国際空港建設が景気回復の切り札だというキャンペーンが展開された。革新大阪府政は経済に敵対していると喧伝されたが，革新陣営の研究者は「府民とともに大阪を躍進させる会」という研究集団を組織し，巨大公共事業の経済波及効果は小さく，防災環境保全型の公共投資のほうが大阪産業と経済への波及効果が高いことを実証していった。その後の関西国際空港の失敗は大阪経済と財政を深刻な危機に陥らせた象徴となっている（府民とともに大阪の躍進をはかる会〔1979〕）。

第3節　地域経済問題へのアプローチ

住民運動は，1970年代後半から低経済成長下の新しい地域問題に対応すべく模索がはじまる。70年代に運動を発展させた地域条件の変化，運動の発展にともなう組織論上の問題も生まれてきたのである。

まず，地域経済問題を考えざるをえなくなってきたことがあげられる。1960年代末から住民運動や自治体行政に大きな影響を与えた「シビルミニマム」という考え方は，環境や都市問題に悩みその解決を求める都市住民にとって，切実な理念であり，政策「公準」を表していた[4]。しかし，1974年以降の不況とそれにつづく産業構造転換の流れは，企業の経営危機，雇用不安，地域の活力の低下といった，最も伝統的な生活，経済問題を意識させることとなった。

たとえば大阪では，大阪府岬町で関西電力が稼働させている火力発電所増設問題をめぐって，公害規制かそれとも停電かというようなキャンペーンが行われていたが，より直接的に「福祉より経済，雇用，所得」というかたちで問題が提起されるようになった。1978年の京都府知事選挙での革新の敗北は，地域の雇用や倒産といった経済問題が地方政治の争点となってきたことを示唆していた。

また，地域経済の落ち込みは，自治体財政の減収をもたらし，地域経済力と財政力の関係を強く認識させた。とくに，法人事業税に依存する都道府県や法人市民税に依存してきた市町村財政の危機は，深刻であった。住民の要求は，財政のカベにぶつかったのである。

住民運動の担い手側から見ると，それは中小企業経営者およびそこで働く労働者などが福祉要求や公害反対運動への支持離れをもたらすものであった。そして保守勢力は，巧みに自治体財源を，〈福祉と公務員給与〉かそれとも〈公共投資＝経済の活性化〉かというかたちで争点化をはかっていったのである。財源をめぐる争奪戦が組織されていった。

4）シビルミニマムという政策公準は住民運動や革新自治体の公式用語の観を呈した（松下圭一〔1971〕）。

また，企業の衰退によって地域社会に失業やそれにともなう社会問題が起きた場合，否応なしに自治体は対応を迫られることになる。自治体は，企業の“自由”な行動の結果の跡始末をするだけでよいのか，という問題も起こってくる。財政危機は，こうした脆弱な地域経済基盤しかもたない自治体ほど深刻で，しかも現実に起きている失業対策，福祉政策や地域経済振興などの地域政策に自治体が投資することを困難にし，ますます地域間の不均等と問題の深刻化をもたらした。

その点で，住民運動には福祉型の運動からの発展が求められてくることとなった。地域経済の問題を住民運動の課題にすることの運動上の意義は，以下のようなことであると考えられた。

第一に，地域の中小企業主やそこで働く未組織労働者の実状が明らかになることを通じて，彼らと公務労働者や労働組合が統一できる運動の舞台，条件をつくりだすこと。

第二に，企業活動の跡始末的な行財政運営に追われる受け身の自治体行政から，地域の総合的経営を担う自治体行政へと脱皮していく課題が意識されるようになること。

第三に，地域の商店主や中小零細企業主，農家などの自営中間層が，自らが生きのびる途を地域全体の発展と展望のなかに見いだそうという意識を高め，また革新運動側にも彼らの力を地域づくりの展望に向けて発揮してもらおうという方向性が追求されるようになること，等であった。

しかし，住民の運動として地域経済問題に取り組んでいくには多くの困難がある。労働組合は企業別に組織されているため，地域全体の産業問題や地域の全体としての所得には関心をもちにくい。また公務員労働組合も福祉や教育，衛生などの分野は，とくに市町村では行政機構，担当部門があり，現場の組合員を通して問題意識をもちやすいが，経済関係部門は権限や機構がほとんどなく，意識もよわいのが実態であった。したがって，まず現状を調査し，地域経済の問題点を明らかにしていくことからはじめなければならなかった。また，具体的に地域に起こっている問題にかかわっていくことからはじめねばならなかった[5)]。

ここでは，地域の自治体労働組合がどのように地域経済，産業問題に取り組みはじめたかを見ていく。

1　地域フォーラム運動

大阪では，1979年の大阪府知事選挙における革新陣営の敗北から，地域経済問題への取り組みの重要性が認識されてきた。たとえば1982年からはじまった北河内シンポジウム，南河内フォーラム，泉州シンポジウムなどである。市町村の区境を越え，歴史的経済的な関連の強い広域的エリアで地域・自治体運動の交流と政策研究活動がはじめられた。これらは，地域の産業や開発を検討していくうえでの適切なエリアであり，地区労や地域統一労組懇[6]が組織されているエリアでもあった。

1982年からはじまった南河内フォーラムを例にとると，この地域は大阪市に隣接した過密地域の松原市から，奈良県につながる農業主体の千早赤坂村までを含む5市4町1村，人口約80万人の区域である。大阪市に隣接する松原市を除いて，大阪府下でも開発の波から逃れ，農業が守られ，環境も比較的よい地域である。それだけに，企業にとっては開発適地としての魅力ある地域でもある。またこの地域は，国土庁のモデル定住圏に指定されてもいる。こうしたなかで，上からの開発計画に対する下からの開発という場合には，地域の産業としての農業の位置づけを含む南河内の地域像を，住民のさまざまな運動をつなげながらつくりあげていく必要があった。“下からの”という場合，市町村の狭域的まちづくり像をはっきりさせ，それをつないで南河内という広域的な地域像を組み立てる方法もあろうが，農業，大規模宅地開発問題，幹線道路，治水，利水問題などは，はじめから広域的なワクを設定し，それぞれの地域の運動をつなげていく方法がよいのではないかということになった。

---

5)　当時，大都市の自治体労働組合の運動が目立っていたが，農村地域での自治体労働運動として高知県中村市役所の自治体労働組合の地域調査活動が注目される。自治体労働組合が地域に入って，住民の聞き取り調査を行い，それを踏まえて行政調査をやるというきわめて水準の高い活動であった。

6)　地区労は，当時の日本労働組合総評議会の地域組織である。地域統一労組懇は，全国的に組織されている統一戦線促進労働組合懇談会（統一労組懇）の地域下部組織の略称である。統一労組懇は，日本労働組合総評議会内での政党支持の自由を主張する反主流派の連絡組織であった。

2　住民との信頼と信用

このフォーラムの中心は，松原，羽曳野，藤井寺，河内長野，富田林の衛都連[7)]傘下の各市職労と教職員組合，住民団体リーダーなどの個人と大阪自治体問題研究所である。年1回の集会を開催地を移しながら継続することをめざし，全体会と開発・まちづくり，子育て・教育，福祉，農業の分科会が設けられた。子育て・教育や福祉などは広域よりも狭域の問題であるが，運動組織がこうしたところに依存している現状を踏まえて，分科会として設けられたという面がある。

農業分科会は地域産業という視点からいってどうしても必要であったが，参加者は少なかった。労働者にとって，地域の農業について論議することは大切だということを力説しながらの分科会運営であった。農民組合もなく，農民の参加はなかった。農業の価値は農民だけの課題ではないが，農民の参加が必要なことはいうまでもない。地元の農芸高校の教師が参加したことで，農業問題にアプローチしていく手がかりができた。第2回集会では，地元にある府立農業技術大学校の講師など農業にかかわる参加者を得た。そして，農村部の議員，自治体農政課の職員も加わり，農業プレ・シンポジウムの開催を企画するようになった。

農業をはじめとする地域産業問題は，いわゆる農協などの経済団体だけの問題ではなく，地域社会全体の問題であるが，必ずしも一般住民の問題とはなっていない。そこで，労働組合や地域の議員，知識人などが政策研究活動をしながら，住民運動の条件づくりをしていくことが必要であり，また，こうした努力の積み重ねのなかで，農民や農業団体と地域住民，消費者とのつながりができていくのではないか，そうした努力のなかから，地域における農業の社会的位置が具体的に理解され，地域農業とまちづくり，消費者運動が結合し，住民運動として発展するのではないか，それなくしては国民的な日本農業確立の運動はできないのではないだろうか。

地域経済問題の領域には，農協や商工会議所その他の団体の長い歴史があり，

7）「衛都連」とは自治労大阪府本部衛星都市職員労働組合連合会の略称。大阪市を除く大阪府下各市の職員によって組織されている労働組合の連合体である。

革新運動が取り組みはじめたからといってそう簡単に信用されないし，利害が対立することも少なくない。だからこそ，それらの問題を地域のなかで自主的に解いていくことが，自治の力をつけていくことになるだろう。また，それは一朝一夕の努力ではできない。中心になっている富田林市職労委員長の後藤田弘は「５年10年では短い。地域づくりは，20年30年はかかる覚悟でやらないと，革新勢力や労働組合が地域で信用されないだろう」と語っていた。

第４節　地域の新しい人間関係づくり

従来の大衆運動や住民運動の課題は，個人の家計の不足を補う所得保障と，都市的生活のための共同施設やサービス（保育所や学童保育，環境，公共サービス）を求めるものに大別できよう。前者は古典的貧困の解決を，後者は現代的貧困の解決を求める運動といってもよい。

1　生活文化における疎外と貧困

1980年代に入って，新しい貧困ともいうべき現象が顕在化してきた。離婚，非行，教育現場でのいじめ，サラ金による家庭崩壊，食生活の混乱など，生活力や文化の衰退と地域や家庭における人間関係の崩壊現象があらわれてきた。

1980年に寝屋川市職員労働組合が行った市内の公立保育所での聞き取り調査では，こんなケースがあった。そこは，大阪北東部のいわゆる「文化住宅」[8)]の密集した地域であるが，保育所に通う子供たちのなかには，保育所からの帰りにはいていたパンツを次の日そのままはいて来る子がいる，土曜日は弁当を持ってくるのであるが，弁当のおかず，たとえばウインナー・ソーセージやキャベツなどをきれいに見え映えよく入れるというようなこともしない親もいた。

大都市では，農村から都市に就職し，比較的早く結婚し，子供を産み，会社を退職し，子育てに手がかからなくなった段階でパートタイマーとして働くようになった世帯が多い。そうした世帯は，祖父母のいる多世代家族や地域コミ

8)　文化住宅とは連棟式木造長屋建て民間賃貸住宅のことで，関西地方では「文化住宅」と呼んでいる。

ュニティから切り離された都市で，子育ての知識や経験を学ぶチャンスに恵まれないまま子育てをしなければならなかった。うまくいけば隣近所との井戸端会議で教わることもできるが，働いているとそのチャンスにも恵まれなかったのである。

しかし，このケースのように保育所に預けた場合は，昼間は保育士によって保育されているからまだよいが，共働きでないほうが，むしろ子供の発達にとって大変な場合がある。朝食は喫茶店のモーニング・サービスですませたり，1日中テレビを見せていたり，朝から晩まで母親とだけで過ごすといったような事例もある。

都市の住民運動の発展の条件に，農村や地域の諸関係から「自由」になった住民の存在をあげたが，その「自由」のうえに共同性をつくりあげていくことにならなければ，逆にバラバラになってしまい，企業の営利活動に支配されたり，社会からドロップアウトしてしまう危険性が多くなるのである。

2　地域文化活動の現代的意味

今日の地域における文化活動や生活の質を変えていこうとする活動と，そのなかでの人間関係づくりの運動の高まりは，こうした地域社会と生活の変化への自覚的対応だといえるのである。

たとえば，1970年代から80年代に爆発的に広がった親子劇場は，子供たちによい演劇を観せるという要求から出発しながらも，単なる観賞団体ではなく，文化をつくっていく団体として自己を位置づけ，子供とともに親も育つという親の文化・生活運動の面をもっている。主婦を中心にした地域運動であることから，生活の場で人間関係が結ばれていく。それは，地域づくりや自治といった問題を自覚化しているとはいえないが，今日の新しい貧困を解決していく主体的な努力といえるのではないか。

また，1970年代，80年代の地域生協の驚くべき普及も同様であろう。大阪のように，スーパー・マーケットをはじめ小売商業の発達したところでは生協は伸びない，といわれてきた。事実，神戸では日本一の灘神戸生協があるが，大阪ではほとんど地域生協は目立たなかった。それが1975年以降，急速に普及していくのである。

実質賃金が上がらないから生協に消費者の目が向いたということもあるだろうが，むしろ安全な食料品が提供されていることと，共同購入という方式によるものである。共働き世帯より地域の主婦が中心になっているという特色にそれがあらわれている。地域で班をつくり，共同で発注し，仕分けし，集金をするというかたちで参加し，そしてその参加をとおして安全な食品という実利のみならず，さまざまな生活情報を得，共同作業を媒介にして近隣の人間関係を深めていくのである[9)]。

これらはいずれも公共的な施設建設や補助金で解決するような問題ではなく，広い意味での自助的な生活文化運動ともいうべきものであろう[10)]。

3　地域の生活共同体づくり

東大阪市は，人口54万人で，中小製造工場の密集した下町と60年代に急増した低質木造住宅が併存しているまちである。この地域に「東大阪生活と健康を守る会」がつくられたのは1964年であった。20年を経た1980年代には１万世帯を組織し，「生活と健康を守る会」のなかで全国一の組織となっている。さまざまな権力の弾圧をはねのけながら組織を伸ばしてきたのは，すぐれたリーダーたちの存在によるところが大であるにしても，それだけではない。「健康で文化的な生活」の権利を実現するために生活保護世帯だけでなく，ボーダーライン層を組織し，東大阪市独自の福祉や助成制度をつくらせてきた。そして，貧困世帯にも地域社会の主人公としての権利意識と誇りをもつことを強調してきた。中小企業に働く未組織労働者も多く組織されており，労働組合の組織化の穴を埋めている側面もある。また，中小零細企業の低賃金や福利厚生の遅れをある意味では，生活と健康を守る会運動をとおして公的行政に補わせてきたといえる。その点では，地域の中小企業経営者にとっては，必ずしも敵対する必要がない存在なのである。中小零細企業の労働者の生活防衛運動ということ

9）吹田市に本部を構える，よどがわ市民生協と地域の関係を調査したものとして山田達・二宮厚美〔1988〕がある。ほかに野村秀和・生田靖・川口清史〔1986〕など参照。

10）『朝日新聞』の社説は，生協が「わが国の市民社会にしっかり根づきつつある」として，そこに“現代の井戸端会議の魅力”があると指摘している（『朝日新聞』1984年11月６日付）。

もできるのである。

生活と健康を守る会の会員は，班に組織されている。この班を構成するのは世帯であり，地域のなかでは，互いに疎外されがちな人々が励ましあったり，助けあう組織である。それはまた，行政に向けた福祉や生活支援の制度化運動を進める基礎組織でもある。いわば低所得者の共同組織である。

しかし，1975年以降の地方財政危機は，生活と健康を守る会にとって一つの転機となった。というのは，地方財政危機によって東大阪市独自の制度が廃止されたり縮小されたりする危険がでてきたからである。そこで会は，一方ではこれまで実現してきた制度を条例化させていくこと，組織拡大によって社会的力を大きくしていくこと，他方では老人になっても安心して住むことのできる地域社会づくりを目指して運動していくことを組織目標として掲げた。

1985年以降，会では中学校区単位に共同のセンターをつくり，そこに会の人たちが寄り集まれるようにすることを進めているが，それは制度を実現しながらもそれを土台にして生活共同体を主体的につくっていこうとするものである。

同会は，“生健会の人間像”を次のように方針化しているが，生活文化運動的な側面を色濃くもってきている。その第一は，経済的自立＝権利としての所得保障，労働の場の確保，第二は，人格的自立＝自らの人生に目標をもち，手をとりあうことの大切さ尊さを自覚する力，第三は，運動の自立＝自覚的に進んで行う活動スタイル，「行政に要求し」「行政にやらせる」だけでなく，自らもつくり，参加していく新たな運動などである。

第5節　統治能力の自己形成

こうして，新しい住民運動は，自己のアイデンティティの確立を含めた文化的要求を高め，地域の自律的コミュニティや地域総合計画を展望していくことを課題とし，組織戦略としてもその連携が求められるようになってきたのである。

地方財政危機は，財源をめぐる住民間の矛盾を激しくした。高度成長期のように一定の財政の膨張傾向のなかでは，それぞれの団体の要求は，「いつかは実現する」という余裕をもっていた。しかし歳入欠陥や財政の縮小は，財政負担をどの階層に負わせるかということを否応なしに提起した。大きな圧力をもつ団体は，財源獲得に有利になったり，負担の回避を行ったりした。行政は，小さくなった財源の配分権を使うことによって，官僚化を強めようとした。行政内部では，財政当局が相対的に強くなり，財政再建委員会などの非常時組織による上意下達のシステムがつくられた。保育運動に対しては「老人の問題が大きくなっていますから……」といい，老人福祉の要求に対しては「財源はありません」というふうに，タテ型の住民運動はライフサイクルや階層ごとに分断された。従来型の運動パターンのままではどうしょうもなくなったのである。

こうした状況のもとでは，政府の財政措置を求めていくだけでなく，自らの地域における財政運営の指針が必要となった。財政運営の土台となる地域づくり政策が必要となったということである。それぞれの住民要求と運動がその目標を自覚的に担い，自らを全体のなかに位置づけることができるようにすることが必要であった。

そうした試みの一つとして自治体労働組合による地域調査と提言活動がある[11)]。

これらは財政危機のもとで，住民と自治体労働者，住民相互，自治体理事者が対立するのではなく，協同するために地域調査にもとづく地域政策を自治体労働組合として提起したところに大きな意義がある。それまで，自治体労働組合としては，行政の民主的効率化の運動の展開はあったが，「なんのため」に行財政の効率化を行うのかということについては，ほとんど問わずにきた。そこを突破しようとしたのである。また，それは，住民運動が個別要求運動にとどまらずに，自らのまちの自主的総合計画づくりを進めていくための第一歩でもあった。

この先駆的な取り組みは，運動論の面では二つの課題を残した。一つは，地

11）当時の代表的な調査活動として東大阪市職労・大阪自治体問題研究所『みんなでつくる東大阪 住みよく働きよいまちづくりへの市職労の提言』（1981年）や寝屋川市職労・大阪自治体問題研究所『ねやがわ——地域のくらしとねがい』（1983年），岸和田地域調査研究会『自立する都市 岸和田』（1986年）などの地域調査・政策提言運動があった。これらの方法をめぐっては東大阪，寝屋川がアンケートを重視したのに対して，岸和田は聞き取り調査を重視しており，主体形成についての方法上の違いがある。東大阪については西堀喜久夫〔1977〕177–193頁，岸和田については重森曉〔1988〕229–238頁，参照。

域の総合計画を労働組合が提言するということは，その内容の実現について職場の労働者の納得にもとづいて行政計画に具体化していく，つまり職場の自治研活動と職場運動にしていくことが求められたことである。そうでないと，組合は外では立派なことを言っているが，職場の組合員はシラケてしまうということになる。二つ目は，住民運動が地域全体のことを考えることができ，自らの総合計画をつくるようになるには，どのようなプロセスと組織論が必要かということである。

こうした課題に向かって芽をだしたのが，「吹田住民運動交流懇談会」の取り組みである。

1　ヨコ型ネットワーク運動としての吹田住民懇の試み

吹田市は人口約30万人，大阪市の北部にあって，千里ニュータウン，万博記念公園，国立民族博物館，関西大学などのある大阪市のベッドタウンである。1971年から革新自治体として積極的な福祉行政が進められてきたが，この革新市政を下から支えているのが活発な住民運動と市職員の労働組合（以下，市職労と略す）運動であった。

吹田市は，1979年から総合計画の改訂作業に入った。ところが，この総合計画は住民団体の意見を聞くということで，町内会や官製団体へのヒアリングや懇談会はやったものの，これまで吹田革新市政を支えてきた住民運動団体から意見を聞くことは計画されていなかった。そのため，住民運動団体は話しあいを求め，話しあいにそなえて学習会や研究会を行った。そこで明らかになったことは，総合計画は市の将来像とそこにいたる政策を示しているが，自分の運動にかかわるところは検討できるが，他の部門についてはわからないために，全体として総合計画（自分たちのまちの将来計画）の是非については意見がもてない，ということであった。そこで，まず住民運動が個々のタコツボから抜けでてお互いのことを知るところからはじめようということになり，1981年に交流懇談会をはじめたのである。

この交流懇談会には，市内の住民運動団体，市職労など30団体以上（1985年）が加わった。そして，ほぼ２ヵ月に１回の割合で，各団体の取り組んでいる課題の現況報告と交流，共通するテーマでの学習会を行った。吹田の革新的な住民運動団体は，お互いに各団体から見たその分野の現状や課題，運動の目標や現状，市行政に対する認識や評価を聞くことによって，市政の全体像を理解し，それぞれの団体にとって自分たちの位置を認識できるようになっていった。また学習会は，地方財政問題，市の予算，臨調行政改革問題，国鉄問題など住民団体や地域で共通する問題をテーマごとに市行政の担当責任者や外部講師を招いたりして行われてきた。

2　市政を考える研究集会

もう一つは，「吹田の地域とくらし，市政を考える研究集会」の開催である。当初は，子育て，街づくり，保健・医療などの分科会が設けられてきたが，それに加えて，1984年の集会からは，市内を4ブロックに分けた地域ごとの分科会も行うようになったことが注目される。これはいわば，自主的地区づくりの担い手を育てていくこと，あるいは居住地における組織化を展望したものといえよう。地域別分科会では，その地域内の商店主，子ども会の役員，共同保育所の保母，学童保育所の指導員，親，その地域に住んでいる自治体労働者，障害者共同作業所の職員などが，地域での問題点をだしあい，理解を深めたのである。ゼロ歳児をもつ親の意識調査を行った保母が，その地区の特徴をアンケート結果を使って説明し，学童保育の指導員は，子供にとって危険な遊び場地図をつくってきて報告した。子ども会の役員は，マンションが増えているなかでいかに苦労しながら子ども会活動をやっているかということを話す。このようにして，住区の問題がそれぞれだされ，交流され，お互いに頑張っていることが理解されると同時に，地域の生活構造や成り立ちがつかめるようになっていった。

この研究集会には，住民や市職員が400人（第3回）も参加し，1泊2日の熱心な交流と討論を行うのであるが，ともすれば幹部間の交流になりがちになるのを防ぐために，市職労も住民団体もそれぞれ現場の担い手が参加するように配慮している。

1983年の研究集会に参加した加茂利男は，この運動について次のように述べている。「会場で聞いたことだが，おどろくべきことに，同市の『保育と子育てを考える集会』などは，この交流集会に前後して全市でほぼ中学校区ごとに開かれている。(中略) 率直に言って筆者 (加茂) は参加してみるまでは，こういう『連絡会』的組織というのは，タテ割り組織のトップの方々のつながりであって校区レベルの草の根に総合的な主体形成をするには不向きな組織だと思っていたが，これは認識不足であった。住民運動がどんな形にせよタテ割りの枠をとり払って連帯できたとき，一気に地域を総合的にみる視点がつくられ，校区にまで目がむくことがあるのがわかったのである」[12]。

吹田市では，こうした運動の流れのなかで，たとえば市の福祉センター建設計画に対して，福祉や保健団体と担当部局の自治体労働者が研究会やシンポジウムを行い，設計や運営内容をリードしていくなど，住民運動と職場活動の新しい結合も生みだされた。

第6節　自治体労働運動の課題

これまで紹介してきた新しい地域づくりや自治体改革をめざす運動のなかで自治体労働組合のリーダーたちは，大きな役割を果たしてきた。労働組合が組織として前面にでて運動を進めることもあり，個々の組合員や幹部がそうした新しい地域づくり運動に参加することによって，運動を担う場合もある。いずれも，労働組合活動として参加を保障したり，バックアップしているのであるから，広い意味で自治体労働者の運動ということができる。ここでは，労働組合の方針として地域運動に参加するだけでなく，自治体労働者として地域住民運動に参加することも含めて，これからの自治体労働者の運動課題を検討したい。そのさい，労働運動固有の議論や公務労働論には踏み込まず，自治体労働者と地域運動という視点で課題を整理することにする。

自治体労働者と地域を考える場合，1980年代の行政改革にはじまる都市経営，ニュー・パブリック・マネジメント (NPM)，市町村合併等の政策が，自治体行政効率化をめざすものであったことを押さえておかなくてはならない。1990年代初頭からはじまる地方分権化政策などの複雑な過程をたどりながらも，基本的には1990年代末から小さな政府政策の枠内での財政分権，公共部門再編成

---

12)　加茂利男〔1984〕38頁。以上については木村雅英〔1984〕も参照。

に収れんしていったといってよい。

バブル経済とその崩壊による不況，その対策としての公共事業という浪費政策によって赤字財政を生みだす一方，その解決のために地方自治体を縮小，再編成するというのが小さな政府論の構図である。平成の市町村合併政策は，その典型である。浪費的公共事業によって生みだされた赤字を，合併特例債と地方交付税の特例というアメによってファイナンスさせ，さらに浪費的な公共事業の資金供給をするという約束によって，市町村合併に導くのである。そこにあるのは，地方自治の論理ではなく，財政誘導による国の地方自治再編の実行という中央集権的執行過程であり，それへの地方自治体の従属過程であった。それに対して，自らの市町村の発展を展望しえた地方自治体は，自律の道を選んだ。

こうした激しい自治体再編成の動きは，職場の再編成，行政機構の合理化として進められ，公務労働の再編成として帰着するのである。それは，行政区域内の住民各層へのそれぞれ異なる利害得失としてあらわれるのである。

1990年代から2000年初頭の時期は，1950年代から60年代初頭の地方財政危機，昭和の大合併政策，高度成長政策のための財政合理化政策の時代に匹敵するような地方自治の再編成期ともいえる。

こうした時期に，自治体労働運動には何が求められるのか。

第一は，地域づくり運動への自治体労働者の参加である。

この場合，労働組合の役員として参加する場合もあるが，具体的な地域活動ということになると専門知識をもった市民，住民の一人として参加することになるであろう。労働組合は，こうした自治体労働者の活動を励まし，こうした活動を規制しようとする行政の圧力から職員を守り，広い意味での組合活動のなかにこうした組合員を位置づけていくことが必要になってくるように思われる。そうすることによって，自治体労働者と住民の協同という理念が具体的になるのである。また地域問題に組合役員が対応している程度では，地域づくり運動は広がらない。

政党所属を問わず，先進的な自治体首長は，誰よりも地域に足を運び，情報も提供している。かつての有力者自治のような首長は，次第に少なくなってきている。そうしたときに，職員の自発的運動が受動的になってしまうことは，結局行政の受動性を高めてしまうことになり，ある種の首長独裁制を強めることになる。運動論的にも，また職員の自発的な学習活動としても，市民のまちづくり活動への参加は重要な公共活動なのである。

また，地域には多様な専門家がおり，狭義の行政技術だけでは，公共部門が質的に高い機能を果たすことはできなくなっている。地域住民のレベルも多様であるが，地域住民から学ぶ（調査する）ことなしに，自治体行政の水準も上がらないのである。

さらに，市民の意識や学習レベルは，インターネットや情報公開政策や広報手段の発展によって高まっている。かつては，自治体労働組合は，地域の情報センター機能をもっていたが，多様な情報発信源の叢生とともにこれは相対的に低下していかざるをえない。そうした状況で求められるものは，実際に地域に入り，確かめたオリジナルな情報であり，公共政策への可能性をもった質的に高い情報を提供することである。

第二は，地域住民の問題をともに考え，解決していくことである。

今日では，住民は要求者，受益者であり，行政は解決者，供給者である，という認識では，地域問題を解決することは難しくなっている。住民は自治の担い手として，発達する権利をもった主体である。一方，自治体労働者もまた，住民から付託された行政執行者として，はじめから完成された主体ではなく，発達していく主体である。自治体労働者の専門性には，伝統的な行政技術者としての能力に加え，教育的，組織的専門性も必要であろう。そうした力量を一言で言えば地域の専門家ということができよう。自治体の規模が大きくなるにつれて行政技術による自治体労働者の階層性が進み，逆に総合性は低下するのであり，規模による効率化論は，こうしたことを肯定的に見る見方であり，行政的集権化論を支える論理である。

しかし，医学になぞらえれば，地域には町医者も臨床医も必要なのであり，患者の医療知識を高め，日頃の健康管理ができるようにすることも必要である。つまり，住民の発達と住民とともに問題解決をはかる取り組みが求められているのである。これを自治体労働組合のような半ば公的な自治体組織が運動として行うことが，学習効果を高めもするのである。

第三は，労働者のタテ割り型の職能化傾向に対して，総合的な行財政の視点を強調することが必要である。

日本の中央集権的行政システムは，中央から市町村まで，省庁別タテ割り機構が対応しているという点で，官僚機構としてはきわめて効率的に設計されており，それが補助金を媒介にして貫徹しているのである。革新的運動にあっても，補助金と対応した運動組織形態がとられており，そこに地域の総合的発展をはかることの難しさがあらわれている。

区域や規模が大きくなればなるほど専門性が求められ分化が進むが，日本の場合は，市町村まで集権的なタテ割り行政原理で組織されているのである。これは，シャウプ勧告以来の地方自治における事務と財源の分権問題にまでかかわることであるが，タテ割行政は，地域，住民生活においてその不効率を生じさせている。

住民の側がヨコ型のネットワークをつくりあげて，総合的なまちづくりをめざそうとしても，自治体労働者がタテ型の職能的集合では，これに対応することはできないし，総合的な地域行政の担い手の育成にはつながらないだろう。

第四は，自治体労働者の行政能力の向上が求められている。

岸和田市のように市民参加型の文化行政が展開された背景には，文化運動を推進する行政手腕のある職員が存在し，しかも彼らが組合の活動家でもあったことが大きい[13)]。労働組合がどこまで行政や研修に関与できるかは，いちがいには言えないが，「住民の立場に立って仕事をしたい」「行政能力も向上させたい」という労働者の要求，あるいは自覚的に住民の立場に立っているわけではないが，単に「良い仕事をしたい」という職員の要求であっても，これが満たされるよう励ます必要があるだろう。そのような要求を，職場の自主研修や自治研活動がうまく吸い上げることができるかどうかがポイントであろう。そうでないと企業的経営やNPMといった新しい管理手法によって，そうした職場の自主性が先取りされ，意欲ある職員を当局が吸収しようとしていくだろう。

1960年代や70年代初期においては，古い役所体質によって疎外されていた若い職員のエネルギーを賃金闘争とともに組合活動が吸い上げてきた。その力が，地域住民の生活要求と結びつき，地域民主主義運動として発展し，革新自治体

13）本書の序論第6節および佐藤一子〔1989〕参照。

を生みだす力ともなった。しかし，さきに述べたように1980年代以降，NPMや人事制度改革など民間で開発された新しい行政手法が自治体行政にも次々と導入されてきている。

これからの自治体職員には，地域に関する科学的認識はもちろんのこと，政策，フィールド・ワーク，行政組織，財政，あるいは政治などに関する総合的な学習と研究活動が求められるのである。

第７節　21世紀の自治体改革——コミュニティとマネジメントと自治

以上のような住民運動と公務労働運動の実践をとおして見た，とくに重要な都市自治体の改革目標を整理すれば，以下のようになるだろう。

第一は，地域コミュニティの再生と創造である。

都市住民の運動は，都市を舞台とした資本の蓄積運動の結果生じた地域問題の解決に主体的にかかわる住民のまちづくり活動であり，その集合的な力が生活空間としての都市をつくりあげてきたといえる[14)]。

1995年の阪神淡路大震災は，都市におけるコミュニティの重要性を再認識させ，住民運動の重要な課題としてコミュニティの再生と創造があることを示した[15)]。だが，1980年代の世界的な都市戦略としての民間活力導入政策による規制緩和は，金融・不動産資本による，地上げという暴力的方法をともないながら都市再開発を進めて，都市のコミュニティを再破壊した。そして，バブル経済破綻後の不況克服政策は，無政府的に公共事業を拡大し，都市の公共資金を浪費した[16)]。このような政府の失敗に対して，グローバリズムに呼応した市場原理主義的な小さな政府政策とイデオロギーが台頭し，地域政策は市場経済原理に委ねられ，その結果，都市と農村，都市の中心部と放置されたインナー・シティや郊外との格差を拡大させ，コミュニティを衰退させたのである。

---

14)　カステルは，都市は交換価値の空間とするものと，使用価値の空間とするものとの闘いの場であり，都市をつくるのは都市社会運動である，と都市における住民運動の意義づけを行っている（カステル〔1997〕第23章「もうひとつの新しい都市——現代社会運動の構造と意味」）。

15)　本書第４，５章参照。

日本の経済成長は，このコミュニティという価格表示のない社会システムが維持され，機能してきたことにもよるのである。しかし，日本では，このコミュニティは前近代的共同体と同置され，公共事業補助金と政権党支配のためのシステムともなってきた。新自由主義政策は，国家財政の赤字と地方財政危機のもとで，草の根保守の利権構造を批判しつつ，地域を自由放任に委ねようというのである。

個人の自由や自律を基礎とした協力と共同による地域コミュニティの形成は，持続可能な社会の基本的要素であり，住民運動とそれをサポートする公共政策が意識的に追求しなければならない課題となってきている[17)]。

第二は，自治マネジメントの向上である。

1970年代の革新自治体の貴重な成果は，住民参加を自治体運営の重要な柱として認知させたことであるが，参加の具体的な実績となると，住民運動の成熟，行政のマネジメント能力の向上，議会改革などとの複雑な関係のなかで，必ずしも成果を残したとはいえない。むしろ1980年代には，神戸市の企業的都市経営論のような行政によるマネジメントがクローズアップされた。

1990年代のバブル経済破綻後の不況のもとでは，地方交付税による地方債の元利補塡政策という国の政策誘導に乗り，地方単独公共事業や第三セクターを利用した事業が行われ，無駄な公共事業による負債増加や，事業の失敗による

---

16)　1970年代以降の都市問題の暫時的解決のなかで定住市民が増加してきていたのであるが，1987年からはじまる土地バブルは，再び住民の流動化を促進し，コミュニティ形成の芽は大きなダメージを受けた。都留は，こうした社会的マイナスがGDPとしてカウントされてしまうところに問題があり，豊かさを感じない経済成長が繰り返されている，と指摘している（都留〔2001〕53-63頁）。

17)　神野は，社会が政治システム，経済システム，社会システムの三つによって構成されており，家族やコミュニティは自発的行為，無償労働による財・サービス生産，協力原理という特徴をもつものとしている（神野直彦〔2002〕10-13頁）。また，新自由主義は，家族の絆や地域社会の絆の重要性を強調するが，それは家族と地域社会への責任移譲のイデオロギーであり，政治と政府の所得再分配政策や社会福祉政策からの撤退のためのものであると批判している（神野直彦〔1998〕36-38頁）。

カステルは，文化的アイデンティティの追求，すなわち人種的基盤をもち，あるいは歴史的起源をもった自律的な地方文化の維持ないし創造の追求を指向する運動をコミュニティと名づける，としている（カステル〔1997〕568頁）。現代のコミュニティが維持されるための条件については，本書前章を参照。

財政赤字をもたらした。

そして，1990年代末から2000年代に入り，国の市町村合併政策が強力に展開された。地方自治体としての財政的展望を自ら失った市町村は，特例交付金や合併特例債という飴によって，合併の道を選択した。

また，財政赤字解消のためにニュー・パブリック・マネジメントなどの自治体経営手法が闇雲に導入されている。

こうした日本の地方自治体行政の問題は，住民参加と地域発展のための自律的行政運営方法（自治マネジメント）が未確立であることを示している。また，地方交付税制度の補助金化といわれるように，地方財政制度の運営が自律的行財政運営を行う自治体にとって不利に働くようになっている。自治マネジメントの欠如と国への従属的行政運営は，相互補完的であり，そのような運営を行っている地方自治体は，地域経済と住民自治を衰退させることにならざるをえないのである。

自治マネジメントの確立のためには，住民の主体的な力を生かし，それを支援する行政の運営方法，制度の構築，地域の総合的な発展をはかる戦略と計画，実践等が必要なのである。そうした自治マネジメントの責任者が首長であり，専門性をもった職員集団であろう。そして議会も，住民代表として自治マネジメントの担い手としての役割を果たさなくてはならないのである。

その点では，住民の自発的な活動が公共性を獲得していくプロセスと公共化の形態，自発性を維持するための制度，運営方法，財政のあり方についての研究が重要である。

第三は，自治の確立である。

住民運動によって改革された自治体行政が維持されるためには，中央集権的な行財政関係の改革が必要である。その意味で，地方自治体の改革は，ローカルなものでありながら，国の政治，行政の改革を必要とするのである。そのさい重要なことは，第一と第二で提起しているコミュニティと自治マネジメントの実践に裏づけられた制度改革であるということである。

参考文献

池上惇〔1979〕『地方財政論』（同文舘）

加茂利男編著〔1984〕『地域づくりの組織論』（自治体問題研究所）
木村雅英〔1984〕「住民懇は地域のヨコ型交流運動」（『住民と自治』4月号）
財団法人日本都市センター〔1978〕『新しい都市経営の方向を求めて――都市経営の現状と課題』（ぎょうせい）
佐藤一子〔1989〕『市民自治と文化活動――文化的享受の復権』（青木書店）
重森曉編著〔1985〕『共同と人間発達の地域づくり――自治体改革への陣地戦』（自治体研究社）
重森曉〔1988〕『現代地方自治の財政理論』（有斐閣）
重森曉〔2001〕『分権社会の政策と財政――地域の世紀へ』（桜井書店）
自治体問題研究所〔1984〕『地域と自治体〈特集：地域づくり運動・新時代〉14集』（自治体研究社）
島恭彦〔1960〕『現代の国家と財政の理論』（三一書房）
島恭彦〔1970〕『戦後民主主義の検証』（筑摩書房）
島恭彦・宮本憲一編〔1968〕『日本の地方自治と地方財政』（有斐閣）
神野直彦〔1998〕『システム改革の政治経済学』（岩波書店）
神野直彦〔2002〕『人間回復の経済学』（岩波書店）
都留重人〔2001〕『21世紀 日本への期待』（岩波書店）
西川清治〔1968〕「戦後の地方自治制度の成立」（島・宮本〔1968〕）
西堀喜久夫〔1977〕「財政分析活動から将来計画づくりへ――住民アンケートから発展計画と政策課題を明らかに」（自治体問題研究所編〔1977〕『行政の革新と自治体労働者』自治体研究社）
野村秀和・生田靖・川口清史〔1986〕『転換期の生活協同組合』（大月書店）
府民とともに大阪の躍進をはかる会〔1979〕『府民長期構想の提言』（自治体研究社）
松下圭一〔1971〕『都市政策を考える』（岩波新書）
マニュエル・カステル〔1997〕『都市とグラスルーツ――都市社会運動の比較文化理論』（法政大学出版局。原題：Manuel Castells, *The City and the Grassroots, A Cross-Cultural Theory of Urban Social Movements*, London Edward Arnord, 1983）
宮本憲一〔1989〕『環境経済学』（岩波書店）
山田達夫・二宮厚美〔1988〕『生協運動の新時代』（労働旬報社）

終章　現代都市財政論の課題
――グローバリゼーションと成熟都市――

第1節　都市財政論の視点

これまでの各章の検討を踏まえて現代都市財政論の課題を提示するにあたって，ここではあらためて戦前，戦後の代表的都市財政研究の成果に学びつつ，都市財政研究の視点を整理しておきたい。

第一に，農村財政論，都市―農村関係論を踏まえた都市財政論の視点が必要である。

大内をはじめ日本の地方財政研究が，農村財政を追究してきたことは，独創的な視点といえる。

大内の地方財政論は，農村財政に限定されているが，都市財政論と農村財政論を統合したものとして構想されていたのである。しかし，残念ながら都市財政論と農村財政論を統合する方法は，示されなかった。

都市は農村を基礎にして発展し，都市への金融・財政の集中は農村を経済的に従属させてきた。島の地域経済の不均等発展論は，そうした都市―農村関係を政治経済学的に解明する概念であって，地方財政論の重要な構成部分として都市財政論を構成するにあたっては最も重要な視点である。

都市―農村の視点を欠いた都市財政論は都市主義に偏向し，かえって都市の特質を見失い，都市問題の外延的膨張や都市政策の混乱をもたらすことになりかねない[1)]。

とりわけ，平成の市町村合併政策は，日本の町村自治体を激減させ，あたかも日本の地方自治体は都市の自治体が中心であるかのように見えることとなっ

1)　21世紀に入って展開されている日本の経済構造改革論は，一種の都市主義に立った地方財政改革論を展開しており，都市―農村論からの批判的検討が必要であろう。

ただけに，都市と農村を統一的に見る視点は重要である。合併政策前の1999年３月には，全国3232市町村のうち，町1994，村568であったものが，2007年12月には，市町村数は1798となり，うち町846，村198へと農村の自治体が激減した。全地方自治体における農村自治体の比重という視点から見ると，農村自治体の占める割合は，79％から56％に低下しているのである。こうして，平成の市町村合併政策の結果，日本の地方自治は，農村問題を代弁する政治，行政主体が極端に縮小し，あたかも市＝都市が国土の中心であるかのような仮象を呈するいたっているのである。

ある意味では，都市自治体に農村問題がビルトインされてしまったともいうべき状況であるが，それだけに都市—農村の視点が重要であるといえる。

第二は，資本蓄積という視点の重要性の確認と，その都市財政への適用として，集積の利益と社会的損失という社会的費用論の確認である。

不均等発展，社会的費用論で明らかにされたのは，地方財政論，都市財政論を政治経済学的に論じようとする場合，資本主義社会の動力として資本の蓄積運動に基本的な視点を据えるということである。それは都市内だけでなく，都市間関係，国と都市自治体関係などを分析していくうえでの，政治経済学的都市財政論の基本的視点である。

第三は，国—地方関係の視点である。

現代国家の構成部分として都市自治体がある以上，中央政府との関係を抜きにして，都市自治体の行財政を語ることはできない。国—地方関係の視点を抜いた都市財政論を構成しても，それは現実的基礎を欠いたものになり，ある種の都市ユートピアに陥ることになる。都市の財源として，租税配分という問題を取り上げてみればわかるように，国と地方関係を抜きにしては都市財政，したがって都市政策を検討することができないことは明瞭である。

第四は，都市行財政を，公共性を担う政治組織として政治経済学的な分析対象とする視点である。

都市自治体は，さまざまな制約のなかにありながら，一定の独自性をもって行動する行財政主体として存在している。持田は，それを都市公共事業団体として把握した。しかし，都市自治体は単なる経済行為，行政行為を行う組織としてではなく，やはり公共性を担う政治組織として存在しているといえよう。

都市財政改革の歴史を振り返れば，そこには公共性を担うという政治の主体としての都市自治体が存在しているのである。

第五は，都市行財政を官僚機構として位置づけ，住民自治の主体形成とその発展可能性とかかわらせて見る視点である。それは，都市行財政の独自の運動と構造をかかる視点から評価し，全体のなかに位置づけることでもある。

島が，現代地方財政論の最後に民主主義運動をおいたのは，現代地方財政が現代民主主義の上に打ち立てられるということ，現代民主主義の構成部分としての地方財政ということであった。それは，国家の官僚機構に組み込まれた地方自治体を，住民自治を基礎とした自治体に組み替えるということでもある[2)]。

地方自治体も統治機構として見るならば，国家の官僚支配に抵抗する局面もあるが，同時に自らを官僚機構として自立させようとすることは避けられない。都市専門官僚制をめぐる議論は，こうした官僚機構を解体して，住民の統治組織として地方自治の担い手という視点から検討され，評価される必要がある。また，住民参加制度や情報公開などの諸制度の改革，自治体労働者の運動や住民活動もこのような視点から位置づけられ，評価されるのである。

第2節　都市財政論の課題

これまで検討してきた都市政策と都市財政を踏まえて，今後の都市財政論の課題を提起しておこう[3)]。

第一は，グローバリゼーションを踏まえて，都市論の発展をはかることである。

宮本は，都市の集積利益と社会的費用という視点から都市の共同消費手段の不足問題として都市問題をとらえてきた。この不足問題は，都市の集積利益を求めて企業が集中し，国内の労働力が移動するという都市の「発展」，膨張の形態を前提としていた。しかし，1990年代以降の日本の都市は，東京圏の再膨張とそれ以外の都市の「衰退」による都市問題という現実に直面している。

2)　重森曉〔1988〕での現代地方自治の整理参照。
3)　21世紀の都市の課題を網羅的に論じたものとして，植田和弘・神野直彦・西村幸夫・間宮陽介〔2005〕をあげておく。

これは，一方では，グローバリゼーションによる工業生産の海外移転と産業空洞化，東京の成長とその他の都市の衰退などによって起こっているが[4]，他方では，高度成長期の都市とは異なる成熟経済，ないしマイナス成長時代の都市が遭遇している都市問題であり，それを解明する理論が必要である[5]。

都市の衰退ないしは「二都」とか，「デュアル・シティ」といわれるような都市内格差の拡大は，都市の一層の成長戦略による解決か，分配政策を含めた都市の持続可能な戦略による解決か，という都市のあり方を問う問題を提起している。

またそれは，農村を食料供給や農業問題の対象として論じるだけでなく，都市の存続にとって必要な空間として位置づけることも含めた都市の理論が求められているのである[6]。

第二に，都市財政は社会資本論の成果に負って論じられてきたのであるが，物的手段としての社会資本概念の拡張が必要である。

すでに社会的共通資本，コモンズという概念やインフラストラクチャー，ソ

4) タブは，早くも1970年代のニューヨーク市の財政危機には，多国籍企業の投資戦略にもとづく海外移転を含む立地戦略，都市間減税競争とそれによるニューヨーク市製造業の衰退，サービス需要の増大，都市空間の事務所機能とサービス機能への再配置という脱工業化が背景にあること，そうした事態に対する都市自治体と連邦政府の怠慢が財政危機を生み，それがまた福祉国家批判と新自由主義的政策をもたらしたと分析している。それゆえ，国家は福祉国家を前提にした経済民主主義を実行すべきだと主張している（ウィリアム・K・タブ〔1985〕)。その点で，今日の都市の衰退を見ていくうえでは，脱工業化だけでなく，それが多国籍企業の蓄積行動によってもたらされているという視点が重要であり，国民国家についてもその衰退の側面だけでなく，国民国家の国際的役割と国際的協調行動についての検討が必要であろう。21世紀の世界都市を論じたものとして，加茂利男〔2005〕を参照。

カステルは，都市を労働力再生産の空間として定義し，支配的生産様式の構造的再生産を確保するために行われる都市計画と都市における市民の集団的消費にかかわる総合的問題を対象とした都市社会運動との対抗として見る。その意味で都市政治の土台に資本の蓄積運動を見据えているのである（カステル〔1999〕)。カステルの都市論については，吉原直樹〔1993〕，同〔1994〕参照。

5) 1980年代に入って，シビル・ミニマムは達成されたという議論がなされ，それが都市公共サービスの有料化などの論拠とされたが，都市生活と公共部門の役割，都市公共業務と住民負担問題としては充分深められたものとはいえず，依然として未解決の論点として残っている（松下圭一〔1996〕)。

6) 海道清信〔2001〕，岡部明子〔2003〕参照。

ーシャル・キャピタルという概念が提起されている[7)]。それらは，物的資本だけでなく自然や制度をも含み，その維持管理の仕組み，文化や人間関係までも含む概念として構成されている。それらを都市財政理論に組み込んでいくことが必要である。

また，都市経済の衰退は，都市における既存工業地域や衰退商店街の再生のための経済基盤への公共投資や産業支援政策という新たな課題も提起している[8)]。

都市の財政問題を共同消費手段の不足問題から拡張し，そのうえで都市財政論を組み立てることが必要である。

第三に，国—地方の財政関係を，現代的地方自治の視点から再構成する課題である。

重森によれば，現代的地方自治を支える地方財政は，財政自主権とそれを補完する民主主義的地方財政調整制度にある[9)]。

ケインズ型福祉国家は，財源を中央に集中させ，ナショナル・ミニマムを保障するために自治体の財政格差の是正と財源保障として地方財政調整制度を発展させてきた。しかし，これは財源の配分権を握る中央政府の官僚機構を発展させ，地方の財政的従属を深めることになり，中間層の租税負担増大への反発が公共選択論や小さな政府論への支持を強めることになった。

住民の地方自治への参加と税源の委譲によって地方自治体のアカウンタビリティが高まり，住民の統治能力の拡大とともに公務労働者の民主主義的な行政能力もまた高まるのである[10)]。

その点で，大都市自治体は，巨大な「政府」となっており，住民からますます疎遠なものになり，官僚化と巨大組織による情報操作の場となる危険性がある。都市における住民自治の単位から行財政システムを再編成する場合，どの

7）社会的共通資本については宇沢弘文〔1994〕，インフラストラクチャーについては池上惇〔1996〕，ソーシャル・キャピタルについては宮川公男・大森隆〔2004〕，コモンズについてはロジャー・A・ローマン〔2001〕参照。

8）鎌倉健〔2002〕，植田和弘・神野直彦・西村幸夫・間宮陽介〔2005〕第4巻，参照。

9）重森曉〔1988〕18頁。

10）北村裕明〔1998〕参照。

ような規模の自治組織がどのような原理で組み立てられるのか，財政に関する権限配分や大都市と都府県の関係，住民の受益と負担の視点だけでなく，都市の財政を支える税制はいかなるものか，といった検討が必要となろう[11)]。

第四に，都市におけるコミュニティの再生という課題である。

人間は，個人では生きていけず共同社会をつくることによって生活と生命の再生産が保障される。

近代都市社会は，資本主義経済による農村共同体の崩壊によってバラバラになった個人が，家族を単位に，国家や自治体による共同消費手段の供給によって支えられ成立している。

コミュニティの概念には多様な定義があるが，ここでは個人の自覚的な関係にもとづいて形成される地域の共同社会，というような積極的意味合いで伝統的な共同体と区別して理解しておこう。

市場経済による社会的分業が高度に発達した大都市では，たえざる住民の流動化によってコミュニティが成立しないが，成立しなくても個別的な社会関係によって生活していくことが可能であるとの見方もある。しかし，マッキーヴァーによればコミュニティという全体社会があってはじめて，アソシエーションというような目的にもとづく関係性が維持されるのである[12)]。

コミュニティの重要性と成長志向型都市の問題性が鮮明にあらわれたのが，阪神淡路大震災であった。震災後の救助，救援，復旧，復興の過程では，コミュニティのあるなし，コミュニティの発達水準が，被災住民の生きる力や地域再建の取り組みに大きな影響を与えたのであった。住宅が崩壊し，コミュニティから切り離されて建てられた仮設住宅での「孤独死」は，人間，とくに社会的弱者にとってコミュニティの重要性を浮き彫りにした。人口1万人余の北淡町や8万人余の芦屋市などの小規模自治体ほど，仮設住宅と震災前の居住地が近く，行政と被災者や地域住民との密接な復旧活動が進められたのである。

11）トマス・O・ヒューリング〔2003〕は，国家の編成原理としての補完性の原理にもとづく地方自治の可能性を検討している。都市の行政需要の拡大が都市地方自治体における所得課税の必要性と全国的財政調整を発展させる（重森曉〔1988〕108頁，持田信樹〔1993〕46頁）。

12）マッキーヴァー〔1975〕，岩崎信彦・鰺坂学・上田惟一・高木正朗・広原盛明・吉原直樹編〔1989〕参照。

神戸市のような大都市には，区がおかれているが，その規模は人口10万人～20万人であり，地方の大きな都市並みの規模をもっている。にもかかわらず，そこは自治体ではなく行政組織にすぎないのである。

そうした巨大都市神戸にあって，30余年にわたり住民運動のなかからコミュニティを築き上げてきた神戸市長田区真野地区は，救助，救援，復旧，復興に「地域力」を発揮したのである。その経験は今後の都市政策に大きな影響を与えていくものと思われる[13)]。

都市財政論の課題として考えるならば，基礎的な自治単位としてコミュニティを位置づけ，コミュニティ財政論を検討することである。コミュニティを地域共同管理組織と位置づけ，共同社会的消費手段の管理機能に着目すれば，都市財政論の重要な研究対象となる。すでに地方財政論の歴史では，財産区の研究や地域共同財の研究蓄積があり，さらに「コモンズ論」「インフラストラクチャー論」などの研究成果から学びながら，都市コミュニティ再生の財政政策論が構想される[14)]。

コミュニティ財政政策論を踏まえた区レベルの自治組織としての財政論，区を超えた大都市レベルの財政システムと財政政策論，都市財政と農村地域の財政関係の財政論へと連接されていく。このように考えると地方財政論は地域の共同管理の研究へと発展させることを可能にする[15)]。

第五に，都市経営論の新たな展開が必要である。

都市経営論の提起した積極的な問題提起は，都市自治体行政を独立した経営体に擬して，その「経営者」としてマネジメントしようという，都市の行政「官僚」の主体的行動欲求を反映している。そこには国家官僚への反発と，そこからの「自立」への憧憬があるし，都市行政「官僚」としての自信がある。しかし，住民の上に立つ行政専門家として「発展」するのか，それとも住民の自治力を支える行政専門家として「発達」するのかは，大きな問題である。

---

13)　真野に関する文献は多数あるが，代表的なものとして，今野裕昭〔2001〕，宮西悠司〔1986〕，広原盛明〔1989〕をあげておく。

14)　中田実〔1993〕，渡辺敬司〔1958〕，後藤和子〔1998〕参照。

15)　池上惇〔1984〕は社会の制御手段としての財政経済学を提起しており，そのような視点から地域自治・管理の手段としての財政学の可能性がでてくる。

官僚主義の改革を市場の力によって行うか，それとも市民の統治力量の発展によって行うのかが問われている。市場の原理による官僚制改革論は，市場の欠陥からでてきた公共部門を再び市場に戻すことによって改革できるとする，一種の自家撞着であり，公共部門の単なる解体とそれによる社会的混沌のために社会的ロスを生じさせることになる。官僚主義の改革は住民の統治力量の発達によって，制度的，政治的方法によって改革していくしかないであろう。

一つは，財政のアカウンタビリティの明確化である。アカウンタビリティは，一般に説明責任と訳されているが，本来は住民の信託に対する運営責任という意味で使われる。現在の日本の地方財政の自立性の弱さは，アカウンタビリティを十全に発揮することのできない原因であるが，そのことの説明も含めた責任である。たとえば，国の補助金に対して，当該自治体がその補助金を受けることによる地域の損得を検討して，選択をするというような「補助金アセスメント」を行い，住民の選択をサポートする仕組みをつくることなどが考えられる[16)]。また，単年度ごとに決定される予算制度は財政民主主義の保証であるが，それをよりよく機能させるための技術的改革も必要になる。予算書の改善，バランスシートの作成，事業計画の達成状況など市民への判断材料の提供と財務システムの改革が研究課題となる[17)]。

二つ目は公務労働の研究である。

公務労働研究は，財政学の貴重な財産となってきたが，さきに指摘したような公共部門の再市場化という現実の流れと，非公認の住民活動が公共性を獲得していく流れとが交錯しており，それらは民営化，委託化やNGO，NPOなど多様な形を生みだしている。委託された事業を担う民間労働者の労働は公務労働なのか，NPOやNGOの労働はどう位置づけるのか，自治体が直接雇用することの意義はどこにあるのかなど，新たに起こってきている変化に対応した公務労働研究の深化が課題となろう[18)]。

---

16) 長野県栄村の補助金に頼らない公共事業の実践については高橋彦芳・岡田知弘〔2002〕参照。アカウンタビリティについては北村裕明〔1998〕参照。

17) デビット・オズボーン，テッド・ゲーブラー〔1995〕，大住壮四郎〔2002〕，本間正明・斉藤愼〔2001〕，醍醐聡〔2000〕参照。

18) 重森曉〔2001〕参照。

三つ目は，住民の発達と参加問題である。

住民参加論は統治主体としての住民が現代的地方自治の主体としてどのように発達していくのかを，理論的なレベルと形態的なレベルで探求していくことにある。都市財政論の従来の枠組みのなかでは予算改革論として議論されてきたが，公共事業の決定の改革などの経費論，NPO や NGO などの組織，経営論などとしてその枠組みを拡張していくことが必要である。こうした特定課題を担う公共組織を含め地域の住民自治の統治組織としてのコミュニティの行財政論を「コミュニティ行財政論」として展望することができる。

参考文献

池上惇〔1979〕『地方財政論』（同文舘）

池上惇〔1984〕『管理経済論――人間による国家・資本・環境の制御』（有斐閣）

池上惇〔1996〕『現代経済学と公共政策』（青木書店）

岩崎信彦・鰺坂学・上田惟一・高木正朗・広原盛明・吉原直樹編〔1989〕『町内会の研究』（御茶の水書房）

ウィリアム・K・タブ／宮本憲一・横田茂・佐々木雅幸監訳〔1985〕『ニューヨーク市の危機と変貌――その政治経済学的考察』（法律文化社。原題：William K. Tabb, *The Long Default, New York City and the Urban Fiscal Crisis*, 1982）

宇沢弘文〔1994〕『社会的共通資本――コモンズと都市』（東京大学出版会）

植田和弘・神野直彦・西村幸夫・間宮陽介編〔2005〕『岩波講座 都市の再生を考える』全8巻（岩波書店）

M. カステル／山田操訳〔1984〕『都市問題』（恒生社厚生閣。原題：Manuel Castells, *LA QUESTION URBIANE*, Maspero, Paris, 1977）

M. カステル／石川淳志監訳〔1999〕『都市・情報・グローバル経済』（青木書店。原題：Manuel Castells, *Global Economy, Information Society, Cities and Region*, 1999）

遠藤宏一〔1999〕「競争的地方自治制と自治体経営」（『経営研究』第49巻4号，2月）

遠藤乾「日本における補完性原理の可能性――重層的なガバナンスの概念化をめぐって」（山口・山崎・遠藤編〔2003〕所収）

大住壮四郎〔2002〕『パブリック・マネジメント――戦略行政への理論と実践』（日本評論社）

岡部明子〔2003〕『サスティナブルシティ――EU の地域・環境戦略』（学芸出版社）

海道清信〔2001〕『コンパクトシティ――持続可能な社会の都市像を求めて』（学芸出版社）

加茂利男・遠藤宏一〔1995〕『地方分権の検証』（自治体研究社）

加茂利男〔2005〕『世界都市――「都市再生」の時代の中で』（有斐閣）

鎌倉健〔2002〕『産業集積の地域経済論』（勁草書房）

北村裕明〔1998〕『現代イギリス地方税改革論』（日本経済評論社）

今野裕昭〔2001〕『インナーシティのコミュニティ形成――神戸市真野住民のまちづくり』（東信堂）
後藤和子〔1998〕『芸術文化の公共政策』（勁草書房）
重森曉〔1988〕『現代地方自治の財政理論』（有斐閣）
重森曉〔2001〕『分権社会の政策と財政――地域の世紀へ』（桜井書店）
島恭彦〔1951〕『現代地方財政論』（有斐閣。『島恭彦著作集』第4巻，1983年，有斐閣，所収）
島恭彦編〔1958〕『町村合併と農村の変貌』（有斐閣）
島恭彦〔1970〕『戦後民主主義の検証』（筑摩書房）
島恭彦〔1976〕『地域の政治と経済』（自治体研究社）
醍醐聰〔2000〕『自治体財政の会計学』（新世社）
高橋彦芳・岡田知弘〔2002〕『自立をめざす村』（自治体研究社）
デビット・オズボーン，テッド・ゲーブラー／自治体経営革新研究会訳〔1995〕『行政革命』日本能率協会マネジメントセンター（原題：David Osborn and Ted Gaebler, *Reinventing Government*, International Creative Management Inc.）
トマス・O・ヒューリング／辻康夫訳〔2003〕「下からの連邦主義――初期近代の政治理論からの示唆」（山口・山崎・遠藤編〔2003〕）
中田実〔1993〕『地域共同管理の社会学』（東信堂）
日本都市センター〔1978〕『都市経営の現状と課題――新しい都市経営の方向を求めて』（ぎょうせい）
広原盛明〔1989〕「先進的まちづくり運動と町内会」（岩崎・鯵坂・上田・高木・広原・吉原編〔1989〕所収）
本間正明・斉藤愼〔2001〕『地方財政改革』（有斐閣）
マッキーヴァー／中久郎・松本通晴ほか訳〔1975〕『コミュニティ』（ミネルヴァ書房。原題：R. M. Maciver, *Community*, 1917）
松下圭一〔1996〕『日本の自治・分権』（岩波新書）
宮川公男・大森隆〔2004〕『ソーシャル・キャピタル』（東洋経済新報社）
宮西悠司〔1986〕「地域力を高めることがまちづくり――住民の力と市街地整備」（『都市計画』No. 143，8月）
宮本憲一〔1967〕『社会資本論』（有斐閣），〔1976〕『社会資本論 改訂版』（有斐閣）
宮本憲一〔1977〕『財政改革』（岩波書店）
宮本憲一〔1980〕『都市経済論』（筑摩書房）
宮本憲一〔1983〕『経済大国 昭和の歴史10』（小学館）
宮本憲一・自治体問題研究所第三セクター研究会〔1992〕『現代の地方自治と公私混合体（第三セクター）』（自治体研究社）
持田信樹〔1993〕『都市財政の研究』（東京大学出版会）
山口二郎・山崎幹根・遠藤乾編〔2003〕『グローバル化時代の地方ガバナンス』（岩波書店）
吉原直樹〔1993〕『都市の思想――空間論の再構成にむけて』（青木書店）

吉原直樹〔1994〕『都市空間の社会理論――ニュー・アーバン・ソシオロジーの射程』（東京大学出版会）
ロジャー・A・ローマン／溝端剛訳〔2001〕『コモンズ――人類の共同行為』（西日本法規出版。原題：Roger A. Lohmann, *The Commons: New Perspectives on Nonprofit Organizations and Voluntary Action*, 1992）
渡辺敬司〔1985〕「町村合併と公有林野」（島恭彦編〔1958〕所収）

あとがき

本書成り立ちの経緯を個人の研究史として記しておきたい。

民主的自治体の建設に貢献する研究所という理念に惹かれ，既に決っていた会社を辞退して，自治体問題研究所（東京，島恭彦理事長）に就職したのは，1971年であった。理念と現実の仕事には，大きな落差があったが，多くの自治体職員との交流は自治体行財政を具体的に理解する土台となった。1973年，大阪自治体問題研究所を立ちあげることとなり，事務局長に就任し，さきの理念を生かすべく運営をはじめることとなった。当時は東京都，大阪府，京都府に革新知事が座り，大企業優先から国民生活優先の政策への転換が地方から国政に進みつつあった。しかし，1970年代末，革新自治体は敗北し，地方自治の流れは大きく変転していった。

そこで，革新自治体とは何であったのか，なぜ敗北し，その原因は何なのかを本格的に探求しようと，あらためて地方自治と地方財政の勉強をしなければならないと思ったのである。そのため1983年に，戦後の地方自治と地方財政研究に大きな影響を与え，自治体問題研究所で長年理事長を務められた島恭彦先生の著作集が発刊されたこともあり，それを読むなかでヒントが見つかるかもしれないと考えて，「島著作集を全巻読む会」を呼びかけた。

当時，大阪自治体問題研究所理事長であった，故庄司光先生に相談したところ，専門家の指導を仰ぐようアドバイスを受け，ちょうど高知大学から大阪経済大学に移られた重森曉先生に事情を話し，お願いしたところ，快く引き受けていただいた。鶴田廣巳先生も趣旨に賛同してくださり，1983年６月29日，お二人の指導を受けながらスタートした。

「島著作集を全巻読む会」はそのうち「島研」といわれるようになり，８月を除き，月１回のペースで，重森先生の指導を受け，足かけ４年をかけ1987年に読了した。

毎回の勉強会のあと居酒屋「こんご」で先生を囲んで飲みながらの議論は楽しく，学生運動に明け暮れ，ろくに経済学を学ばなかったわたくしにとって，この「島研」が本当の大学となった。

1989年，新しい事務所購入のための資金調達など，経営問題のストレスから心身を痛め，1ヵ月の休養をもらい，今後の人生を漠然と考えるようになった。

ちょうどそのころ，京都大学経済学部が全国に先駆けて現役社会人に大学院の門を開いた。

ようやく自分の研究課題として都市財政論を本格的にやってみようと考えていたところであったから，チャレンジしてみようと考えるにいたった。しかし，語学は1ヵ国語でいいとはいうものの，英語はサビ付いており，そこが壁であった。そこで，水口憲人氏（当時大阪市立大学，現在立命館大学）に相談したところ，鍛えてくれるということであったので，ともに「島研」で学んだ鎌倉健氏（当時東大阪市職員，現在大阪樟蔭女子大学）を誘い，毎週英語の特訓を受けることとなった。

幸い合格し，1992年から池上研究室に所属し，本格的な都市財政論の研究をスタートさせることとなった。定例のゼミとは別に社会人院生のゼミ（産業論研究会）が土曜日の午後に開かれていた。同じ働きつつ学ぶ仲間が切磋琢磨する場として，熱気に包まれ，それぞれが持ち寄る研究報告に圧倒される思いであった。正規のゼミはボールディング，ロールズ，ラスキン，アダム・スミス，ブキャナンなどであり，文化経済学を打ち立てようとしていた先生の問題意識を反映していた。振り返ると社会進化論，正義論，固有価値論，倫理などを学んだことがその後の財政学研究にとって貴重な土台として生きている。

修士論文は，大正期の池上・関時代の大阪市財政を研究することとした。現代の動いているナマの財政がテーマでは，いままでの仕事の延長のようにも思えたし，対象がたえず動いてしまい，方法がぶれるおそれがあったからである。E・H・カーの『歴史とは何か』の過去と現在との対話ということに惹かれていたからかもしれないが，これまで大阪の自治体財政を分析してきた方法を歴史に適用してみようと考えたこともある。宮本憲一先生から当時の決算書の分析をやるべきだといわれたことも大きい。修士課程には3年間かける予定で，2年間で修士論文を仕上げ，3年目からは博士課程進級試験のためにドイツ語の勉強に充てようという計画であったが，1915年から1936年までの大阪財政の歴史分析は歴史の勉強とともに進めなければならず，結局，論文作成に3年かかった。

財政基盤の弱い大阪自治体問題研究所の経営責任者としての仕事は多忙で，次第に研究との両立が難しくなってきていた。どちらを選ぶべきか，家計のことも考えたうえで，家族の合意を得て，朝倉新太郎理事長はじめ理事，事務局職員にも無理を聞いてもらい，1993年3月末をもって退職し，研究に専念することにした。

1995年1月4日に修士論文を提出し，2月はじめの博士課程試験に備えて語学勉強をし，1月17日に願書を提出する予定でいた。ところが1月17日午前5時46分，大きな揺れがきて，思わず飛び起きたのである。芦屋に住んでいた姉宅が全壊するも全員無事との連絡が入り，願書提出後の1月19日，水，ガスコンロ，食料をリックに詰め，当時中学2年生であった次男とともに，阪神甲子園駅から徒歩で芦屋に向かった。ペシャンコになった家，黄土色の倒壊家屋のがれきが広がっていた。倒壊した高速道路，断裂した高速道路から3分の1ほど車体をつきだし，かろうじて転落をまぬがれたバス，道に散乱するガラスや落下物を警戒しながら，救援の人々の列がつづく。われわれの土台とはかくももろいものなのかと思わずにはいられなかった。

試験終了後，何人かの仲間とこれまで毛利芳蔵さんに講演していただいたり，訪問したことのある真野に激励に行こうということとなり，2月6日，フェリーで神戸港，徒歩で真野小学校に到着した。兵庫駅近辺は一面焼け野原で，焼けただれたコンクリートと飴のように曲がった鉄筋が累々とつづく一帯は，爆撃を受けた後のような殺伐とした光景であった。

加茂利男先生と相談し，真野にボランティアとして行くこととした。7日からテント，寝袋，ガスボンベ，コッヘル，食料を持ち，真野に泊まり込むこととなる。幸い対策本部のある真野小学校の放送室に寝泊まりさせてもらえることになり，物資の搬入などを手伝うも，たいして役に立たないことを痛感した。医学は避難者の診療，建築学は建物診断というかたちで役立っている。社会科学の自分にはこうしたときに何もできないもどかしさを知らされた。ともかく，じゃまをしないこと，よく観察し，話を聞き，この事態から学ぶこととした。そして，神戸の人々が頑張っていることを知らせようと『住民と自治』に原稿を連載し，震災の記録を忘れないうちに残すために，記録と訴えを織り込んだ，阪神復興支援NPO 編『真野まちづくりと震災からの復興』を6月に出版した。同書は最も早い段階での復興への事例本となった。また，16町会代表が毎日集まる本部会議に出席させてもらい，日々の問題が何で，どう解決するのかという現場に立ち会えたことは幸いであった。対策本部事務局長の故山花雅一さんと暮らした日々も貴重であったし，夜な夜な本部を訪れるまちの皆さんのさまざまな表情や会話を，酒を酌み交わしながらお聞きできたことも貴重な経験であった。仕事のないときは自転車を借り，被災地を訪れた。

真野での経験は神戸市の都市経営論に対する批判の視座，もっといえば日本の大都市財政論への視座を据えてくれたといえる。とくに大都市財政論にコミュニティの視点を入れるということは，この経験のなかから生まれた。

その後，全国に募金を募り，宮本憲一先生を代表に，イタリア留学から帰国したばかりの重森先生が事務局長，私が事務局次長，柏原誠さん（当時大阪市立大学大学院生，現大阪経済大学）が事務局員で「大震災と地方自治研究会」を立ち上げた。これは柴田徳衛先生，石田頼房先生はじめ都市政策の第一人者が参加する研究会となった。1000万円近い資金は当時，大阪自治体問題研究所の副理事長徳畑勇氏，常務理事辻岡一雄氏，会員の平岡啓介氏の尽力による，大阪はじめ全国の各自治体労働組合をはじめ，多くの有志の寄付によるものであった。

この研究会は復興過程に現実的な影響を与えることを目的としたもので，半年にわたって集中的な調査，研究を行った。すべての被災自治体の現場訪問，自治体と関連団体および県庁各部門，国土庁へのヒアリング，2度にわたるシンポジウムを開催し，提言を行い，1996年1月17日の震災1周年には研究報告書を提出した。

こうした経験が本書の背景をなしている。

各章の元になっている初出は，以下のとおりである。

序論　戦後における都市財政論の再検討——都市財政問題と都市財政論の発展

第6節2「主体形成と都市行財政」のみ重森曉編著『共同と人間発達の地域づくり——自治体改革への陣地戦』（自治体研究社，1985年）所収「地域自治体運動の新しい展開と課題」の「7　新しい行政像の確立に向けて」「おわりに」を修正，加筆。他は書きおろし。

第1章　戦前の都市財政論における公営事業の位置

第1節「関一の都市財政論」は，九州国際大学経済学会『経営経済論集』（第11巻第2･3号合併号，2005年3月）。他は書きおろし。

第2章　戦前における都市公営事業と都市財政――関市政下の大阪市財政の変貌

京都大学修士論文「第一次大戦後の都市財政システムの転換過程――関市政下の大阪市財政の変貌」（1995年）。

第3章　阪神淡路大震災と神戸市都市経営型財政

第1節「神戸市財政のメカニズム」は，日本財政学会第52回大会（1995年10月，岡山大学）において「大震災と神戸市財政の検討」として報告したものを大幅に加筆。他は書きおろし。

第4章　震災の危機を乗り越える力――真野地区に見るコミュニティとボランティア

阪神復興支援 NPO 編『真野まちづくりと震災からの復興』（自治体研究社，1995年）所収。

第5章　震災とコミュニティ・ボランティア・自治

大震災と地方自治研究会編『大震災と地方自治――復興への提言』（自治体研究社，1996年）所収。

第6章　コミュニティ共同事業の新しい展開と課題

重森曉編著，前掲『共同と人間発達の地域づくり――自治体改革への陣地戦』所収「地域自治体運動の新しい展開と課題」を大幅に修正，加筆。

終章　現代都市財政論の課題――グローバリゼーションと成熟都市

書きおろし。

本書を上梓するにあたっては，冒頭で述べたように，多くの方々との出会いとご教示を抜きに語ることはできない。

池上惇先生（京都大学名誉教授）には研究指導はいうにおよばず，研究室外でもさまざまな場面で研究上のヒントや研究者のあり方についてご指導を仰いだ。研究が行きづまってどうしようもなくなると，目の覚めるような解決策を授けていただき，ピンチを救っていただいた。

宮本憲一先生は，大阪自治体問題研究所副理事長として研究所の実質的研究責任者であった。設立以来，大阪自治体問題研究所の諸活動をとおして，先生の理論から多くのことを学ばせていただいたことに，心よりお礼申し上げたい。

重森曉先生と出会わなかったら，おそらく私の今日はなかったといえよう。重森先生が京都大学に内地留学をされた折りに出会って以来，「島研」をはじめ大阪自治体問題研究所の仕事上の相談から，大学院進学，研究指導など，人生の岐路ごとに相談にのっていただいた。そのお力添えで今日までやってこれたといっても過言ではない。深甚の感謝を捧げたい。

これまでの人生のうち20年間は自治体問題研究所という職場にあったが，そこでの出会いと共同研究活動が今日の土台となっている。保母武彦（島根大学名誉教授），横田茂（関西大学），加茂利男（大阪市立大学），水口憲人（立命館大学），遠藤宏一（南山大学），成瀬龍夫（滋賀大学），鶴田廣巳（関西大学），二宮厚美（神戸大学），樫原正澄（関西大学），故木下滋（当時阪南大学）の各先生方は年齢も近く，研究所でともに仕事する「先輩や同志」であり，よき批判者であり，理解者である。深く感謝申し上げたい。

大学院時代も多くの先生方にお世話になったが，とくに植田和弘教授と岡田知弘教授には研究面ばかりでなく大学院生活の相談などでもお世話をかけた。

財政学研究会では北村裕明（滋賀大学），鈴木茂（松山大学），川瀬光義（京都府立大学），武田公子（金沢大学），関野満夫（中央大学），諸富徹（京都大学）などの先生方から新鮮な刺激を受けてきた。

国家経済研究会では宮入興一（愛知大学），山田明（名古屋市立大学），森裕之（立命館大学）先生などの業績から学んできた。

大阪自治体問題研究所を支えてくれたのは研究者，市民とともに大阪の自治体労働者とその組合であった。地方自治体の職場と地域で活動する彼らとの共同の活動がなかったら，私の地方自治体に対する現場感覚は磨けなかったと思う。組織を支えてくれたことだけでなく，そうした研究者としての嗅覚を育ててくれたことに感謝したい。とくに猿橋真，一法真證，徳畑勇，大西正禮，平岡啓介，氷室誠，辻岡一雄，後藤田弘，町田一夫，故久井壽一郎の各氏には深くお礼申し上げたい。

また，大阪の優れた市民運動，住民運動から多くの刺激を受け，学んだことにも感謝申し上げる。

大阪自治体問題研究所設立以来，個人的にさまざまなアドバイスをいただいた元寝屋川市職員で徳山大学の細川順正先生にもお礼申し上げたい。

島研を引き継いだ「大阪行財政研究会」には九州赴任後もできるだけ参加するようにしており，いつも新鮮な刺激を受けている。

大阪自治体問題研究所の設立以来15年間にわたり理事長をつとめられた故庄司光先生はじめ副理事長の故丸山博先生，二代目理事長の故朝倉新太郎先生には年齢の差を超えて，一人前に扱っていただいた。

震災後の神戸でも真野のみなさん，兵庫県自治体問題研究所のみなさんはじめ多くの方々のお世話になった。真野の都市計画家宮西悠司さん，清水光久さん，故山花雅一さん，兵庫県自治体問題研究所の戸崎曾太郎さんに感謝申し上げたい。

大学院入学をことのほか喜んでくださった大学時代の恩師大谷明夫先生に感謝申し上げたい。

なお，勤務する九州国際大学から学術研究書出版助成をいただいたことに対して，九州国際大学理事会，研究助成委員会，経済学部教授会，教職員各位に深く感謝申し上げたい。

本書は，2005年に出版する予定で，原稿はほぼ完成していたのであるが，同年９月から副学長に就任し，2007年６月末まで激務に追われ，まったく手がつかない状態となった（2007年４月～６月末までは学長代行）。７月から現場に戻り，研究勘を取り戻しつつ，完成稿に向けて作業を進めた。この間，辛抱強く待ってくださり，立派な本をつくっていただいた桜井香氏に，お詫びと心からの感謝を申し上げたい。

最後に，３人の子どもが20，17，13歳のときに退職したのであるが，家計の大変なときに新しい人生を歩むことをゆるしてくれた妻と子どもたちに感謝したい。

2008年３月

著　者

人名索引

事項索引

さ行

た行

な行

は行

ま行

や行

ら行

西堀喜久夫（にしぼりきくお）

1947年　長野県に生まれる

学歴

1971年　富山大学経済学部卒業

1999年　京都大学大学院経済学研究科博士課程単位取得退学

職歴

1971年　自治体問題研究所

1973年　（社）大阪自治体問題研究所事務局長，主任研究員，常務理事を歴任，1993年退職。

1998年　九州国際大学助教授を経て教授，大学院企業政策研究科教授，大学院企業政策研究科長，副学長，学長代行を歴任。

現　在　九州国際大学大学院企業政策研究科長，図書館長
経済学博士（京都大学）

主要著作

『共同と人間発達の地域づくり』（共著，自治体研究社，1985年）

『国際化への空港構想——検証・「臨空都市」の地域再生論』（共著，大月書店，1993年）

『大震災と地方自治』（共著，自治体研究社，1996年）

『現代地方財政の構造転換』（共著，勁草書房，1996年）

現代都市政策と地方財政

2008年３月31日　初　版
2009年３月25日　第２刷

著　者　西堀喜久夫
装幀者　加藤昌子
発行者　桜井　香
発行所　株式会社 桜井書店
東京都文京区本郷１丁目5-17　三洋ビル16
〒113-0033
電話（03）5803-7353
Fax（03）5803-7356
http://www.sakurai-shoten.com/
印刷所　株式会社 ミツワ
製本所　誠製本 株式会社

ISBN978-4-921190-48-4　Printed in Japan